Peter Zimmermann

Unser Weg aus der Finsternis

Erschütternde Bekenntnisse junger Menschen

Peter Zimmermann

Unser Weg aus der Finsternis

Erschütternde Bekenntnisse junger Menschen

MIRIAM-VERLAG

Gemäß den Dekreten Papst Urban VIII. wird hiermit erklärt, daß den in dieser Schrift aufgeführten Erscheinungen und Heilungen keine andere als menschliche Glaubwürdigkeit beigemessen wird und dem Urteil der Kirche über ihre Übernatürlichkeit in keiner Weise vorgegriffen werden soll.

2., überarbeitete Auflage 2004

Satz und Druck: Miriam-Verlag
Printed in Germany
ISBN 3-87449-308-3

Inhaltsverzeichnis

Erklärung

Als ich mit dem Verfassen dieses Buches begann, fand ich zahlreiche Berichte von Kindern, die eine große Gottesliebe und Opferbereitschaft zeigten. Deshalb gab ich ursprünglich dem Buch den Titel »Erschütternde Bekenntnisse junger Menschen von Gott«. Später stieß ich auf erschütternde Berichte von Jugendlichen und jungen Erwachsenen, die durch den Glauben von den schlimmsten Lastern befreit wurden. Darauf gab ich dem vorliegenden Werk den Titel »Unser Weg aus der Finsternis«. Sind die Berichte und Interviews der Kinder nun überflüssig geworden? Nein, das glaube ich nicht! Jesus hat uns selbst die Kinder als Vorbild gegeben und uns eingeschärft, wie die Kinder zu werden. Ich bin sicher, daß die Zeugnisse und Bekenntnisse der Kinder keinen kalt lassen, im Gegenteil, sie werden uns anspornen und motivieren, unseren Glaubensweg zu gehen.

Quellenhinweis

Meinen besonderen Dank möchte ich an dieser Stelle dem Chefredakteur der Zeitschrift »You-Magazin«, Michael Cech, aussprechen. Durch seine freundliche Genehmigung durfte ich aus diesem Jugend-Magazin Personen zitieren, die für mich kaum zugänglich gewesen wären. Sie sind eine große Bereicherung für meine Untersuchungen. Im Bildnachweis wird auf die Herkunft der Fotos und der Interviews bzw. Berichte der mehr oder weniger bekannten Persönlichkeiten in diesem Magazin hingewiesen. Vielleicht erfahren meine Leserinnen und Leser zum ersten Mal, daß in der Rock- und Popmusikszene Gott nicht nur gelästert, sondern auch verherrlicht wird.

Peter Zimmermann

Was ich mit diesem Buch erreichen möchte

Meine langjährigen Erfahrungen im Schulalltag haben mir gezeigt, daß Kinder und Jugendliche auf religiöse Themen ansprechbar sind, wenn sie richtig motiviert werden. Ich habe erlebt, wie junge Menschen reagierten, wenn sie mit dem vertrauenden Gebet und der Hilfe Gottes konfrontiert wurden. Ich staunte, wenn Kinder aus eigenem Antrieb Gebete formulierten und für die verschiedensten Anliegen der Welt beteten. In diesem Buch möchte ich Kinder, Jugendliche und junge Erwachsene vorstellen, denen Gott sehr viel oder alles bedeutete, die sogar bereit waren, für Gott zu sterben. Der Leser wird gefesselt von dem lebendigen Glauben und der Opferbereitschaft vieler junger Christen, die für andere Vorbilder sein können. Es ist traurig, was den jungen Menschen täglich angeboten wird. Einige durchschauen die hohlen Versprechungen und Verlockungen. Was als großes Glück angepriesen wurde, erweist sich als eine gemeine Falle. Die Fülle der Glücksverheißungen erdrückt uns. Die Flut an Informationen und Meinungen erweist sich als hohl und leer.

Es ist Mode geworden, mit unerschütterlicher Sicherheit den Glauben der Masse anzunehmen. Wir werden heute von der Masse gelenkt und motiviert. Das Erstrebenswerte heißt heute: Leistung, Vergnügen, Ansehen, Unterhaltung, Selbstsucht und Zerstreuung. Die Menschen bedenken nicht, daß das alles nur kurzlebige und vergängliche Inhalte sind, die ihr Innerstes niemals glücklich machen können. Keiner aus der Masse bedenkt, daß die Sünde eine Verfehlung unseres Ziels bedeutet, und kaum einer ist sich bewußt, daß der Sohn Gottes auf die Welt kam, um uns mit Gott zu versöhnen.

Mögen die erschütternden Bekenntnisse junger Menschen uns auf- und wachrütteln, um uns auf den Weg zum ewigen Leben zu führen, wo Gott seine barmherzigen Arme für uns aufhält, wo Glück, Geborgenheit, Friede, Freude und Liebe uns erwarten. Viele haben vergessen, daß Gott auch eine Hölle – ein Reich der Gottesferne – für jene nicht verhindert, die Spaß daran haben, seine Gebote zu übertreten. Wer sich die Berichte und Interviews zu Herzen nimmt, weiß, wie man Gott und den Mitmenschen Freude machen kann und wie man schon auf dieser Welt auch in tiefem Leid eine große Geborgenheit in Gott erfährt. Treffend sagt Kardinal Meisner in der »Welt am Sonntag« vom 18. März 2001: „Unsere erste Aufgabe ist es, den Menschen den Geschmack an Gott zu vermitteln. Und dieser Gott schmeckt immer nach mehr. Wenn ich Gott einmal gekostet habe, verliere ich die Appetitlosigkeit und die Geschmacklosigkeit an Gott, so daß ich sagen kann: ‚Ich bin bis über beide Ohren verliebt in diesen Gott.‘ Warum gelingt uns das nicht, den Menschen das so in ihr Herz hineinzubringen, daß sie auch diese Erfahrung machen?“

Die meisten jungen Menschen in diesem Buch haben diese wunderbare Erfahrung gemacht.

Widmung und Nachruf

Auch die zweite Auflage dieses Buches möchte ich Bruder Jan Hermanns und seinen unerschrockenen Mitarbeitern widmen. Bruder Jan war der Gründer der Emmaus-Bewegung. Durch diese Gemeinschaft werden Menschen, die am Rande der Gesellschaft leben, betreut. Die Liebe Gottes, die Bruder Jan Hermanns und seine mutigen Mitstreiter zu den Ausgestoßenen, Gefangenen, Suchtkranken, Drogenabhängigen, Alkoholikern, Obdachlosen, Prostituierten, Triebtätern und anderen Szene-Leuten beseelt, ist ein neuer Hoffnungsschimmer in unserer Zeit. Am 2. Februar 2003 starb Bruder Jan Hermanns im Alter von 59 Jahren nach langer und schwerer Krankheit. Wie mir eine Mitarbeiterin versicherte, hinterläßt sein Tod eine große Lücke. Die Initiative Quellwasser, die sich um sexuell mißbrauchte und verletzte Menschen, um Opfer und Täter, Sexsüchtige und sexuelle Randgruppen, um Homosexuelle und Lesben, Prostituierte und Stricher, Freier und Zuhälter, Pädophile, Exhibitionisten und Fetischisten kümmerte, ist durch den Tod von Jan Hermanns verwaist. Viele kannten Jan Hermanns durch Rundfunk und Fernsehen.

Besonders möchte ich Bruder Jan Hermanns für die Erlaubnis danken, aus den Briefen der jungen Gefangenen in den verschiedenen Justizvollzugsanstalten in Deutschland an ihn und seine Mitarbeiter zitieren zu dürfen. Alle Berichte aus den Gefängnissen in dieser zweiten Auflage sind den Rundbriefen ab 1996 entnommen.

Auch nach dem Tod von Bruder Jan Hermanns schätze ich mich glücklich, mit dieser Veröffentlichung das Wirken dieses begnadeten Mannes den jungen Menschen, die in Bedrängnis sind, bekannt machen zu dürfen. Auf ihn trifft zu, was im Matthäusevangelium verkündet wird: „Denn ich war hungrig, und ihr habt mir zu essen gegeben; ich war durstig, und ihr habt mir zu trinken gegeben; ich war fremd und obdachlos, und ihr habt mich aufgenommen; ich war nackt, und ihr habt mir Kleidung gegeben; ich war krank, und ihr habt mich besucht; ich war im Gefängnis, und ihr seid zu mir gekommen.“ Sehr konkret geht Jesus auf ein solches Handeln ein, er versichert: „Amen, ich sage euch: Was ihr für einen meiner geringsten Brüder getan habt, das habt ihr mir getan“ (Mt 25, 35 – 40).

Nach Bruder Jan Hermanns Tod erschien das Buch »Ansätze christlicher Sozialarbeit« (Lambertus-Verlag, Freiburg im Breisgau), das die wertvollen Gedanken des Gründers der Emmaus-Gemeinschaft wiedergibt. Pfarrer Winfried Abel schreibt in seinem Vorwort zu diesem Werk: „Bruder Jan hat keine Systematik der Sozialarbeit entworfen. Er hat sich eingelebt in das Milieu der gestrauchelten und an den Rand der Gesellschaft gespülten Menschen. Er hat seine Schützlinge einfach geliebt. Er ging ihnen nach wie ein guter Hirte. In einem Nachruf schreibt ein ehemaliger Gefangener: ‚Wenn du mein Vater gewesen wärst ...‘ Dieser Satz kam mir einmal über die Lippen, als mich Bruder Jan wieder einmal in die Arme nahm, meinen Kopf in seinen Händen hielt und mich mit seinem durchdringenden Blick ansah ... Dieser ‚durchdringende Blick‘ ist das Geheimnis des eben zitierten Buches.“

Man kann diesen durchdringenden Blick auch so interpretieren: Die Liebe Gottes, die durch einen Menschen weitergegeben wird, führt ihn aus der Finsternis zum Licht und zum Heil. In der ersten und auch in der zweiten Auflage werden junge Menschen den Leserinnen und Lesern vor Augen geführt, die aus ihren Erfahrungen mit der Finsternis auf andere zugehen und ihnen den Weg zum Licht zeigen.

Mögen durch diese Neuauflage viele junge Menschen den Weg aus der Finsternis zum Licht finden, denn dort gibt es Geborgenheit, Glück, Liebe, Verstehen und Frieden.

1 1/2 Jahre

Vanya – Der Himmel öffnete sich

Kann ein Kind von eineinhalb Jahren Zeugnis von Gott geben? Der junge Leser möge dies selbst beurteilen. Als ich meine Bücher über den Erscheinungsort Medjugorje verfaßte, führte ich zahlreiche Interviews mit Menschen aus vielen Ländern. Unabhängig voneinander berichteten einige, daß sie eine Marien- oder eine Jesuserscheinung hatten. Bei manchen Personen standen Tränen in den Augen, als sie diese Angaben machten. Diese Nachforschungen haben mich dazu veranlaßt, die Geschichte von Vanya aus New York in dieses Buch aufzunehmen. Als Vanya mit einem schweren Herzfehler geboren wurde, bestand kaum eine Überlebenschance. Acht Tage nach seiner Geburt wurde er am Herzen operiert. Die Ärzte erklärten den Eltern, daß die große Wunde kaum heilen werde und daß sie mit dem Schlimmsten rechnen müßten.

Die schockierten Eltern stellten ein Marienbild in Vanyas Krankenzimmer und beteten intensiv um seine Heilung. Seit dieser Stunde erholte sich das Kind. Aus Dankbarkeit brachte der Vater seinen kleinen Sohn nach Medjugorje. Dort trug er Vanya auf den Armen den steilen und steinigen Kreuzberg hinauf. Das Kind war zu diesem Zeitpunkt etwa 18 Monate alt. Plötzlich zeigte Vanya auf etwas und rief laut: „Mama, Mama!“ Das Kind war zu dieser Zeit mit seinem Vater allein auf dem Kreuzberg. Der Vater berichtete später: „Ich sah niemand auf dem Berg. Wir waren ganz allein. Meine Frau war die einzige Person, die Vanya mit ‚Mama‘ anredete, aber sie konnte nicht mitkommen. Schließlich drehte ich mein Söhnchen in eine andere Richtung und versperrte seine Aussicht, aber Vanya drehte sich sofort wieder um, zeigte auf die gleiche Stelle und rief tief ergriffen: ‚Mama!‘ “

Die Eltern sind heute fest davon überzeugt, daß sich die Gottesmutter ihrem geheilten Kind auf dem Kreuzberg in Medjugorje zeigte und daß sie die Heilung ihres Söhnchens nur ihr zu verdanken haben.

Mein Herr und mein Gott!
Apostel Thomas

2 Jahre

Erich – Ein Engel hob mich sanft auf

Der zweijährige Erich wollte wie die Erwachsenen die Treppe hinuntersteigen. Das Kindermädchen und die Mutter bemerkten das Vorhaben des Kindes zu spät. Erich stürzte die Treppe hinunter, dabei hätte er sich schwer verletzen können. Doch Erich saß auf dem untersten Absatz der Treppe und war unverletzt. Er rief: „Ein Engel hob mich sanft auf, trug mich und setzte mich auf den nächsten Absatz nieder, sanft wie eine Feder.“

Atme in mir, Du Heiliger Geist, daß ich Heiliges denke.
Kirchenlehrer Augustinus

3 Jahre

Jason – Vom Tod zum Leben

Der dreijährige Jason aus Texas wurde ermahnt, im Vorgarten zu bleiben und sich nicht dem Swimmingpool zu nähern. Bald vermißte die Mutter ihr Söhnchen. Sie rannte sofort zum Schwimmbecken, konnte es aber nicht finden. Verzweifelt suchte sie im Vorgarten, auf der Straße und im Haus, doch Jason blieb verschwunden. Schließlich kehrte die Mutter wieder zum Swimmingpool zurück, und diesmal sah sie ihr Kind am Beckenboden liegen. Als man Jason aus dem Wasser zog, stand sein Herz still, und er war blau angelaufen. Die Mutter drückte ihr lebloses Kind an sich und betete. Der schnell herbeigerufene Notarzt konnte Jasons Herz wiederbeleben. Ein Rettungshubschrauber brachte das Kind in die Klinik. Auf der Intensivstation wurde den Eltern mitgeteilt, daß wenig Hoffnung bestehe, denn Jason hatte fast eine Stunde lang keinen Herzschlag mehr gehabt. Es war die Rede von schweren Hirnschäden und von Lähmungen. Nun lag er im Koma und war an zahlreiche Geräte angeschlossen, die die Lebensfunktionen erhalten sollten. In der fünften Nacht bekam Jason eine Lungenentzündung. Das Ende schien nahe zu sein. Die Mutter rief einige Pfarrer an und bat sie, zu ihrem Sohn zu kommen. Die Geistlichen salbten das Kind und beteten. Nach zwanzig Tagen konnte Jason das Krankenhaus verlassen und bald wieder sprechen. Einige Zeit später saß er vor dem Fernseher und sah einen Swimmingpool. Plötzlich sagte Jason: „Unter dem Wasser war es ganz dunkel. Es war dunkel, aber der Engel blieb bei mir. Ja, er blieb bei mir, damit ich keine Angst hatte."

Er ist mein Vater, Jesus ist mein Alles!
Mutter Teresa

Danny – Vor großem Schaden bewahrt

In New York rannte der dreijährige Danny übermütig durch das Wohnzimmer und stolperte. Mit Entsetzen sah die Mutter, wie er mit dem Kopf voran auf die scharfe Ecke eines Tisches zustürzte. Sie wollte Danny zu Hilfe eilen, aber sie wußte genau, daß sie den Sturz nicht mehr verhindern konnte. Plötzlich – wie von einer unsichtbaren Hand angehalten – schien Dannys Körper in der Luft zu schweben. Dann stand er innerhalb weniger Sekunden auf seinen Füßen und lief weiter. Was die Mutter beobachtet hatte, spottete den Gesetzen der Schwerkraft. Bald hatte sie den Vorfall wieder vergessen. Am nächsten Tag sagte Danny während seines Spiels: „Mama, ich habe eine schöne Dame mit Flügeln gesehen. Sie ist nett. Sie hat mich gestern aufgefangen, damit ich mich nicht am Tisch anschlage. Sie sagte, sie würde über mich wachen und davor beschützen, daß ich mir weh tue."

Trotz allem hatte die Mutter Schwierigkeiten, ihrem Söhnchen zu glauben, denn Kinder dieses Alters konnten Realität und Phantasie schwer auseinanderhalten. Als nach einigen Monaten Dannys Tante zu Besuch kam, zeigte sie ihm das Bild eines Schutzengels. Der Engel war weiblich und hatte große Flügel an den Schultern. Beim Anblick des Bildes rief Danny: „Die Dame! Schau Mutter, das ist die Dame, die ich gesehen habe! Sie ist die Freundin, die auf mich aufpassen wird! Darf ich das Bild behalten?"

So nimm denn meine Hände und führe mich
bis an mein selig Ende und ewiglich.
Altes Kirchenlied

4 Jahre

Stevie –
Das macht nur die Engel im Himmel traurig

Stevies Mutter ist Krankenschwester. Sie weiß nur zu gut, was die Diagnose Myeloblastische Leukämie bedeutet. Ihr Söhnchen leidet an Blutkrebs. Vor kurzem verlor sie ihren Mann durch einen Verkehrsunfall. Die seelische Belastung für die junge Mutter ist groß. Sie nimmt Stevie in ihre Arme und weint. Ihr Söhnchen tröstet sie: „Das macht nur die Engel im Himmel traurig." Dieser Gedanke stammt von ihrer Schwiegermutter. Die Mutter versucht, ihrem Kind verständlich zu machen, daß es keine Engel und keinen Himmel gibt, nur die Hölle, und die ist hier auf Erden. Stevies Zustand verschlechtert sich dramatisch, er fällt in eine tiefe Bewußtlosigkeit. Im Auftrag von Stevies Großmutter feiert ein Priester eine heilige Messe an der Grotte in Lourdes, wo die Gottesmutter dem Kinde Bernadette erschienen war.

Inständig betet der Geistliche um Stevies Heilung. Am 11. Februar – dem Jahrestag der ersten Erscheinung der Gottesmutter in Lourdes – verspürt Stevies Mutter eine große Ruhe und Zufriedenheit. Sie faßt Vertrauen. Sie hört ihr Söhnchen rufen: „Mama, gib mir etwas zu trinken." Stevie hat plötzlich einen normalen Puls, er kann ohne Sauerstoffschlauch atmen.

Er fragt erstaunt seine Mutter: „Kommt diese Frau wieder, die lächelnd sagte, ich könne morgen nach Hause gehen?" Die Mutter ist zutiefst erschüttert und ruft die Ärzte herbei.

Die Untersuchungen ergeben, daß die Lunge gesund ist und die Blutbilder keinen Befund zeigen. Am nächsten Tag verläßt Stevie das Krankenhaus und darf nach Hause.

Als der Priester eine Karte aus Lourdes schickt, erfahren sie, daß er am 11. Februar zur selben Stunde die heilige Messe feierte, als Stevie gesund wurde. Die Mutter hat durch diese wunderbare Heilung ihren Glauben wiedergefunden.

Gott widersteht den Stolzen, den Demütigen aber gibt er Gnade.
1 Petrus 5, 5

Martha – Ein Kind sehnt sich nach dem Himmel

Als Martha an der Küste des St.-Lorenz-Golfs in Kanada geboren wurde, ahnte noch niemand, daß dieses Kind einmal ein besonderer Liebling Gottes werden sollte. Schon als Zweijährige spürte sie die Kraft, die vom Weihwasser ausging. Wenn sie zornig und eigensinnig werden wollte, tauchte sie ihre kleine Hand in das Weihwasserkesselchen und machte ein großes Kreuz über sich, dabei betete sie: „Für den lieben Jesus!" Wenn die Mutter mit Martha die Kirche besuchte, war das Kind andächtig und gesammelt. Eine besondere Liebe hatte es zu dem leidenden Heiland und zur schmerzhaften Mutter Gottes. Fast täglich begleitete Martha ihre Eltern zur Kirche und lernte den Wert einer heiligen Messe schätzen. Oft sagte sie ihrer Mutter nach dem Besuch des Gottesdienstes: „Mama, ich habe kein Mal umgeschaut, ich habe immer an Jesus gedacht und dann an die Himmelsmutter." Im zarten Alter von zwei und drei Jahren ließ das Kind seinen Rosenkranz durch die Finger gleiten und betete bei jeder Perle: „Mein Jesus, ich hab dich lieb!"

Martha nutzte jede Gelegenheit, um alles für Jesus zu tun und um ihm Freude zu bereiten. Der Pfarrer war von Marthas Gottesliebe und von ihrem Eucharistieverständnis so überzeugt, daß er sie am Fest des heiligen Josef (19. März) zur Erstkommunion zuließ. Mit tiefer Andacht und Sammlung empfing Martha ihren Herrn und Gott. Sie blieb in der Bank knien und verbarg ihr Gesicht in den Händchen. Sie gestand ihrer Mutter: „Weißt du, Mama, ich muß mir die Augen zuhalten, damit ich Jesus in meinem Herzen noch besser sehen kann. Ich muß immer daran denken, daß der gute Jesus in meinem Herzen ist." Was in ihrer Seele vor sich ging, blieb ein großes Geheimnis. Am Tag ihrer Erstkommunion sagte sie zu ihrem Bruder: „O, wenn du wüßtest, Artur, wie ich mich nach Ostern sehne!" Als er nach dem Grund fragte, antwortete sie: „Das ist mein Geheimnis!"

Bald erkrankte Martha. Sie war geduldig, klagte und weinte nie. Vielleicht kann man aus dem folgenden Gespräch das erwähnte Geheimnis erahnen. Die Mutter sagte zu ihrem Kind: „Martha, bitte den guten Jesus, daß er dich gesund mache. Schau, es tut der Mama so weh, daß ihr kleines Töchterchen krank ist." Das Kind schüttelte den Kopf. Die Mutter fragte: „So willst du also nicht gesund werden?" Martha erwiderte: „Ich möchte lieber in den Himmel gehen und den guten Jesus sehen."

Martha war überglücklich, daß der Priester ihr die heilige Kommunion ins Krankenzimmer brachte. Als die Großmutter einen Schlaganfall erlitt, konnte sie noch sagen: „Ich werde als erste sterben." Doch Martha meinte: „Nein, nicht die Großmama! Ich sterbe zuerst. Dort oben erwartet man mich schon!" Marthas Zustand verschlechterte sich von Tag zu Tag. Gegen Mittag des Ostersonntags wurden ihre Hände und Füße kalt. Das Kind lag im Sterben. Mit großem Interesse verfolgte sie die Sterbegebete des Priesters. Zusammen mit ihrer Mutter betete sie noch: „Guter Jesus, ich habe dich lieb! Lieber Schutzengel, hole mich!" Am Ostersonntag gegen 16 Uhr öffnete sie noch einmal die Augen, auf ihrem Gesicht war nicht die geringste Spur von Leiden zu erkennen, dann seufzte sie und verstarb.

Vergegenwärtigen wir uns noch einmal die Worte an ihren Bruder: „O, wenn du wüßtest, Artur, wie ich mich nach Ostern sehne!" Ihre Sehnsucht galt nicht ihrem Tode, sondern ihrer Auferstehung. Nun war ihre Sehnsucht gestillt, nun durfte sie bei Jesus und Maria sein, die sie auf Erden so innig geliebt hatte. Das Sterben dieses vierjährigen Kindes gibt uns die Hoffnung auf die Auferstehung, auf ein Weiterleben nach dem Tode. Wir werden dort bei Gott, den Engeln und Heiligen und bei unseren lieben Verstorbenen für immer glücklich sein. Viele Kinder und Erwachsene nahmen Abschied von Martha. Friedlich und mit einem Lächeln auf dem Gesicht lag sie in dem mit Blumen geschmückten Sarg.

Ein Ordensbruder lag seit drei Jahren mit blaugeschwollenen Beinen und mit einem Herzleiden in einem Krankenhaus in Kanada. Man riet dem Kranken, eine Novene (neuntägige Andacht) zur kleinen Martha zu halten. Als er diesen Rat befolgte, konnte er am nächsten Morgen aufstehen. Die Geschwulst seiner Beine war vollständig verschwunden.

Diese Spontanheilung zeigt, daß die Verstorbenen, die Gott innig liebten, auch im Himmel großen Einfluß bei Gott haben.

Wer den Sohn Gottes hat, hat das Leben!
1 Johannes 5, 12

NANCY – GOTT HEILT DIE MUTTER DURCH DAS GEBET DES KINDES

Als Nancys Mutter erfuhr, daß sie zum vierten Mal schwanger war, lehnte sie sich innerlich dagegen auf. Sie ärgerte sich über diesen unerwarteten

Familienzuwachs, aber bald begann sie, Gott für das unerwünschte Kind zu danken und ihn zu loben. Bei der Geburt waren Mutter und Tochter gesund. Doch bald stellten die Ärzte fest, daß die Mutter weizenkorngroße, bösartige Gewächse in den Armmuskeln hatte.

Als Nancy vier Jahre alt war, konnte die Mutter ihre Arme trotz mehrerer Operationen nicht mehr gebrauchen. Bekannte und Verwandte versorgten den Haushalt. Die Mutter und mehrere Gebetskreise beteten um Heilung, aber die Gebete blieben unerhört. Eines Morgens fragte Nancy ihre Mutter: „Mutti, darf ich beten, daß Jesus deine Arme heilt?“ Darauf erwiderte die Mutter: „Natürlich darfst du mit mir beten.“ Vertrauensvoll legte das Kind seine Händchen auf die kraftlosen Arme und betete ein ganz schlichtes Gebet. Nach diesem kindlichen Flehruf geschah das Wunder. Die Mutter konnte plötzlich wieder die Arme bewegen und jede Tätigkeit im Haushalt selbst erledigen.

Nach der Geburt des Kindes hatte die Mutter begonnen, Gott für das unerwünschte Leben zu loben, und nun gebrauchte Gott dieses Kind, um sie zu heilen. Ohne Nancys Gebet wäre die Mutter vielleicht nie geheilt worden. Bei der erneuten Untersuchung stellten die Ärzte fest, daß nicht mehr die geringste Spur von Krebs vorhanden war. Das vertrauende, kindliche Gebet steigt immer zum Himmel empor und erreicht fast alles.

Ja, Vater, dein Wille geschehe!
Jesus

Helena – Ihre Sehnsucht nach Gott kannte keine Grenzen

Helena aus Waterford in Irland erkrankte sehr früh an Tuberkulose. Ihre stark verkrümmte Wirbelsäule verursachte ihr große Schmerzen. Sie beklagte sich nie darüber und versuchte, ihre Tränen zu unterdrücken. Immer mehr verschlimmerte sich ihr Gesundheitszustand. Die Tuberkulose war bereits in einem fortgeschrittenen, unheilbaren Stadium. Als man Helena die Bedeutung des Kreuzweges (Stationen des Leidens Jesu) erklärte, fragte sie: „Warum hat er sich denn so wehtun lassen? Er hätte sie doch fortjagen können!“ Darauf bekam sie von einer Ordensschwester die Antwort, daß Jesus aus Liebe zu den Menschen das Kreuz freiwillig auf sich genommen hatte, um uns von der Sünde zu erlösen.

Nachdem Helena erfahren hatte, daß Jesus im Tabernakel gegenwärtig ist, hatte sie das große Bedürfnis, den im Tabernakel verborgenen Heiland zu besuchen. Energisch sagte sie: „Ich muß heute in das Haus des heiligen Gottes gehen, ich muß mit ihm sprechen." Solange es ihr noch möglich war, machte sie einen Besuch in der Kirche und blieb mit gefalteten Händen ganz unbeweglich vor dem Tabernakel, richtete die Augen auf den Altar und betete, wie es ihr das kindliche Herz eingab. Helenas Sehnsucht und Wunsch, mit Jesus in der heiligen Eucharistie eins zu werden, wurde immer größer. Oft hörte man das Kind traurig sagen: „Ach, bekäme ich doch den heiligen Gott! Wann wird er denn auch einmal zu mir kommen? Käme er doch in mein Herz! Ich habe solche Sehnsucht nach ihm!"

Ihr großes Verlangen nach Jesus, ihr fundiertes Wissen über die Glaubenswahrheiten und ihre tödliche Erkrankung veranlaßten den Bischof dazu, seine Erlaubnis zur Frühkommunion und zur Firmung zu geben. Bald konnten die Menschen, die die Kranke betreuten, feststellen, wie Helena mit der größten Geduld und mit aller Kraft ihre Leiden ertrug. Wenn der Schmerz zu groß wurde, nahm sie das kleine Kreuzchen und küßte es. Wenn sie bemitleidet wurde, lächelte sie und sagte: „Was ist das im Vergleich zu all dem, was Jesus am Kreuz für mich gelitten hat?"

Die Tuberkulose zerstörte das Knochengewebe, befiel die Lungen und ließ die Kiefer faulen, so daß sich ein unerträglicher Geruch ausbreitete. Von der Stunde ihrer Erstkommunion an hörte ganz überraschend der üble, vom Zerfall des Kiefers ausgelöste Gestank auf. Es ist kaum zu fassen, wie die Gnade Gottes in diesem vierjährigen Kind wirkte. Wenn Helena den eucharistischen Heiland empfangen hatte, wollte sie nur noch mit ihm sprechen. Ihre Danksagung dauerte oft drei Stunden oder noch länger. Ihr Gesicht war wie verklärt. Die graue Haut wurde hell, ihre Wangen röteten sich und ihre Augen leuchteten. Als man sie fragte, ob sie sich einsam fühle, antwortete Helena: „O nein, ich spreche ja mit dem heiligen Gott!"

Als sich die Todesstunde nahte, war sie sehr andächtig und gesammelt. Alle waren über ihr Verhalten erstaunt. Als eine Schwester aus Mitleid weinte, sagte die Vierjährige: „Warum weinst du? Du sollst voll Freude sein, denn ich gehe zum heiligen Gott!" Helena starb mit einem glücklichen Lächeln. Sie wußte, daß ihre Sehnsucht nach Gott ein Ende gefunden hatte, nun durfte sie in die Herrlichkeit Gottes eingehen.

Das Kreuz führt zum Sieg!
Nachfolge Christi

5 Jahre

Lisette – Lieber Gott, hilf meinem Vater

Im Zweiten Weltkrieg wurde ein Franzose, der in der Widerstandsbewegung tätig war, in der Nacht von deutschen Soldaten verhaftet. Sein Leben war in höchster Gefahr, denn für Widerstandskämpfer gab es keine Gnade und kein Erbarmen. Die fünfjährige Lisette begriff sofort, daß ihr geliebter Vater in großer Not war. Sie sprang aus dem Bett, nahm ihren Rosenkranz, kniete nieder und betete: „Lieber Gott, hilf unserem Vati!“ Dann betete sie ein Vaterunser, danach bat sie: „Liebe Gottesmutter, hilf unserem Vati!“ Schließlich betete sie noch ein Gegrüßet seist du Maria. Die Soldaten hatten beim Anblick des Kindes ihre Waffen gesenkt. Ergriffen starrten sie auf das betende Kind und den Rosenkranz in seinen Fingern. Dann reichte Lisette den Rosenkranz ihrem Vater. Ein Offizier streichelte das Kind über die Haare und sagte: „Ich verspreche dir, dein Vater wird bald wieder zu Hause sein!“ Der französische Widerstandskämpfer wurde abgeführt und verhört. Dabei hatte der deutsche Offizier ihn an das Gebet seines Kindes und sein Versprechen erinnert und ihm die Freiheit angeboten, wenn er ehrenwörtlich verspreche, nichts mehr gegen die deutschen Truppen zu unternehmen. Als der Franzose dies getan hatte, kehrte er schon am nächsten Tag zu seiner Familie zurück. Ohne das Gebet des Kindes hätte der nächtliche Besuch ein anderes Ende gefunden.

Mutter der Liebe, Mutter der Schmerzen,
Mutter der Barmherzigkeit, bitte für uns!
Papst Pius X.

Julio – Sturz in den zwölf Meter tiefen Brunnen überlebt

In der Nähe von Sao Paulo kletterte der fünfjährige Julio auf den Deckel des Brunnens. Plötzlich brach die Abdeckung aus Holz durch, und das Kind stürzte in den zwölf Meter tiefen Brunnen. Etwa drei Meter unterhalb der Öffnung ragt ein Stein aus der Brunnenmauer heraus. Julio stürzte an diesem Stein vorbei und versank in dem zwei Meter tiefen Wasser. Als er wieder auftauchte, konnte er sich an einem Rohr festhalten.

Julios kleines Brüderchen lief weinend zur Mutter und berichtete über den Unglücksfall. Sofort eilte sie mit einer Nachbarin zum Brunnen. Mit einem langen Strick, an dem ein Stock befestigt war, gelang es ihnen, das Kind hochzuziehen. Als Julio wieder oben war, fragte er: „Wo ist die Frau, die mich gerettet hat? Ich sah eine junge Frau, ganz weiß gekleidet, mit einem Herzen auf der Brust. Um sie herum war ein ganz heller Schein. Sie zog mich aus dem Wasser und nahm mich in ihre Arme. Dann saß ich auf dem Stock, und ihr habt mich hochgezogen."

Als Julio einige Tage später eine Kirche betrat, sah er eine Statue der Gottesmutter von Fatima. Begeistert rief er: „Da steht sie! Sie hat mich aus dem Brunnen geholt!"

Gott allein genügt!
Theresia von Avila

Margarida – Gott heilt durch Maria ein todkrankes Kind

Im ganzen Donrogebiet in Portugal brach eine Typhusepidemie aus. Auch die fünfjährige Margarida blieb von dieser gefährlichen Krankheit nicht verschont. Die Mutter wich Tag und Nacht nicht von ihrem Bett. Der Zustand des Kindes wurde immer schlimmer, bis der Arzt sie aufgab. Die Fingernägel wurden blau. Margarida konnte keine Flüssigkeit mehr aufnehmen, und sie bewegte sich nicht mehr. Es wurde noch ein zweiter Arzt aus Paris herbeigerufen, doch auch er konnte der Mutter keine Hoffnung machen. Beide Ärzte waren der festen Überzeugung, daß Margarida die Nacht nicht überleben werde. Die Mutter war in einer verzweifelten Situation, kurz vorher hatte sie ihren Mann verloren, und nun sollte auch ihr Kind sterben. Sie eilte in die Kapelle, die in der Nähe war, und flehte die Mutter Gottes um ihre Hilfe an: „Mutter von Fatima, alle sagen, daß du immer hilfst; zeige mir, daß es wahr ist, was die Menschen hier in Portugal von den Fatima-Wundern sagen, wirke auch ein Wunder an meinem Kinde; wenn es gesund wird, will ich es dir aufopfern und in die Cova von Iria bringen. Hilf, hilf, erhöre mein Gebet!" Nachdem sie lange in der Kapelle gebetet hatte, ging sie zum Krankenzimmer und öffnete die Tür. Was sie sah, konnte sie kaum fassen. Ihr Kind tanzte im Bettchen und fragte: „Aber Mutti, wo warst du so lange? Ich habe Hunger, gib mir etwas zu essen!" Die Mutter dachte zunächst, es sei ein Delirium, das meistens am Ende eintritt, aber Margarida sagte: „Mutti, ich bin gesund, die Fatima-Mutter hat es mir doch gesagt."

Als die beiden Ärzte am nächsten Morgen kamen, hatten sie bereits die Papiere für den Totenschein dabei. Margarida sagte zum Hausarzt: „Onkel Doktor, nun bekomme ich auch die Puppe, die Sie mir versprochen haben, wenn ich gesund würde. Ich will aufstehen und mit den Kindern spielen gehen. Ich bin ganz gesund, und die Mutter Gottes von Fatima hat es mir gesagt, als Mutti mich so lange allein gelassen hat." Nach der Untersuchung erklärten die Ärzte der Mutter: „Ihr Kind, das für menschliche Begriffe dem Tode nahe war, ist vollkommen gesund, und sein Heißhunger darf gestillt werden."

Der ältere Arzt kniete am Bettchen des Kindes nieder und sprach ein Dankgebet zur Mutter Gottes von Fatima, doch der jüngere Kollege aus Paris sagte: „Ich glaube nicht an Wunder!" Als er jedoch gebeten wurde, eine Erklärung für diese plötzliche Heilung des todkranken Kindes zu geben, blieb er stumm. Dann stürzte er an das Kinderbettchen, nahm das geheilte Kind laut schluchzend in seine Arme und sagte: „Mein Kind, die Mutter Gottes von Fatima hat hier zwei Wunder gewirkt: Sie hat dich vom leiblichen Tode errettet und mich vom Tode der Seele, denn ich war ein Atheist – und kein geringer. Nun bin ich ein Gläubiger und werde in Paris über Fatima sprechen und auch schreiben."

Die unter Tränen säen, ernten mit Frohlocken.
Psalm 125, 6

6 Jahre

Johanna – Eine Lähmung verschwindet nach einem Besuch in Altötting

Eine Mutter aus Schwaben betete in der Gnadenkapelle von Altötting. Sie hielt ihr total gelähmtes Kind auf den Armen. Plötzlich rief ihr Kind vor dem Gnadenaltar ganz laut: „Mama, die Frau da oben schaut mich dauernd an!“ Nachdem die Mutter ihre Tochter ermahnt hatte zu schweigen, rief das Kind erneut: „Jetzt schaut sie mich schon wieder an, Mama!“ Voll Scham und Ärger trug die Mutter ihr gelähmtes Kind aus der Gnadenkapelle. Draußen belehrte sie ihr Töchterchen, daß man so etwas nicht tun dürfe unter den betenden Menschen vor der Muttergottes. Nach dieser Ermahnung trug sie ihr Kind erneut in die Kapelle und verweilte unmittelbar vor dem berühmten Gnadenbild. Da schrie das Kind erneut: „Die Frau, die Frau!“ Nach diesem Zwischenfall verließ die Mutter mit ihrem Kind verärgert die Gnadenkapelle und fuhr wieder zurück. Auf der Heimfahrt wurde Johanna vollständig von ihrer Lähmung geheilt. Auf welche Weise sich die Gottesmutter von Altötting diesem Mädchen offenbarte, wird wohl immer ein Geheimnis bleiben.

Schau auf Jesus, dessen Liebe größer ist als alles,
und dein Herz wird erquickt in jeder Not.
Mutter Basilea Schlink

Jordy – Ich wäre so gerne brav, aber ich schaffe es nicht

Es gibt Tausende von Kindern, die an Weihnachten einen Brief an das Jesuskind und seine Mutter nach Medjugorje schreiben. Auch ein Brief des sechsjährigen Jordy ist dabei. Er bat darin die Gottesmutter, brav sein zu können, denn das gelang ihm überhaupt nicht. Die Ursache lag in seinem Elternhaus in Paris. Als sein Vater seine Mutter verließ, war Jordy noch keine zwei Jahre alt. Er erlebte die Gewaltausbrüche seines Vaters, wenn er betrunken war, und die vielen Konflikte, die ihn schließlich ins Gefängnis brachten. Jordy litt Qualen in der zerbrochenen Familie. Immer mehr wurde sein Leben zu einem Alptraum ohne die Liebe der Eltern. Schwerwiegende psychische Störungen machten sich bemerkbar.

Er wurde nervös, unruhig und war zu Hause nicht mehr zu bändigen. Die Last der familiären Umgebung wurde für ihn unerträglich. Sein Mangel an Geborgenheit machte ihn aggressiv. Auch eine psychologische Betreuung brachte keine Fortschritte.

Jordys Großmutter machte sich große Sorgen um ihn. Sie war es, die ihn in der Weihnachtszeit bat, einen Brief an das Jesuskind und seine Mutter nach Medjugorje zu schreiben. Jordy sagte zu seiner Mutter: „Ja, ich werde dem Jesuskind einen Brief schreiben. Ich sage dir, was du schreiben sollst und du schreibst es auf!“ In diesem Brief flehte er Jesus und Maria an, brav sein zu können. Seine Mutter schrieb Wort für Wort auf, dann wurde der Brief kurz vor Weihnachten abgeschickt. Sein Vater hatte Jordy versprochen, daß er ihn für die Ferien einlade. Das Kind freute sich darauf. Doch dann teilte der Vater mit, daß er Jordy nicht sehen wolle. Die Mutter erwartete eine Katastrophe. Das Kind nahm die traurige Nachricht völlig gelassen auf. Noch nie hatte man Jordy so ruhig und zufrieden erlebt. Er verbrachte die Weihnachtstage lächelnd und ausgeglichen. Über diese Veränderung war der Psychiater sehr erstaunt. Jordys Mutter wußte, woher diese Wandlung kam. Jesus und Maria hatten den Hilferuf gehört, den das Kind nach Medjugorje schickte: „Ich wäre so gerne brav, aber ich schaffe es nicht!“ Es war ganz offensichtlich, daß die Gnade Gottes Jordys Herz berührt hatte.

Nach dieser Feststellung entschloß sich Jordys Mutter, täglich in der Familie zu beten und häufiger die Kirche zu besuchen.

Allen will ich alles werden!
Apostel Paulus

7 Jahre

Theresa – Sie sollen ganz fest Jesus und Maria vertrauen

Als Theresa sechs Monate alt war und zum ersten Mal feste Nahrung bekam, erlitt sie einen lebensgefährlichen Asthmaanfall. Sofort kam sie in die Intensivstation der Kinderklinik. Die Ärzte stellten fest, daß Theresa eine schwere Lebensmittelallergie hatte und auf sie mit Asthma reagierte. Von nun an mußte sie eine strenge Diät einhalten. Es folgten in den ersten beiden Lebensjahren viele Lungenentzündungen, asthmatische Anfälle und häufige stationäre Klinikaufenthalte. In dieser schweren Zeit entwickelte sich bei Theresa ein tiefes Vertrauen zu Jesus und Maria. Als sie drei Jahre alt war, begann sie Jesus und Maria um ihre Heilung zu bitten. Sie war fest davon überzeugt, daß sie wieder gesund werden würde.

Im Jahre 1997 fuhr Theresas Mutter nach Medjugorje, um für ihr schwerkrankes Kind zu beten. Nach ihrer Rückkehr bat ihr Töchterchen um ein gekochtes Hühnerei. Auf dieses Nahrungsmittel reagierte sie gewöhnlich hochgradig allergisch, sie bekam sofort einen Asthmaanfall und wurde bewußtlos, doch dieses Mal zeigte sie keine allergische Reaktion. Im Laufe der Adventszeit 1997 probierte die Mutter alle anderen Nahrungsmittel aus, auf die das Kind stark allergisch reagierte, doch Theresa konnte alles essen. Sie war vollständig geheilt. Im April 1998 fuhr das Kind nach Medjugorje, um sich dort bei Jesus und seiner Mutter zu bedanken.

Als ich Theresa im Sommer 1998 am Bodensee besuchte und mich nach ihrem Befinden erkundigte, antwortete sie: „Ich fühle mich ganz gut, ich freue mich, daß ich alles essen kann.“ Nach ihren religiösen Empfindungen befragt, erwiderte sie: „Ich bin sehr dankbar, und ich werde immer dankbar sein. Ich bete immer für die Kranken, die ich sehe.“ Auf meine Frage, was sie kranken Kindern raten würde, gab sie spontan zur Antwort: „Sie können um ihre Heilung beten, sie sollen ganz fest Jesus und Maria vertrauen.“

Die Mutter ergänzte: „Meine Tochter durfte keine Milchprodukte, keinen Fisch und kein Fleisch essen, nicht einmal ein Stückchen Schokolade. Der kleinste Infekt führte zu einer Lungenentzündung. Als ich von

Medjugorje zurückkam, vertraute Theresa fest darauf, alles essen zu können. Während ihrer Krankheit kam nie eine Klage, sie beschwerte sich nie, immer war sie heiter und sonnig. Sie hatte ein großes Vertrauen zu Jesus und Maria. Die Krankheit war für mich als Mutter ein schwerer Schock und zugleich der Beginn meiner Bekehrung. Ich begann in dieser Not, zu Jesus und Maria zu beten, daß Theresa wieder gesund werde."

Jesus, mein Gott, ich liebe dich über alles!
Papst Pius IX.

Daniela – Ich habe doch einen Schutzengel

Ein Atheist verbot seiner kleinen Tochter den Umgang mit einem katholischen Mädchen aus der Nachbarschaft. Wütend hatte er dem Vater dieses Mädchens erklärt: „Ich verbiete mir ein für allemal, daß ihr Kind meiner Kleinen alberne Flausen in den Kopf setzt. Schutzengel! Mein Kind braucht keinen Schutzengel, verstehen Sie mich!" Kurze Zeit später näherte sich der Atheist seiner Wohnung. Plötzlich hörte er die Stimme seines Töchterchens. Es hatte den ganzen Tag Ausgehverbot, weil es doch wieder mit dem Nachbarkind gespielt hatte. Als Daniela ihren Vater sah, stieg sie auf die Fensterbank, beugte sich weit vor und stürzte aus dem dritten Stock in die Tiefe. Wie versteinert blieb der schockierte Vater stehen, dann hielt er sich die Augen zu. Plötzlich legte sich ihm ein Arm um die Schulter, und er hörte die Stimme seines verhaßten Nachbarn: „Sehen Sie doch, sie lebt ja!" Der Atheist hob den Kopf, er sah, wie sich seine Tochter vom Pflaster erhob, auf ihn zueilte und ihn umarmte. Im Nu hatte die Kleine ihre alte Fröhlichkeit wieder und erklärte ihrem verwunderten Vater: „Ich habe doch einen Schutzengel! Hast du ihn nicht gesehen? Ich aber schon, Vati, er war wie lauter Licht und hat mich getragen!" In diesem Augenblick stürzte die Weltanschauung des Atheisten wie ein Kartenhaus zusammen. Von nun an durfte sein Töchterchen wieder mit dem katholischen Nachbarkind spielen, das an die Macht und Hilfe des Schutzengels glaubte.

Heute sind die Menschen mehr denn je zuvor hungrig nach Jesus –
und er ist die einzige Antwort!
Mutter Teresa

8 Jahre

Tatjana – Der Heroismus eines Kindes führt zur Bekehrung des Vaters

Als Tatjana im Sand spielte, gelangte Sand in ihre Augen, die sich sehr stark entzündeten. Die Sehkraft wurde trotz Operation immer geringer. Ihre Familie kam während einer Reise an dem berühmten Heiligtum von Tschenstochau in Polen vorbei. Als das Gnadenbild in der Frühe enthüllt wurde, blickte das Mädchen nach oben. Ihr Vater – ein überzeugter Atheist – fragte seine Tochter: „Hat dich die Mutter Gottes nicht geheilt?" Darauf antwortete seine Tochter:

„Ich habe der Mutter Gottes gesagt, daß ich die Welt nicht mehr sehen brauche, nur daß du, Vater, mit uns zum Gebet niederkniest." Nach diesen Worten war der Vater innerlich tief erschüttert und weinte vor Erregung. Überglücklich war Tatjana, als sie ihren Vater hörte, wie er zu einem Priester sagte: „Ich bitte um die Beichte."

Gott, mach mich zu einem Werkzeug des Friedens,
daß ich Liebe bringe, wo Haß ist!
Franziskus von Assisi

9 Jahre

Anna – Ohne das Rosenkranzgebet könnte ich das alles nicht aushalten

Anna ist schwer krank, sie weiß nicht, ob sie noch einmal gesund werden wird. Seit Monaten liegt sie im Krankenhaus. Im Oktober hat der Religionslehrer ihr und ihren Klassenkameraden einen Rosenkranz geschenkt. Sie betet ihn täglich in ihrem Bett. Als der Arzt den Rosenkranz entdeckt, sagt Anna: „Unser Religionslehrer hat uns auch erklärt, wie man ihn betet. Ich habe mich daran gewöhnt, und jetzt bin ich froh, daß ich es weiß. Ohne mein Rosenkranzgebet könnte ich das alles hier nicht aushalten. – Und wenn es so weh tut." Als Anna erfährt, daß der Arzt eine Tochter in ihrem Alter hat, erklärt sie ihm: „Den Rosenkranz wird sie erst später lernen. Jetzt lernt sie alles für die Erstkommunion, daß Jesus ihr Freund ist. Wie man etwas wieder gutmachen kann. Daß man immer Vertrauen haben kann, egal, was kommt."

Als der Kinderarzt eines Tages seiner Frau erzählte, daß die tapfere Anna durch das Rosenkranzbeten immer wieder neue Kraft fand, ihr Leiden geduldig zu tragen, wurde sie wütend, denn er selbst hatte seiner Tochter verboten, am Erstkommunionunterricht teilzunehmen. Ihre schweren Vorwürfe machten den Mediziner nachdenklich. Er mußte seiner Frau recht geben, wenn sie sagte, daß es im Beten und Glauben Quellen für Kraft und Trost gab. Immer, wenn er jetzt Anna blaß und matt in ihrem Bett liegen sah, fiel ihm seine Tochter ein. Als Anna operiert war und Aussicht hatte durchzukommen, ging er zum Pfarrer, um sein Kind für die Erstkommunion anzumelden. Im Februar fragte Anna den Arzt, wann sie wieder in die Schule gehen dürfe, er antwortete: „Ganz bestimmt im nächsten Herbst, aber fit mußt du schon früher sein, schon im Mai, Anna. Da hat meine Tochter ihre Erstkommunionfeier, und wir möchten dich dazu einladen!" Als die Kranke staunte, erwiderte er: „Ich werde dir erzählen, wieso wir dich so gern dabeihätten, aber nicht jetzt. Ich muß erst überlegen, wie ich dir das erzählen soll."

Das vertrauende Gebet eines neunjährigen Mädchens in schwerer Krankheit veranlaßte den Mediziner dazu, über sein Verhalten und über Gott nachzudenken. Ohne die kranke Anna hätte die Tochter des Arztes wahrscheinlich nie ihre Erstkommunion erleben dürfen.

Jesus, du Freund der Kinder, segne die Kinder der ganzen Welt!
Papst Benedikt XV.

Antonio – Beten Sie zum Heiland, daß er mich nie in eine Todsünde fallen läßt

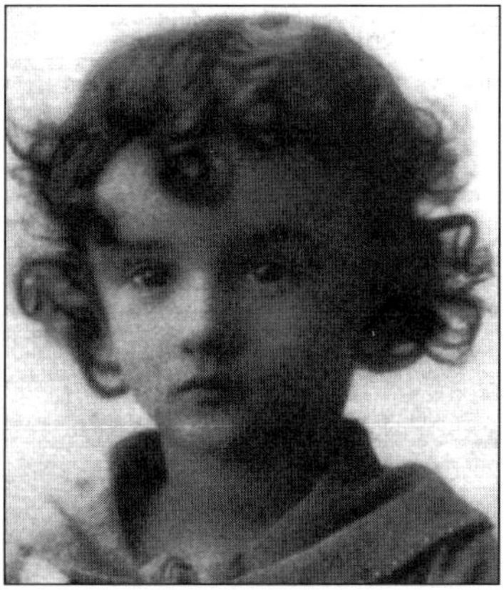

Antonio Martinez wurde in Santander in Spanien geboren. Schon als Dreijähriger war er sehr wißbegierig. Als ihm seine Mutter erklärte, daß die ganze Schöpfung von Gott, seinem himmlischen Vater, geschaffen wurde, nahm er sich fest vor, diesen Vater im Himmel aus ganzem Herzen zu lieben. Das Kind erkannte sehr schnell, daß man Gott am meisten Freude bereiten konnte, wenn man alles aus Liebe zu ihm tat und Opfer für ihn brachte. So schluckte er seinem himmlischen Vater zuliebe täglich das widerlich schmeckende Rizinusöl. Als Antonio sechs Jahre alt war, mußten die Mandeln entfernt werden! Das Kind litt große Schmerzen. Die Mutter wollte ihn ablenken und ihm Märchen erzählen, doch Antonio bat: „Mama, erzähle mir die Geschichte vom Dulder Hiob, denn ich merke, daß ich ungeduldig werde!" Als das Kind erfuhr, daß man Jesus durch eine Sünde beleidige und ihm Schmerzen zufüge, sagte es: „Ich will nicht, daß er meinetwegen Schmerzen hat. Ich will brav sein und ihn nie betrüben. Ich möchte lieber sterben, nur nie eine Sünde begehen."

Mit vier Jahren hörte Antonio von den mexikanischen Märtyrern, die für ihren christlichen Glauben starben. Nachdenklich sagte er: „Mama, wenn ich älter bin, reise ich nach Mexiko. Ich will Märtyrer werden." Als die Mutter auf die Qualen des Martyriums hinwies, erwiderte das Kind:

„O, was liegt daran! Schnell ist es vorbei, und dann bin ich ewig beim lieben Gott!“ Wenn der Fünfjährige die Eltern zur heiligen Kommunion gehen sah, regte sich in ihm ein heiliger Neid, er sagte: „Wie seid ihr glücklich, daß ihr Jesus empfangen könnt! Warum muß ich warten, bis ich sieben Jahre alt bin? Ich kann doch den Katechismus so gut und alles andere verstehe ich auch. Laßt mich doch kommunizieren!“ Mit sieben Jahren durfte Antonio zum ersten Mal den Leib des Herrn empfangen. Für das Kind war es ein unvergeßlicher Festtag, von da an ging es fast täglich zur heiligen Kommunion. Das Frühaufstehen machte ihm nichts aus. Mit jedem Kommunionempfang wurde seine Liebe zu Jesus größer. Auch die Liebe zur Mutter Jesu rührte sich in seinem Herzen. Seit seiner Erstkommunion betete er täglich den Rosenkranz.

Während seiner letzten Krankheit rief er einmal mit heiserer Stimme: „Mutter! Mutter!“ Als seine Mutter herbeieilte und ihn fragte, was er wollte, antwortete er verlegen: „Mama, ich habe nicht mit dir geredet, sondern mit der Himmelsmutter.“ Nach einer schweren Auseinandersetzung mit einem Jungen, der ihn geschlagen hatte, wurde Antonio sehr zornig und wollte sich rächen. Schließlich beruhigte er sich wieder und sagte zu seiner Mutter: „Weißt du, Mama, es fällt mir schon schwer, aber ich würde damit den Heiland beleidigen. So will ich dem Jungen verzeihen und damit dem Heiland Freude machen.“ Nach einiger Zeit gestand er der Mutter: „Ich bitte Jesus, mich brav zu machen und den Zorn von mir wegzunehmen.“

Ein Magen- und Kehlkopfleiden verursachte Antonio große Schmerzen. Als der Facharzt ihn untersuchte, verbot er ihm alle Süßigkeiten und verordnete Milchspeisen. Aus Liebe zu Jesus verzichtete er auf alle Süßigkeiten und aß die Speisen, vor denen er den größten Ekel hatte. Antonio lernte das Elend der Armen kennen. Die Mutter klärte ihn auf: „Was du den Armen gibst, das gibst du dem lieben Gott. Es soll dir also nicht leid darum sein.“ Von da an verschenkte das Kind das meiste Geld, das es besaß, an die Bedürftigen. Als er an einem großen Festtag eine gefüllte Geldbörse als Geschenk bekam, freute er sich, nun konnte er wieder nach Herzenslust Wohltaten spenden. Sein Kommentar zum Geldspenden lautete: „Weil der liebe Gott mir so viel gegeben hat, glaube ich, auch viel austeilen zu dürfen. Ich tue doch alles für den lieben Gott.“

Welche Gnaden und Einsichten das Kind von Gott erhalten hatte, geht aus der folgenden Reaktion hervor. Der Vater hatte von Fehlern eines Priesters gesprochen, da unterbrach ihn Antonio mit den Worten: „Bitte,

Papa, sage das nicht weiter. Dem lieben Gott tut es weh, denn jeder Priester ist sein Diener." Das Kind hatte nur einen Wunsch, es wollte Priester werden. Der Mutter vertraute er an: „Ich möchte Priester werden, denn dann kann ich den Heiland in meinen Händen halten. Ich kann den Kindern viel von Jesus erzählen und für die großen Leute predigen." Antonio bemühte sich mit allen Kräften, Jesus nicht durch eine Sünde zu beleidigen. Als er einer behinderten Frau half, versprach sie, für ihn zu beten. Gleich bat er sie: „Dann beten Sie zum Heiland, daß er mich nie in eine Todsünde fallen lasse." Das sagte er im Alter von fünf Jahren.

Antonio bekam Erstickungsanfälle, er fühlte, daß Gott ihn bald holen werde. Dem Arzt sagte er, daß er sich sehr elend fühle. „Aber das macht nichts, es geht ja in den Himmel", fügte er hinzu. Kurz vor seinem Tode wünschte er sich ein Bild der heiligen Familie. Wenn er darauf schaute, wurde er wieder ruhig. Behutsam bereitete er seine Mutter auf sein Sterben vor: „Mama, weine nicht, wenn ich sterbe, denn ich gehe in den Himmel. Was ich jetzt leiden muß, ist mein Fegefeuer." Antonios Zustand verschlimmerte sich von Tag zu Tag. Ein letztes Mal verlangte er nach der heiligen Kommunion. Dann flüsterte er gefaßt und heiteren Sinnes: „Ich sterbe, ich sterbe." Kurz darauf gab das Kind sein Leben seinem himmlischen Vater zurück. Er war neun Jahre alt geworden und sandte seinen Eltern und der Großmutter einen tiefen Seelenfrieden vom Himmel, ja eine heilige Freude, ihr Kind bei Gott zu wissen.

Der Glaube der Frommen entreißt dem Herrn die Gnaden.
Jugendapostel Don Bosco

Hans – Freude über das Geschenk der heiligen Eucharistie

Ein junger Kaplan bemühte sich, den Kindern die Gegenwart Gottes in der heiligen Eucharistie verständlich zu machen und sie auf die persönliche Begegnung in der heiligen Kommunion vorzubereiten. Am Ende der Stunde meldete sich Johannes und sagte: „Ja, Herr Kaplan, wenn das wirklich alles wahr ist, was Sie da sagen, daß Gott selbst bei uns ist und sogar in uns wohnt, dann verstehe ich eins nicht, warum die Priester nicht alle verrückt werden vor Freude!"

Mein Gott, mein Erlöser, bleibe bei mir!
Kardinal Newman

Siegfried – Gott belohnt großes Vertrauen

Siegfrieds Vater befand sich in russischer Kriegsgefangenschaft. Vier Wochen vor seinem zehnten Geburtstag schrieb Siegfried seinen Geburtstagswunsch auf einen Zettel. Er wünschte sich, daß der Vater an diesem Tage aus der Gefangenschaft heimkehre und daß er ihn und seine Mutter in die Arme schließen möge. Siegfried glaubte felsenfest, daß der liebe Gott ihm diese Bitte zu seinem Geburtstag erfüllen würde. Seit einem halben Jahr hatten sie keine Post vom Vater erhalten. Am Tag vor seinem Geburtstag weinte seine Mutter sehr; als er nach dem Grund der Tränen fragte, antwortete die Mutter: „Nun hast du so ernstlich gebetet, daß der Papa zu deinem Geburtstag heimkommt, und er ist doch nicht gekommen.“ Voller Zuversicht erwiderte ihr Sohn: „Ich habe doch noch nicht Geburtstag, er ist doch erst morgen!“ Weinend ging die Mutter zu Bett, denn sie hatte nicht nur Sehnsucht nach ihrem Mann, sondern sie hörte auch die kindlichen Gebete, die Siegfried immer wieder zum Himmel sandte.

Was er dann am nächsten Morgen erlebte, schilderte er mit bewegten Worten: „Als ich am nächsten Morgen erwachte, dachte ich zuerst, ein Engel habe mich geweckt und ich sei bereits im Himmel. Vor mir stand mit strahlenden Augen mein lieber Vater! Er holte mich aus dem Bett, und mit Tränen in den Augen nahm er mich in seine Arme. Er war in jener Nacht genau um ein Uhr heimgekehrt. Die Tränen meiner Mutter waren noch nicht ganz getrocknet, als mein Vater des Nachts an den Rolladen unserer kleinen Parterrewohnung klopfte.“

Der ewig reiche Gott woll uns in unserm Leben
ein immer fröhlich Herz und edlen Frieden geben.
M. Rinkart

10 Jahre

Hermann – Der Wert des Gebetes liegt in der Beständigkeit

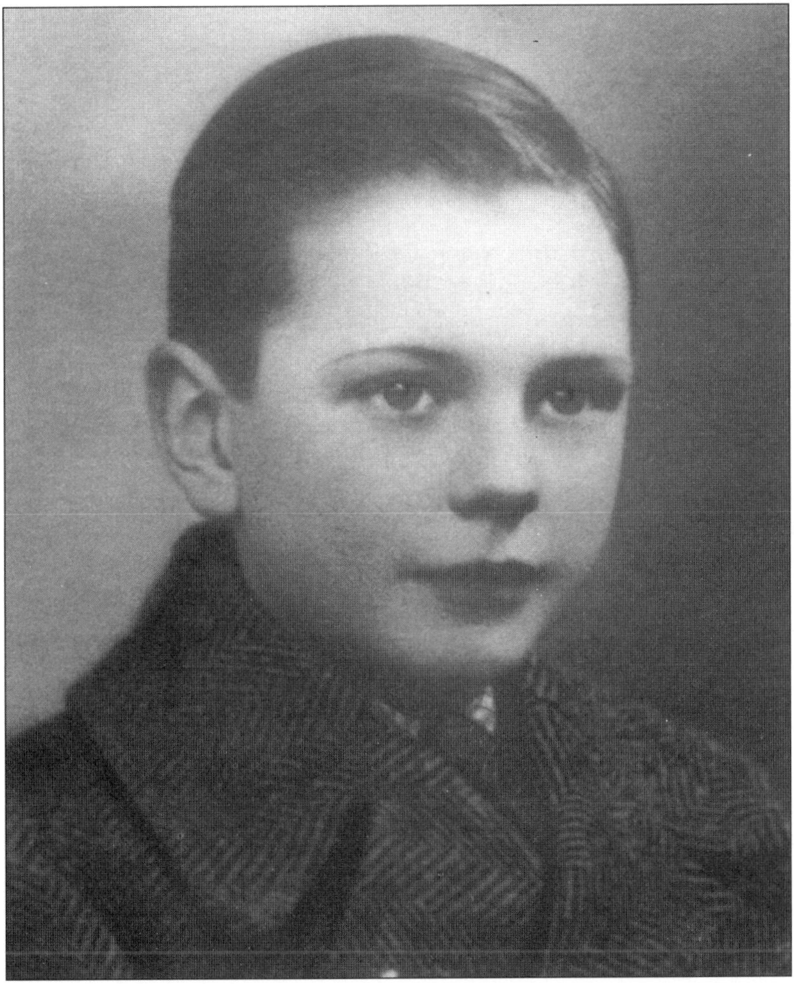

Hermann wuchs in einem Stadtteil von Antwerpen auf. Schon als kleines Kind spürte er, daß er keine Angst haben mußte, da sein himmlischer Vater seine schützende Hand über ihn hielt. Angst hatte er nur vor der

Sünde. Sehr schnell bemerkten die Menschen, wie sich Hermann der benachteiligten Personen annahm und sie verteidigte. Mit sechs Jahren durfte er zum ersten Mal die heilige Kommunion empfangen. Innig betete er: „Jesus, dir leb ich, Jesus, dir sterbe ich. Jesus, dein bin ich im Leben und im Tode." Nach dem Festtag fragte er die Mutter: „Mutti, werde ich morgen wieder kommunizieren können?" Sie erwiderte: „Ja, morgen und jeden Tag in der heiligen Messe." Hermann war darüber überglücklich. Immer klarer erkannte er, daß man Jesus durch Opfer große Freude bereiten konnte.

Über Nacht verloren seine Eltern unverschuldet ihr ganzes Vermögen. Das Kind tröstete sie: „Wir werden beten, und alles wird besser. Vater wird sicher eine Arbeit finden, wenn wir gut beten." Trotz des Gebetes mußte Hermann an manchen Tagen hungern, weil das Brot fehlte. Als die Not immer größer wurde, sagte sein Vater: „O Hermann, wozu dieses Gebet? Je mehr wir beten, um so weniger scheint uns Gott zu hören!" Der Junge umarmte seinen Vater und sagte mit zitternder Stimme: „Der Wert des Gebetes liegt in der Beständigkeit, sonst hat es keinen Sinn." Diese Äußerung veranlaßte den Vater, mit neuem Vertrauen zu beten. Da die Not nicht enden wollte, betete das Kind unermüdlich den Rosenkranz und Novenen (eine Novene besteht aus Gebeten oder Opfern, die an neun aufeinanderfolgenden Tagen verrichtet werden). Als er die 25. Novene begann, schrieb er in sein Büchlein: „Dies ist meine Jubiläumsnovene. Wenn ich diesmal nicht erhört werde, will ich aufhören." Es war, als wollte er seinem himmlischen Vater sagen: „Jetzt mußt du aber helfen, ich vertraue doch auf dich!" Gott enttäuschte das große Vertrauen des Kindes nicht, denn am letzten Tag der Novene kam die gute Nachricht: Der Vater fand eine Arbeit beim Ministerium, und Hermann durfte weiterhin den Unterricht bei den Schulbrüdern besuchen.

Das Kind scheute kein Opfer, um Jesus Freude zu bereiten. Um halb sechs Uhr stand er auf, besuchte die heilige Messe, kommunizierte andächtig und betete anschließend noch lange in der Kirche. Er betete um die Bekehrung der Sünder und für die armen Seelen im Fegefeuer. Sein größter Wunsch war, Priester zu werden. Bei Temperaturen unter minus zwanzig Grad fror Hermann in seinem Zimmer, das man nicht heizen konnte. Die Füße blieben auch im Bett eiskalt, es bildeten sich Frostbeulen, die eiterten. Trotz seiner dick eingebundenen Füße und großen Schmerzen schleppte sich das Kind in die Kirche, nur um Jesus empfangen zu können. Eines Tages sah Hermann in einem Abfallhaufen den

Querbalken eines Kruzifixes. Als er noch zögerte, ob er in den Müll steigen sollte, hörte er im Innern eine Stimme: „Hermann, schämst du dich meinetwegen?“ Trotz des Regens sprang er in den Abfall und grub das Kreuz mit dem Heiland aus. In seinem Zimmer bekam das Kruzifix einen Ehrenplatz.

Beim Sturz von einem Dach verletzte sich das Kind den Fuß. Es verlor sehr viel Blut. Ein Soldat band mit einem Gummiband das blutende Bein ab. Aus Liebe zu Jesus ertrug Hermann die heftigen Schmerzen und klagte nicht. Hinzu kam eine Gehirnhautentzündung. Sehr schnell ging es dem Ende entgegen. Den Schwestern, die ihn umsorgten, gestand er: „Ich habe unsere gütige Mutter, die heilige Jungfrau Maria, gesehen. Sie ist so schön! Nachdem ich sie geschaut habe, mag ich niemand mehr auf Erden ansehen.“ Der Priester spendete die Krankensalbung. Er sagte ihm: „Hab keine Angst, Hermann, du gehst zu unserem Herrn!“ Die letzten Worte des Zehnjährigen waren: „In alle Ewigkeit. Amen.“ In diesem Augenblick gab er seine Seele seinem Herrn und Gott zurück.

Der Pfarrer erwähnte in seiner Predigt: „Ein Kind stirbt und die ganze Stadt unterbricht ihre Tätigkeit.“ Alle wollten Abschied nehmen von Hermann. Heute ist seine Grabanlage mit über 1400 Votivtafeln geschmückt, sie geben Zeugnis davon, daß Menschen aus vielen Ländern sich für die Gebetserhörungen bedanken, die sie seiner Fürbitte bei Gott zuschreiben. Das Streben des Kindes war von dem einen Wunsch beseelt, Gott und den Menschen Freude zu bereiten und die Sünde zu hassen. Als er seine Cousine im weißen Kommunionkleid sah, sagte er : „Dein weißes Kleid ist wohl sehr schön, aber eine weiße Seele ist noch viel schöner und muß immer so schön erhalten werden.“ Gott hatte diesem Kind den Wert einer reinen Seele offenbart.

Wir brauchen den Tod nicht zu fürchten,
denn er ist nur ein Heimgehen zu Gott!
Mutter Teresa

Angela – Wir wollen das Jesuskind herbeirufen

Angela lebte in einem osteuropäischen Land, wo der Glaube schwer bekämpft wurde. Vor Weihnachten hatte sich ihre Lehrerin etwas Besonderes ausgedacht. Sie erklärte den Kindern, daß man nur Personen herbeirufen könne, die wirklich existieren. Dabei wies sie auf Beispiele hin. Das Rotkäppchen, den Rübezahl oder die verstorbenen Großeltern könne man nicht rufen, weil sie eine Märchenfigur oder nicht mehr da seien. Triumphierend befahl sie der Klasse, das Jesuskind herbeizurufen. Die Schülerinnen wurden von Angst und Schrecken gepackt. Was sollten sie jetzt tun? Plötzlich forderte Angela ihre Mitschülerinnen auf: „Wir wollen es herbeirufen, alle zusammen!" In ihrer großen Not gehorchten die Mädchen und riefen: „Komm, Jesuskind, komm, Jesuskind!" Augenblicklich wurde das Klassenzimmer von einem hellen Licht durchflutet, und in diesem Licht erschien das göttliche Kind. Nicht nur die Kinder, sondern auch die Lehrerin sah es. Die Atheistin, die den Schülerinnen den Glauben an Gott rauben wollte, konnte das Vorgefallene nicht verkraften und wurde in eine Nervenheilanstalt eingeliefert.

Hoch lebe Christus, der König!
Hoch lebe das Herz Mariens!
Faustino Perez (Worte kurz vor seiner Erschießung)

Punijan – Ein islamisches Kind führt Menschen zu Christus

Aufgeregt rannte der zehnjährige Punijan in die einfache Hütte seiner Eltern in der Nähe von Yogyakarta – etwa 450 Kilometer südöstlich der indonesischen Hauptstadt Jakarta. Ein christlicher Glaubensbote hatte ihm eine Kleinschrift gegeben. Punijans Familie war streng muslimisch wie alle Bewohner dieser Gegend. Der Junge hatte etwas erfahren, von dem er vorher noch nie gehört hatte. Obwohl er erst zehn Jahre alt war, verstand er doch schon soviel, daß er etwas von besonderer Wichtigkeit in seiner Hand hielt. Punijan konnte nicht anders, er mußte seinem Vater sagen, daß er das glaubte, was in dieser Kleinschrift stand. Seinem Vater Sagiono war klar, was bei einem Religionswechsel einem jeden Familienmitglied bevorstand, denn sein eigener Vater war der Häuptling des Dorfes und einer der geachtetsten islamischen Führer dieser Gegend. Sagiono las die Schrift, die sein Sohn ihm gegeben hatte. Er tat das, was darin empfohlen wurde: Er bat Christus, in sein Herz zu kommen. Danach wurde er mit einem tiefen Frieden erfüllt. Innerlich gedrängt tat Punijans Vater das Gleiche, was sein Sohn getan hatte. Er brachte die Schrift seinem Vater Rejoprawiro, dem Häuptling des Dorfes. Zu seiner größten

Verwunderung las der Vater die einfache Botschaft mit der gleichen Spannung wie er selbst und erklärte, er wolle ebenfalls Jesus Christus als seinen Erlöser annehmen. Durch das Wirken des Heiligen Geistes beteten innerhalb weniger Stunden drei Generationen einer moslemischen Familie zu Gott und nahmen Jesus als ihren Retter an.

Schnell breitete sich die Nachricht von diesen Bekehrungen in Sawahan und seiner Umgebung aus. Immer mehr Dorfbewohner lasen die Frohe Botschaft, die Punijan aus der Schule mitgebracht hatte, und nahmen Jesus als ihren Erlöser an. Der Same des Evangeliums, der unter ein paar Kindern in der Schule nahe Sawahan ausgestreut wurde, brachte Früchte.

Ja, Vater, dein Wille geschehe!
Jesus

Michael – Gott schickt Hilfe in großer Not

Der zehnjährige Michael fühlte sich am Tag seiner Firmung fiebrig und schwach. Da aber der Bischof aus Brooklyn nur alle vier Jahre in seine Gemeinde Saint Bartholomew kam, wollte er unbedingt bei der Firmung dabei sein. Seine Schwester Mary half ihm beim Ankleiden und brachte ihn zur Kirche. Als Michael das Sakrament der Firmung empfangen hatte, wollte er sich niederknien, aber sein ganzer Körper schmerzte, er sah alles verschwommen, dann wurde er ohnmächtig und fiel in den Mittelgang. Der Küster trug ihn in die Sakristei und blieb bei ihm. Als der Junge wieder zu sich kam, fragte ihn der Küster, ob er allein nach Hause gehen könne. Nach einer Weile stand Michael auf, verließ die Sakristei und ging in Richtung seines Elternhauses. Jeder Schritt bereitete ihm Mühe, sein ganzer Körper schmerzte. Michael fühlte sich schwach und schwindlig, so wie er sich gefühlt hatte, als er kurz darauf ohnmächtig wurde. Gerade als er Hilfe am nötigsten brauchte, tauchte ein Junge in einem blauen Anzug neben ihm auf, der älter und größer als er war. Er hatte ein freundliches Gesicht, und es schien eine Kraft von ihm auszugehen, denn Michaels Schwächegefühl verlor sich. Seine Begegnung mit diesem fremden Jungen blieb ihm unvergeßlich. Michael erinnert sich: „Ich wußte nicht so recht, was ich von ihm halten sollte, aber ohne Zweifel kannte er mich, er wußte alles von mir. Ihm war bekannt, daß meine Mutter nicht mehr lebte. Er kannte meine beiden Schwestern und wußte, daß mein Vater ein wunderbarer Mann war." Die Sonne, die durch die

Bäume schien, und die Anwesenheit des freundlichen Jungen gaben Michael mit jedem Schritt neue Kräfte. Der Fremde beschrieb ihm genau den Weg und schaute nach dem weißen Haus mit dem Giebeldach in der Ferne, in dem Michael wohnte. Dann ging der fremde Begleiter über die Straße, drehte sich um, lächelte und winkte Michael zu. Während er winkte, umrahmte ein strahlendes Licht seine Gestalt. Ein Auto fuhr vorbei und versperrte Michael für einen Moment die Sicht. Als das Fahrzeug vorbei war, wollte er noch einmal nach dem freundlichen Jungen schauen, doch er war spurlos verschwunden. Auch in den nächsten Tagen suchte Michael vergeblich nach dem fremden Begleiter. Er sah ihn nie wieder. Michael wußte mit Sicherheit, daß er ihm nicht mehr begegnen würde, zumindest nicht in diesem Leben.

Ist Gott für uns, wer ist dann gegen uns?
Römer 8, 31

Anna – Nichts ist schwer, wenn man Gott lieb hat

Obgleich noch ein Kind, durchschaute Anna Dinge, die von Erwachsenen kaum erfaßt werden. Ihre große Sorge galt den Menschen, die Gott durch die Sünde schwer beleidigten. Annas Freundin berichtete: „Wenn Anna von den Sündern sprach, spürte man, wie betrübt ihre Seele war. Sie war tief traurig und von Sorge gequält. Wenn sie hörte, daß ein solch Unglücklicher den Heiland beleidigt hatte, betete sie sofort: ‚O mein Gott, verzeih ihm!‘ Mit großem Eifer bemühte sich Anna, für die Sünder zu sühnen und das göttliche Herz zu trösten. Die Beleidigungen, die Gott zugefügt wurden, trafen sie schwer. Ihr Gesicht wurde dann traurig, als ob man ihr das Böse selbst angetan hätte. Annas Liebe zu ihren Mitmenschen war groß. Wie gerne hätte sie alle Seelen gerettet. Von ihr stammt der wunderbare Satz: ‚Nichts ist schwer, wenn man Gott lieb hat!‘

Kurz vor ihrem Tode sagte sie: ‚Ich verstehe das Leid und den Schmerz sehr gut, aber warum sich ängstigen? Der liebe Gott ist doch da!‘ Annas Kopf- und Rückenschmerzen wurden immer unerträglicher, aber es kam keine Klage über ihre Lippen. Im Wissen um das schreckliche Los der sterbenden Todsünder war sie bereit, jedes Opfer für sie zu bringen, damit Gott sich ihrer erbarme. Als Annas Mutter ihr sagte, daß sie tapfer gelitten, das Herz Jesu sehr getröstet und zur Bekehrung der Sünder viel beigetragen habe, antwortete das sterbende Kind: ‚O Mama, wie bin ich glücklich. Ich will gerne noch mehr leiden!' Anna litt bis zu ihrem letzten Atemzug für die Bekehrung der Sünder. Als sie starb, hinterließ sie einen unaussprechlichen Frieden. Gott ließ nicht zu, daß der Leib der kleinen Dulderin verweste. Tausende pilgern zu ihrem Grab auf dem Friedhof von Annecy-le-Vieux nach Frankreich, denn dort geschahen und geschehen unzählige Wunder. Anna hat auch im Himmel nicht aufgehört, den Menschen durch ihre Fürbitte zu helfen."

Herr, sende deiner Kirche heilige Priester und eifrige Ordensleute!
Papst Pius XI.

Anna von Guigné und ihr 15 Monate jüngerer Bruder Jakob

11 Jahre

Daniel – Der elendste Krüppel – aber der schönste Christ

In China wurden die Christen grausam verfolgt. In einer Stadt im Süden Chinas lebte Daniel. Während der Kulturrevolution mußten sich die Menschen dreimal am Tag vor dem Bild Maos verbeugen. Daniel weigerte sich und sagte: „Ich werde nicht vor ihm niederfallen, weil ich ein Christ bin!“ Auf einem Marktplatz wurde der Elfjährige vor ein Gericht gestellt. Der Richter befahl ihm, vor dem Bilde Maos niederzufallen, doch der Junge weigerte sich standhaft. Der Führer der Roten Garde wurde wütend, weil er sich blamiert fühlte. Da befahl er, dem Jungen die Beine zu brechen, bis er auf seinen blutigen Knien vor dem Bilde Maos lag. Daniel wurde dabei ohnmächtig. Dann wurde er in ein Arbeitslager gebracht. Später gestand er: „Sie haben meine Beine gebrochen, aber sie konnten meinen Glauben nicht brechen.“ Daniel blieb bei allen Verfolgungen und Bestrafungen standhaft und hat Jesus nie verleugnet.

Wer glaubt und sich taufen läßt, wird gerettet!
Markus 16, 16

Rita – Eine unsichtbare Macht rettete sie vor dem Tod

Die elfjährige Rita aus Ohio berichtete über ihre wunderbare Rettung: „Ich war dabei, über eine belebte Straße zu gehen, da hörte ich eine Frau hinter mir schreien. Ich schaute zurück und erwartete, jemanden in Schwierigkeiten zu sehen, statt dessen raste ein Auto auf mich zu, dessen Scheinwerfer mich blendeten. Ich hatte keine Zeit mehr, mich auf die Fußgängerinsel zu flüchten. Ich erstarrte, schloß die Augen und wartete auf den tödlichen Aufprall.“ Doch in diesem Augenblick fühlte sie, wie zwei Hände sie hoch in die Luft hoben. Einen Augenblick später öffnete Rita die Augen und sah sich ungläubig um. Sie stand auf dem Bürgersteig! Die Zuschauer hatten mit einem schrecklichen Unfall gerechnet, nun sahen sie das Mädchen erschrocken, aber unverletzt vor sich. Als Rita nach Hause kam, berichtete sie ihrer Mutter über den Vorfall, und beide dankten Gott für diese wunderbare Rettung. Sie begriffen, daß Gott sich um sie kümmerte. Seitdem hat Rita diesen außergewöhnlichen

Moment ihrer Rettung nicht mehr vergessen. Sie spürte die Hand eines Trösters und wußte, daß Gottes Liebe sie nie im Stich lassen würde.

Das Gebet ist die höchste Leistung, derer der Mensch fähig ist.
Edith Stein (Opfer in einem Konzentrationslager)

Finny – Vor dem Abgrund bewahrt

Mit ihren Verwandten machte Finny eine Bergtour. Sie berichtete über ihren gefährlichen Ausflug. „Endlich waren wir an unserem Ziel angelangt. Jetzt hörten mein Bruder und ich nicht mehr auf zu betteln, wir wollten unbedingt auf der anderen Seite des Berges hinunter nach Scharnitz, in das schöne Dörfchen neben der Isar. Es war zwar auf dieser Seite nicht so schwindelerregend, aber hier war sehr lockerer Boden und Steingeröll, und wir mußten bei jedem Schritt acht geben, daß wir nicht ausrutschten. Auf einmal fing ich jedoch an zu rutschen, die Steine rollten haufenweise hinter mir nach. Meine Begleiter riefen noch, ich solle mich doch fest auf den Bergstock stützen. Aber alles half nichts. Die Steine schoben mich vorwärts, ich konnte mich rückwärts stemmen, wie ich wollte, ich war zu schwach, mich selbst zu befreien. Das Rollen wurde immer ärger, bald befand ich mich bis über den Knien in der Schottermure. Meine Angst war unbeschreiblich.

Da rief ich in meiner Herzensangst meine süße, liebe Mutter Maria an, und augenblicklich hörte das Rollen der Steinmassen auf, und ich stand still, konnte mich aber nicht rühren, denn ich war bereits bis zur Brust im Schotter eingekeilt. Nun kamen die anderen alle auf Seitenwegen auf mich zu und zogen mich mit vereinten Kräften aus der Mure. Jetzt sah ich, in welcher Gefahr ich geschwebt hatte. Ich war unmittelbar vor einem klaffenden Abgrund zum Stehen gekommen. Ich erzählte nun, wie mir Maria auf mein Anrufen sofort geholfen hatte, worauf wir uns alle niederknieten und der mächtigen Himmelskönigin für meine Rettung Dank sagten. Mein Bruder und ich sangen dann auf dem ganzen Wege in das freundliche Dörfchen Scharnitz Marienlieder. O, wie war das schön, ich glaubte immer, die liebe Himmelsmutter gehe neben mir und führe mich an der Hand."

Die einzige Gefahr, die wir in diesem Leben fürchten müssen,
ist, die Liebe zu verlieren.
Bischof Franz von Sales

12 Jahre

Kristina – Die Mutter Gottes hat uns alle lieb

Sehr überzeugend berichtet Kristina über ihre Erfahrungen mit dem Glauben und über ihr Glück, daß sie durch Maria zu Gott gefunden hat:

„Als ich das erste Mal mit fünf Jahren einige Tage mit meinen Eltern in Medjugorje verbrachte, fühlte ich mich ganz nahe bei der Mutter Gottes. Seit dieser Zeit habe ich jeden Abend, bevor ich schlafen ging, gebetet. In diesem Jahr wollte ich im Sommer zum Internationalen Jugendtreffen nach Medjugorje fahren. Mein Vater organisierte für mich eine Unterkunft bei einer sehr lieben Familie. Mein Onkel, der Priester ist, nahm mich nach Medjugorje mit. Dort angekommen, ging ich gleich zur Familie, wo ich herzlich aufgenommen wurde. Es sind sehr viele Jugendliche gekommen, obwohl man am Anfang glaubte, daß es wegen des Weltjugendtages in Rom weniger sein würden. Die gemeinsamen Gebetsbegegnungen, das Singen und Beten mit anderen Jugendlichen habe ich als etwas sehr Lebendiges empfunden.

Am 2. August 2000 sagte die Gottesmutter, wir sollten zur Beichte gehen, so bin auch ich diesem Aufruf gefolgt und zur Beichte gegangen. Danach war ich sehr erleichtert und innerlich glücklich. Am Abend durfte ich bei der Erscheinung der Seher Marija und Ivan dabei sein. Ich habe gesehen, wie Marija gebetet hat, und dann war plötzlich Stille. In dieser Zeit habe ich auch die Nähe der Mutter Gottes gespürt. Ich war sehr glücklich und habe für unsere Familie und für meinen Schulerfolg gebetet. So etwas habe ich vorher noch nie erlebt. Es war für mich etwas ganz Besonderes. Ich bin der Mutter Gottes dankbar, daß ich schon in meinen jungen Jahren so etwas miterleben durfte. Während des Jugendtreffens gingen wir auch auf den Erscheinungs- und Kreuzberg, wo wir den Rosenkranz beteten. Ich habe mir dabei fest vorgenommen, mein Leben mit meinen drei Geschwistern so zu leben, wie es die Mutter Gottes wünscht. Man muß häufig auf etwas verzichten, um den anderen nicht wehzutun. Die ganze Woche des Jugendtreffens war für mich einfach super. Ich habe in einer guten Atmosphäre viel Schönes erlebt und weiß, daß uns die Mutter Gottes ganz gern hat und deshalb schon so lange zu uns kommt, um uns zu helfen, daß wir immer glücklich sind."

Täuscht euch nicht, Gott läßt keinen Spott mit sich treiben.
Galater 6, 7

Peter – Jetzt kann ich ruhig sterben

Obgleich Peters Körper von Geschwülsten übersät war, zeigte er sich immer fröhlich und dankbar. Als man ihm von dem Marienwallfahrtsort Lourdes berichtete, hatte er nur noch den Wunsch, dorthin zu gelangen. Als Kommunist wollte der Vater die Reise nicht erlauben, doch als er sah, daß seine Weigerung seinem Sohn Kummer bereitete, gab er seine Zustimmung. Auch die Mutter war von der Ideologie ihres Mannes stark beeinflußt und hatte seit fünfundzwanzig Jahren nicht mehr gebeichtet. Trotzdem begleitete sie Peter auf seinem langen Weg nach Lourdes. Dort angekommen, ging sie beichten. Sie verschwieg aber ihrem Sohn ihre Bekehrung, denn der Arzt hatte ihr erklärt, daß die geringste Aufregung den plötzlichen Tod verursachen könnte. Vor der Abreise fragte die Pflegerin den schwerkranken Jungen, ob er zufrieden sei mit seiner Reise nach Lourdes. Weinend antwortete er: „Ich habe zur Mutter Gottes gesagt, daß mir viel lieber wäre, die Mutter würde sich bekehren, als daß ich gesund würde." Nach Rücksprache mit dem Arzt versicherte ihm die Pflegerin, daß seine Mutter gebeichtet und die heilige Kommunion empfangen habe. Voller Freude erwiderte ihr der junge Patient: „Jetzt kann ich ruhig sterben!"

Obwohl sich Peters Zustand von Tag zu Tag verschlechterte, war er immer heiter. Als er wieder ins heimatliche Krankenhaus gebracht wurde, sagte er tapfer: „Ich möchte zu Hause zwischen Vater und Mutter sterben!" Nachdem er diesen Wunsch geäußert hatte, wurde er ins Elternhaus gebracht. Kurze Zeit später starb Peter. Sein Gesicht strahlte Ruhe und Zufriedenheit aus. Kaum hatte der Junge seinen letzten Atemzug getan, da sagte sein Vater zu seiner Mutter: „Ich möchte ihn einmal wiedersehen! Bring mich morgen früh zu einem Priester!" So hat Peters Leiden und Sterben zur Bekehrung seiner Eltern beigetragen, die einmal mit ihm zusammen für alle Zeiten im Himmel vereint sein werden.

Heilige Mutter, drück die Wunden,
die dein Sohn für uns empfunden, tief in meine Seele ein!
Aus dem Missale

Regina – Ihr Kind kann auch zu Hause sterben

Im Sommer 2000 besuchte ich Regina und erfuhr von ihrer schweren Erkrankung. Als das Mädchen vierdreiviertel Jahre alt war, stellten die Ärzte einen bösartigen Tumor in der linken Niere fest. Auch in Lunge und Leber wucherten Metastasen. Sofort wurde die linke Niere entfernt und mit einer Chemotherapie begonnen. Trotzdem bildete sich im Umfeld ein neuer Tumor. Nun wurde die Behandlung mit Chemo auf ein Höchstmaß gesteigert. Die Folge war eine sehr schwere Schädigung des Herzens, die nach dem Urteil der Mediziner zum Tode führen mußte. Nur eine Herztransplantation würde noch eine Überlebenschance bieten. Regina war tapfer und fröhlich, sie sagte: „Wenn ich sterbe, weiß ich, wohin ich komme, da geht es mir gut!“ Ihre Eltern wurden durch diese Worte sehr getröstet. Es fiel ihnen jetzt leichter zu sagen: „Herr, dein Wille geschehe!“ Sie waren jetzt bereit, alles – auch den Tod – aus den Händen Gottes anzunehmen und lehnten die Zustimmung zur Herztransplantation ab.

Das Anliegen wurde den Sehern von Medjugorje mitgeteilt, und sie trugen es der Gottesmutter vor. Die Eltern besuchten einen Heilungsgottesdienst in Würzburg, den Pfarrer Klaus Müller hielt. Er segnete Regina und betete um ihre Heilung. Am gleichen Tag, an dem die Eltern ihr Ja zum Willen Gottes gesprochen hatten, erholte sich das todkranke Kind mit jeder Stunde. Die Eltern versicherten mir, daß der Zustand ihres Kindes so ernst war, daß die Ärzte sagten: „Ihr Kind kann auch zu Hause sterben.“ Als ich mich sieben Jahre später nach Reginas Befinden erkundigte, sagte sie: „Mir geht es sehr gut.“ Vom Vater erfuhr ich: „Wir haben heute sechs Kinder. Regina ist seit ihrer Heilung das gesündeste Kind in der Familie, sie war seitdem nie wieder krank.“

Als ich mich nach ihren religiösen Erfahrungen erkundigte, antwortete Regina: „Jesus ist für die Menschen gestorben, er hat die Welt erlöst. Er hat Wunder gewirkt und die Kranken geheilt. Jesus ist der Sohn Gottes,

er liebt die Menschen und möchte, daß alle in den Himmel kommen. Wir können ihm vertrauen, wir sollten auch viel beten und in die Kirche gehen. Vor allem sollten wir Jesus lieben.“

Man muß sich noch einmal die Situation vorstellen. Ein Kind von knapp fünf Jahren leidet an einer unheilbaren Krankheit. Durch das Ja der Eltern zum Willen Gottes und durch das Gebet eines Pfarrers und der Seher von Medjugorje verschwinden alle Metastasen. Das schwergeschädigte Herz arbeitet wieder ganz normal. Nichts erinnert mehr an die tödliche Krankheit. Hier hat Gott ganz massiv eingegriffen und seine Allmacht gezeigt.

Wo große Liebe ist,
geschehen immer große Wunder.
Mutter Teresa

Laura – Ich sterbe für dich

Laura hatte den Vater durch eine schwere Krankheit verloren. Mit ihrer Mutter und ihren Geschwistern waren sie nach Argentinien ausgewandert. Bald hatte ihre Mutter ein Verhältnis mit Manuel, der gerne mit Dolch und Revolver hantierte und deswegen mehrmals im Gefängnis gesessen hatte. Manuel behandelte die Indianer wie Sklaven, er schlug Menschen und Tiere ohne Unterschied mit der Peitsche. Lauras Mutter stand bald Höllenqualen aus, sie wurde wie ein Stück Dreck behandelt. Das Schicksal der Mutter ging Laura sehr zu Herzen. Sie fürchtete um das Seelenheil des geliebten Menschen. Nach langem Ringen bot Laura ihr junges Leben Gott als Opfer an. Bald wurde sie schwer krank, sie litt tapfer und ohne Klagen.

Als die Mutter gerufen wurde, sagte sie: „Mama, ich sterbe! Ich habe Jesus darum gebeten. Es sind nun fast zwei Jahre, daß ich ihm mein Leben angeboten habe, damit er dir die Gnade der Umkehr schenke. Ach Mama, habe ich, bevor ich sterbe, nicht mehr die Freude zu sehen, daß du bereust?“ Vor Kummer und Gewissensbissen außer sich, schluchzte die

Mutter: „Ich bin also die Ursache deines Leidensweges und jetzt deines Todes! O Laura, ich schwöre dir in diesem Augenblick, daß ich tue, was du von mir forderst. Ich bereue. Gott ist mein Zeuge. Ja, mein Kind, morgen gehe ich mit Amandina in die Kirche zum Beichten." Mutter und Tochter umarmten sich. Ein tiefer Friede lag über Lauras Gesicht. Leise flüsterte sie: „Danke, Jesus! Danke, Maria! Ich sterbe zufrieden." In diesem Augenblick schloß Laura für immer die Augen. In etwa zwei Monaten wäre sie dreizehn Jahre alt geworden. Wie selten ein Mensch hat sie die Worte Jesu verstanden: „Eine größere Liebe hat niemand, als wer sein Leben hingibt für seine Freunde."

Viel vermag das inständige Gebet eines Gerechten.
Jakobusbrief 5, 16

Mark – Nur ein Wunder konnte ihn retten

Als Mark zwölf Jahre alt war, streunte er mit seinem Hund und seinem Luftgewehr in der Gegend herum. In der neu erschlossenen Parzelle in Florida, wo sich seine Familie angesiedelt hatte, gab es Hinweise auf Klapperschlangen. Mark sprang über einen Entwässerungsgraben und landete auf etwas Beweglichen, dann spürte er einen wahnsinnigen Schmerz. Er sah voller Entsetzen eine sehr große Klapperschlange, die sich in seinem Fuß festgebissen hatte. Als sein Hund die Schlange anknurrte und nach ihr schnappte, ließ sie los und verschwand. Das tödliche Gift drang über eine Hauptader am Bein in den Körper ein. Mark bemerkte entsetzt, daß ihn seine Kräfte verließen und er kaum noch gehen konnte. Bis zum Haus mußte er noch 140 Meter zurücklegen. Mark kam zu Bewußtsein, daß er hier draußen sterben werde, und niemand von seiner Familie würde es merken. Doch es kam anders. Der Verletzte schaffte die Entfernung und brach im Wohnzimmer zusammen.

Mit dem Wagen raste der Vater über den Highway nach dem 27 Kilometer entfernten Unfallkrankenhaus. Dort versuchten die Ärzte, Marks Zustand zu stabilisieren, doch er brauchte eine spezielle Versorgung. Er mußte in eine andere Klinik verlegt werden. Mark rang mit dem Tod. Im Verlauf der nächsten Tage stellte jeder Teil von Marks Körper seine Funktion ein – außer dem Herzen. Innere Blutungen ließen das Blut aus den Poren, Augen, Ohren und Mund treten.

Marks Mutter betete um ein Wunder. Sie betete laut und sprach mit ihrem Sohn. Allmählich erwachte Mark aus seinem Koma, dann schrieb er Mitteilungen auf einen Zettel. Schließlich konnten ihn die Ärzte von seinem Atemgerät befreien. Bald konnte er stockend und mit kratziger Stimme von dem schrecklichen Unfall erzählen. Als er gefragt wurde, wie er die 140 Meter zum Elternhaus und die dreizehn Stufen zur Wohnung schaffte, antwortete er: „Der weiße Mann hat mir geholfen. Der Mann war einfach da. Als ich sah, das ich es nicht bis zum Haus schaffen würde, nahm er mich hoch und trug mich. Ich habe sein Gesicht nicht gesehen, ich sah ihn nur von den Schultern abwärts. Doch er hatte ein weißes Gewand an, und seine Arme waren sehr stark. Er bückte sich und nahm mich hoch, und es tat so weh, daß ich mich einfach nur an ihn lehnte. Ich war ganz ruhig. Er sagte mir, ich würde jetzt sehr krank sein, sollte mir aber keine Sorgen machen. Dann trug er mich die Stufen hoch, und ich habe ihn nicht wiedergesehen." Nach neun Wochen konnte Mark das Krankenhaus wieder verlassen. Marks Genesung ist wie eine Auferstehung von den Toten.

Alles für dich, heiligstes Herz Jesu!
Papst Pius X.

Shirley – Ohne Gottes Eingreifen wäre sie bei lebendigem Leib verbrannt

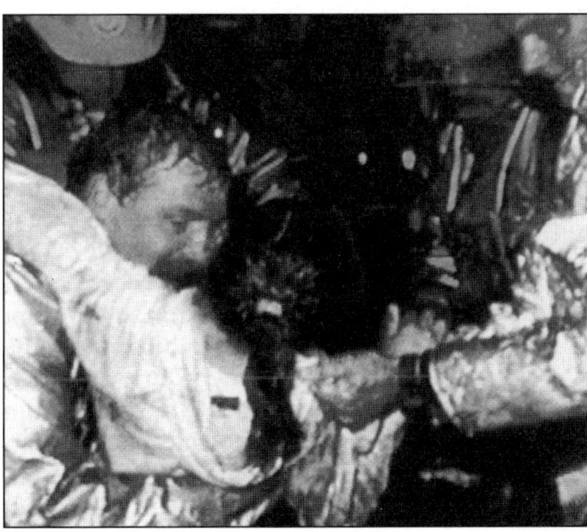

Der Glaube an die Macht und Hilfe Gottes und ihr Vertrauen zu ihrem Schutzengel hat Shirley vor einem grauenhaften Tod bewahrt. Am 9. August 1990 krachte in Auckland in Neuseeland die Zugmaschine eines Tanklastzuges in das Heck eines Personenwagens, wirbelte ihn herum und riß den Benzintank auf. Der Treibstoff spritzte über beide Fahrzeuge und entzündete sich sofort. Der Anhänger des Tanklastzuges stellte sich quer und stürzte auf das Auto. Durch den Aufprall floß auch Benzin aus dem Anhänger. In einer Lücke zwischen Hinterrad und Fahrgestell wurde die zwölfjährige Shirley bei dem Unfall eingeklemmt. Der 39 Tonnen schwere Tanklastwagen beförderte gerade über 33000 Liter Benzin. Plötzlich riß eine Explosion ein Loch in eine der vier Tankkammern des Anhängers. Im Nu waren Personenwagen und Anhänger hinter einhundert Meter hohen Flammen verschwunden. Menschlich gesehen hatte Shirley nicht die geringste Überlebenschance. Das Mädchen schrie in ihrer Todesangst, und Gott ließ diesen Schrei trotz des höllischen Infernos an das Ohr eines Feuerwehrmannes gelangen. Als sich die Feuerlohe für einen Augenblick teilte, sah er unter dem Anhänger eine winkende Kinderhand. Zu diesem Zeitpunkt lag Shirley bereits seit zehn Minuten in einem Meer aus Feuer, ihr war schwindelig vor Schmerzen und Benzindämpfen. Sie dachte an ihren Schutzengel. Als einer der Feuerwehrmänner sich dem Mädchen nähern wollte, traf ihn die Hitze trotz Schutzanzuges wie ein Keulenschlag.

Er fand Shirley. Ihre Hüften und Schenkel lagen unter dem Rad. Weitere Explosionen ließen den Anhänger schwanken. Plötzlich stürzte ein kalter Wasserfall auf Shirley und den Feuerwehrmann. Sie wurden jetzt mit 4500 Litern eiskalten Wassers pro Minute überschüttet. Über Funk wurde an das nächstgelegene Krankenhaus gemeldet: „Bereitet alles vor für einen Patienten mit lebensgefährlichen Verbrennungen, Frakturen und Quetschungen am Unterkörper." Damit Shirley nicht das Bewußtsein verlor, sprach der Feuerwehrmann unentwegt mit ihr. Als das Feuer nachließ, setzte die Rettungsstaffel Luftkissen und Hebekräne ein. Endlich konnte das Mädchen unter dem Rad hervorgeholt werden. Ihr Retter, der sich bis zu ihr vorgewagt hatte, besuchte sie im Krankennhaus und sagte: „Es ist ein Wunder. Niemand kann sich vorstellen, wie sie da drin hat überleben können." Doch Shirley erwiderte: „Ich hatte einen Schutzengel, der hat auf mich aufgepaßt."

Der Herr ist mein Hirte, nichts wird mir fehlen.
Psalm 23, 1

Daniel – Ich werde am 8. September sterben

Daniel aus Polen war Jude. Ein katholischer Student gab ihm Nachhilfe. Eines Tages bat Daniel seinen Privatlehrer, er möge ihn in eine katholische Kirche bringen. Sie besuchten die Kathedrale in Krakau. Der Student wollte Daniel auf die Kunstschätze des Domes aufmerksam machen, doch Daniel kniete plötzlich nieder und blickte unverwandt auf einen einzigen Punkt. Er schien der Welt vollkommen entrückt zu sein. Ebenso plötzlich erhob sich Daniel und ging geradewegs zur Seitenkapelle, wo das Allerheiligste aufbewahrt wurde. Dort kniete er nieder und betete etwa eine Viertelstunde, die Augen verklärt und unausgesetzt auf den Tabernakel gerichtet. Schließlich stand der jüdische Junge auf, gab dem Studenten ein Zeichen, daß er heimgehen wolle und verließ die Kathedrale. Von den Kunstschätzen und Schönheiten des Domes hatte er nichts gesehen, doch er schien zufrieden und glücklich zu sein.

Eines Tages erklärte Daniel seinem Privatlehrer, daß er katholisch werden wollte. Der Student wurde böse, denn die Zeit der Prüfung rückte immer näher, doch der Junge erwiderte ihm, daß er keine Prüfung mehr abzulegen habe, da er am 8. September sterben werde. Vorher müsse er aber unbedingt getauft werden. Alle Versuche des Privatlehrers, das Kind in seinen Schulfächern zu fördern, waren vergeblich. Aus diesem Grunde wurde die Nachhilfe abgebrochen. Am 7. September besuchte Daniels Mutter den Studenten. Er erklärte ihr, daß er nicht bereit sei, sich mit ihrem Sohn erneut abzuplagen. Die Mutter berichtete ihm, daß Daniel krank sei und ihn zu sehen wünsche. In diesem Augenblick fielen ihm die Worte des Jungen ein: „Ich werde am 8. September sterben!“ Als der Student mit Daniel allein im Zimmer war, flehte ihn der Junge an, ihn zu taufen, da er bald sterben werde. Nach langem Zögern des Privatlehrers, der sich vor dem Zorn der Mutter fürchtete, taufte er den Jungen mit den Worten: „Daniel, ich taufe dich im Namen des Vaters und des Sohnes und des Heiligen Geistes!“ Danach war das Kind überglücklich.

Es berichtete seinem Privatlehrer, daß ihm damals in der Kathedrale Jesus erschienen sei. Er sei unbeschreiblich schön, freundlich und gütig gewesen und habe ihm den Tag seines Todes vorausgesagt, mit der Bitte, sich vorher taufen zu lassen. Als der Student Daniel am 8. September erneut besuchte, lag er friedlich im Bett, und sein Gesichtsausdruck verriet sein inneres Glück. Er freute sich über den Besuch und sagte: „Sehen Sie. Ich werde jetzt sogleich sterben!“ Darauf erwiderte sein Privatlehrer: „Wenn du stirbst, wird dich der Heiland unverzüglich zu sich in den Himmel holen!“ Nach diesen Worten neigte das Kind den Kopf zur Seite und hauchte mit einem Lächeln seine Seele aus.

Gott wird bei ihnen sein. Er wird alle Tränen von ihren Augen abwischen.
Der Tod wird nicht mehr sein.
Offenbarung 21, 4

Simon – Er wurde auf der Stelle geheilt

Hilflos lag der zwölfjährige Simon auf seinem Krankenlager. Er hatte noch nie in seinem Leben einen Schritt gehen können, denn seine Hüfte war vereitert und von Tuberkulose befallen. Die Angehörigen hatten ihn nach Lourdes, dem bekannten Marienwallfahrtsort, gebracht. Nun wartete er mit den anderen Kranken auf den Segen des Priesters mit dem Allerheiligsten. Als der Geistliche mit der heiligen Hostie an ihm vorbeigehen wollte, faßte er mit beiden Händen nach dem Velum und hielt den segnenden Priester zurück. Niemand war in der Lage, seine Hände zu lösen. Der zwölfjährige Junge rief: „Nein, ich lasse erst los, wenn ich geheilt bin.“ Krampfhaft hielt er sich fest. Alles Zureden und Ermahnen half nicht. Doch plötzlich lockerte sich sein Griff. Simon konnte aufstehen und umhergehen. Sein Vertrauen zu Jesus wurde reichlich belohnt. Gott hatte ihn auf die Fürbitte Mariens auf der Stelle geheilt.

Heilige Maria, bewahre ohne Sünde mein Herz und meinen Leib!
Papst Pius XI.

Anonym – Sehnsucht nach Gebet und Gottvereinigung

Ein Junge versorgte seinen Patenonkel, der an einer unheilbaren Krankheit litt. Er war lustig und munter und konnte keinen Augenblick still sein. Er spielte, schrie, klapperte und brachte viel Unruhe ins Haus. Der Patenonkel hatte von den wunderbaren Früchten des Jesusgebetes gelesen und wollte dieses in der Stille verrichten, doch der Junge störte ihn ständig dabei, auch Drohungen und Strafen hielten ihn nicht davon ab, Lärm zu machen. Als alle Mittel versagten, mußte sich das Kind auf eine Bank setzen und das Jesusgebet verrichten. Anfangs versuchte es auf alle erdenkliche Weise, sich dieser Anordnung zu widersetzen. Häufig hörte es auch auf zu beten. Um den Jungen zu diesem Gebet zu zwingen, hatte sich der Patenonkel eine Rute zugelegt und drohte bei Gebetspausen damit. Nach einiger Zeit bemerkte der Onkel, daß die Rute überflüssig geworden war. Von jetzt an verrichtete der Junge mit größtem Eifer dieses Jesusgebet. Er wurde still und schweigsam. Schließlich gewöhnte er sich so sehr an dieses Gebet, daß er es fast immer und bei jeder Verrichtung vor sich hinsprach. Eines Tages erklärte er seinem Patenonkel: „Ich habe das unüberwindliche Verlangen, das Gebet immerfort zu sprechen. Wenn ich das Gebet spreche, empfinde ich, daß mir wohl ist."

Als der Junge wegen politischer Unruhen mit seinem Onkel das Gut auf der Krim verlassen mußte, wurde er bei Bediensteten in Kasan untergebracht. Hier gefiel es ihm nicht. Er klagte, daß die Bediensteten ihn verspotteten und ihn bei der Verrichtung des Jesusgebetes störten. Nach drei Monaten sagte er zu seinem Patenonkel: „Ich will nach Hause gehen, ich langweile mich hier unerträglich, und es ist hier so laut." Am nächsten Tag war der Junge verschwunden. Nach einiger Zeit erhielt der Onkel von Leuten, die auf der Krim geblieben waren, einen Brief. Darin wurde mitgeteilt, daß sie sein Patenkind am 4. April, am zweiten Ostertag, tot im Hause aufgefunden hätten. Er lag im Zimmer auf dem Fußboden mit gefalteten Händen. Um Ruhe für das Gebet und für Gott zu finden, hatte das Kind einen Weg von 3 200 Kilometern ohne warme Kleidung im Winter zurückgelegt. Der Junge hatte unter Drohungen und Strafen ein Gebet kennen gelernt, das ihn immer mehr mit Gott vereinigte. Dieses Jesusgebet „Herr Jesus Christus, erbarme dich meiner", das mit dem Herzschlag und dem Atmen verbunden werden soll, hat als Frucht eine große Tröstung und das Bedürfnis, immer dieses Stoßgebet zu verrichten, in einer Weise, daß der Mensch ohne dieses Gebet nicht mehr leben möchte.

Gott ist ein guter Vater; setzen wir unsere Hoffnung auf ihn.
Jugendapostel Don Bosco

13 Jahre

Magdalena –
Jeden Tag bitte ich um Gottes Führung

Als Magdalena geboren wurde, gaben ihr die Ärzte noch fünf Tage zum Leben. Doch sie überlebte ihre schwere Erkrankung und Behinderung. Sie hat die Körpergröße einer Dreijährigen. Ihre Knochen sind extrem porös und brechen bei der geringsten Überanstrengung. Sie hatte mindestens 29 offene, schwere Brüche und lag manchmal von Kopf bis Fuß in Gips. Ihr schwächlicher Körper verkraftet keine Schmerzmittel. Trotz ihrer schweren Erkrankung klagt sie nie, sie ist nie ungeduldig oder unfreundlich. Sie schöpft ihre Tapferkeit und ihre Selbstüberwindung aus ihrem tiefen Glauben an Gott. Sie berichtet: „Ich wußte von Anfang an, wie wichtig es ist, jeden Schmerz für andere zu tragen. Keine Qual soll vergebens sein. Jeden Tag bitte ich um Gottes Führung. Ich möchte nichts sagen oder machen, ohne vorher zu ihm gebetet zu haben.“ Ihre innige Beziehung zu Gott verleiht ihr eine besondere, tiefe Ausstrahlung. Mit vier Jahren rief das Mädchen das erste Mal bei Radio Maria in Polen an. Heute hat sie mit dreizehn Jahren ihre eigene Sendung. Via Satellitenübertragung ist sie jeden Samstagabend um 19.30 Uhr weltweit zu hören. Mehr als 75 000 Kinder in 19 verschiedenen Ländern beten mit ihr den Rosenkranz.

Alles begann in den Ferien im Juli 1997. Magdalena schildert: „Die Kinder im Hof wollten eine Bande gründen, ich machte ihnen den Vorschlag, einen Hof-Rosenkranz zu gründen. Jedes Kind bekam einen Ausweis, sofern es versprach, jeden Tag zu beten. Wir beten für den Heiligen Vater, für Polen, für die Mission, für die ungeborenen Kinder, für Radio Maria, für die Weiterentwicklung der Gebetskreise und für die Bekehrung der Sünder. Pater Pio hat doch gesagt, daß durch das tägliche Gebet von fünf Millionen Kindern die Welt gerettet wird.“

Magdalena gibt allen leidenden Menschen eine beeindruckende Botschaft mit auf den Weg: Leiden ist nicht so sehr das Schlimme, vielmehr die Art und Weise, wie es angenommen wird, ist ausschlaggebend, ob unser Leben gelingt oder nicht. Magdalena gibt uns ein leuchtendes Beispiel. Sie opfert ihre Leiden und Schmerzen Gott auf, damit Er dadurch den Menschen gnädig sei.

Je mehr eine Zeit in der Nacht der Sünde
und der Gottesferne versunken ist,
desto mehr bedarf sie der gottverbundenen Seelen.
Edith Stein, Opfer der Nazis

14 Jahre

Albert –
Der Tod ist das Tor zur Anschauung Gottes

Als Albert mit zehn Jahren von Moulins nach Angers in Frankreich übersiedelte, fand er viele lustige Kameraden, mit denen er nach Herzenslust spielte. Am ersten Sonntag besuchte er den Gottesdienst und stellte fest, daß er mit einigen Frauen und alten Männern allein war, das schmerzte ihn sehr. Am nächsten Tag, als sie wieder zusammen spielten, rief Albert: „Freunde, wollt ihr Kreuzritter werden? – Wollt ihr dem Heiland dienen und die heilige Hostie beschützen?“ Die Kinder schwiegen betroffen, doch dann bildete sich eine Gruppe Kreuzritter, die sich ein Vier-Punkte-Programm gaben:

– Jeden Tag beten,
– öfter die heilige Kommunion empfangen,
– Opfer bringen aus Liebe zum Heiland,
– Apostel sein, für Jesus arbeiten.

Als Einwände kamen, sagte Albert: „Freunde, wir bleiben treu!“ Sein Verlangen nach der heiligen Kommunion wurde immer größer, schließlich ging er auch an Werktagen zur heiligen Messe, um das Brot des Lebens zu empfangen. Albert wurde schwer krank und mußte große Schmerzen erdulden, aber er klagte nicht, sondern opferte sein Leiden auf, um die Menschen zu Jesus zu führen. Eines Tages schrieb er in sein Notizbuch: „Liebe Gottesmutter, heilige kleine Theresia, helft mir! Ich will ein Ritter des Heilands sein. Laßt mich Priester werden. Das ist mein Wunsch. Warum? Ich will ein guter Mensch sein, ich will die Seelen glücklich machen, ich will leiden, ich will ganz nahe bei Christus sein!“ Erneut wurde Albert schwer krank. Tapfer betete er: „Herr, ich liebe meine Krankheit. Heiland, laß mich leiden, ich rette ja die Seelen.“

Albert wurde an den berühmten Wallfahrtsort Lourdes gebracht. Die Mutter Gottes erbat ihm nicht die Gesundheit, sondern die vollkommene Ergebung in den Willen Gottes. Als er wieder nach Hause fuhr, war er in guter Laune. Er ließ den Beichtvater rufen, um seine Sünden vor Gott zu bekennen und zu bereuen. Dann bat er: „Fangt die Sterbegebete an!" Das waren Alberts letzte Worte. Mit einem tiefen Frieden küßte er noch einmal die Wunden Jesu am Kreuz, dann fiel sein Kopf zurück und er starb. Albert ging am Oktavtag des Herz-Jesu-Festes im Alter von 14 Jahren heim, jetzt durfte er Jesus von Angesicht zu Angesicht schauen, wie er es sich schon immer gewünscht hatte.

Jesus, du bringst mir Rettung, bringst mir Heil,
dein Opfer gilt, es ist mein Teil.
Mutter Basilea Schlink

Janka – Ein Traum wird Realität

Jankas Eltern gehörten der kommunistischen Partei an. Die Mutter war Lehrerin und der Vater stellvertretender Parteisekretär in der Slowakei. Ohne Wissen der Eltern bereitete die Großmutter Janka auf die Erstkommunion vor, dann durfte sie zum ersten Mal den Leib und das Blut Christi empfangen. Das vierzehnjährige Mädchen berichtete: „Nach der ersten heiligen Kommunion hatte ich einen besonderen Traum. Ich sah Jesus Christus. Er war schön und groß. In der Hand hielt er zwei Kränze, einen weißen und einen roten, und fragte mich: ‚Janka, welchen willst du?' Ich antwortete: ‚Beide!' Jesus gab mir zu bedenken: ‚Aber wenn du den roten empfangen wirst, wirst du leiden.' Ich gab zur Antwort: ‚Das macht nichts, ich will beide!' Nachher sah ich auf der rechten Seite eine Schar von Personen aus der Welt und auf der linken Seite eine Schar aus dem Abgrund. Beide Scharen riefen mir zu: ‚Janka, hilf uns!' Als ich zu Jesus Christus lief und ihm buchstäblich die beiden Kränze aus den Händen riß, riefen mir die beiden Scharen wiederum zu: ‚Janka, hilf uns, rette uns!'"

Als die Eltern von der Erstkommunion erfuhren, warfen sie die Großmutter aus dem Haus. Die Mutter durchsuchte Jankas Zimmer und verbrannte alle religiösen Gegenstände. Lenin wurde zur Pflichtlektüre. Janka fand ihre Großmutter in der Kirche und verbarg sie in ihrem Zimmer. Es war gerade Weihnachten. Nach zehn Tagen entdeckten die Eltern die Großmutter.

Sie jagten sie noch grausamer davon als das erste Mal. Der Vater zog Janka aus, band sie an den Tisch und prügelte sie fast zu Tode. Der seelische Schmerz des Mädchens war noch größer als die körperlichen Qualen, nachdem man die Großmutter hinter der Kirche erfroren aufgefunden hatte. Niemand erfuhr, daß die Eltern die Großmutter aus dem Haus gejagt hatten, deshalb wurden die Ermittlungen eingestellt. Der Vater hatte seiner Tochter gedroht, er werde sie totschlagen, wenn sie irgend etwas sagen würde.

Immer wieder mußte Janka wegen schwerer Verletzungen ins Krankenhaus. Brutal hatte der Vater ihr auf den Kopf geschlagen. Durch diesen Schlag bildete sich ein Tumor. Als eine katholische Studentin das Mädchen im Krankenhaus besuchte und von der geplanten Operation erfuhr, riet sie Janka: „Das ist eine schwere Operation. Du solltest einen Priester kommen lassen, Jesus Christus empfangen und um die Krankensalbung bitten." Die Studentin versprach, einen Priester zu rufen und sie bald wieder zu besuchen. Als sie nach zwei Wochen in die Klinik kam, erfuhr sie, daß Janka nach der Operation gestorben war. In ihrem letzten Brief hatte Janka ihrer katholischen Besucherin mitgeteilt: „Maruschka! Ich danke dir, daß du mir meine letzte heilige Kommunion vermittelt hast. Ich hatte nur die erste und die letzte. Weißt du, was passiert ist? Ich bin nach der Operation taub geworden. Meine Eltern waren darüber sehr unglücklich. Ich habe allerdings nicht gehört, was sie mir gesagt haben. Und so zog mein Vater aus seiner Brieftasche ein Bildchen des gekreuzigten Jesus Christus. Dann schrieb er ein paar Sätze auf ein Stück Papier und gab es mir zu lesen:

‚Janka, du bist unser gekreuzigter Christus! Du hast uns zurück zu Gott geführt. Ich bin nicht mehr Parteisekretär, sondern Lagerverwalter. Mutter ist nicht mehr Lehrerin, sondern Verkäuferin. Wir danken dir. Aus der Partei sind wir ausgetreten. Vater und Mutter'"

Jankas Leiden und Sterben hat die Bekehrung der Eltern erwirkt.

Wer sich mit Christus freuen will, muß mit ihm gekreuzigt werden.
Der Weg des Kreuzes ist der Weg, der zu Gott führt.
Jugendapostel Don Bosco

15 Jahre

Bernadette – Ich spürte die Gegenwart Gottes

Auf die Frage, wie sie das Prayerfestival im Winter 2001 erlebte, antwortete Bernadette: „In der Anbetung, die ja den ganzen Tag über möglich ist, spüre ich die Gegenwart Gottes immer so deutlich. Dieses Mal hatte ich für mich persönlich auch ein tolles Erlebnis. Als bei der Wandlung der Kelch hochgehoben wurde, erlebte ich die Gegenwart Gottes so bewußt, als wäre ich schon im Himmel oder fast schon dort. Dieses Gefühl hatte ich aber nur für eine kurze Zeit."

Jesus, mein Gott, ich liebe dich über alles.
Papst Pius IX.

Monika – Gott heilt von einer tödlichen Krankheit

Als ich Monika besuchte, war sie fünfzehn Jahre alt. Mit zehn Jahren hatte ihr Leidensweg begonnen. Die Ärzte der Kinderklinik nahmen eine Knochenmarkpunktion vor. Die Untersuchung ergab, daß Monika nur 1000 Thrombozyten im Blut hatte, normalerweise hätte sie in diesem Alter 100 000 haben müssen. Sie schilderte: „Mir fehlte der notwendige Sauerstoff im Blut. Ich bekam Cortisontabletten, die für die Vermehrung der Thrombozyten sorgen sollten. Nach acht Wochen wurde ich aus der Klinik entlassen. Bald stellten sich die alten Krankheitssymptome wieder ein. Jetzt wurde die Therapie geändert, aber ohne Erfolg. Ich bekam eine Woche lang Immunglobin, doch es trat keine Besserung ein. Die Ärzte waren ratlos. Meine Füße schwollen an, und meine Gelenke schmerzten sehr. Es war, als ob die Gelenkteile aneinander reiben würden. Schließlich wurde ich auf Rheuma behandelt. Dann mußte ich Aspirintabletten einnehmen. Die Temperatur erhöhte sich auf 40 bis 41 Grad. Die erneute Untersuchung ergab, daß eine Niere nicht arbeitete." Nach ihren Worten stieg der Blutdruck bedenklich an, auch das Fieber blieb hartnäckig. Der Eiweißmangel wurde immer bedrohlicher. Die Oberärztin der Kinderklinik erklärte den Eltern: „Die Tabletten und Spritzen haben nicht geholfen. So wie es aussieht, können wir ihrer Tochter nicht weiter helfen. Wir haben alles versucht.“ Die Aussage der Ärztin kam einem Todesurteil gleich.

Durch eine Bekannte erfuhren Monikas Eltern von dem Erscheinungsort Medjugorje, doch die Mutter sagte in ihrer Verzweiflung: „Ich glaube an nichts mehr!“ Der Krankheitszustand meiner Gesprächspartnerin verschlechterte sich von Tag zu Tag und wurde immer bedrohlicher. Es mußte mit dem Schlimmsten gerechnet werden. Jetzt entschloß sich der Vater, nach Medjugorje zu fahren. Dort fragte er den Seher Ivan, was mit Monika geschehen solle. Der Seher überbrachte die Worte der Gottesmutter: „Die Familienangehörigen sollen mittwochs und freitags fasten und den Rosenkranz beten. In kurzer Zeit wird man sehen.“

Als der Vater wieder zurückkehrte, senkten sich Blutdruck und Fieber. Der Eiweißverlust ließ nach und stabilisierte sich. Bald konnte Monika die Kinderklinik verlassen. Als ich sie nach ihrem Befinden fragte, antwortete sie: „Ich fühle mich wohl, es tut mir nichts mehr weh.“ Ich wollte wissen, ob sie an eine Heilung durch die Gottesmutter von Medjugorje glaube. Darauf erwiderte sie: „Ich bin fest davon überzeugt, daß die Gospa (Madonna) von Medjugorje mich geheilt hat. Ich empfinde heute eine sehr große Dankbarkeit. Durch dieses Ereignis ist mein religiöses Leben tiefer geworden. Ich bete täglich den Rosenkranz und versuche, die Botschaften von Medjugorje zu leben. Ich bete, faste und lese in der Heiligen Schrift, und ich gehe sonntags regelmäßig in die heilige Messe.“ Als ich sie fragte, was sie kranken Menschen empfehlen würde, erwiderte sie: „Ich empfehle allen Kranken, ebenfalls nach Medjugorje zu fahren, oder wenn sie dazu nicht mehr in der Lage sind, einen Verwandten dorthin zu schicken.“ Kurz nach dem Besuch des Vaters an dem Wallfahrtsort lautete das Gutachten der Fachärzte: „Nach deutlicher Besserung der nephritischen Symptome und klinischer Beschwerdefreiheit konnte die Patientin in ihre weitere hausärztliche Betreuung entlassen werden.“

Über vier Jahre war meine Gesprächspartnerin krank gewesen, davon mußte sie viele Monate in der Klinik verbringen. Während der ganzen Unterhaltung machte das hübsche und aufgeschlossene Mädchen einen sehr gesunden und zufriedenen Eindruck.

Die Liebe zu Jesus wird aus der Sündenvergebung geboren.
Mutter Basilea Schlink

Claudia –
Berührung mit dem Reich der Finsternis

Als Claudia mir ihr ungewöhnliches Erlebnis schilderte, war sie tief bewegt. Sie berichtete: „Meine Freundin und ich waren gerade vom Erscheinungsberg in Bijakovici heruntergestiegen und näherten uns dem Haus der Seherin Vicka. Plötzlich hörten wir schreckliche Schreie. Ich hatte noch nie im Leben solche Laute gehört. Im Hof der Seherin Vicka saß eine Frau von etwa fünfzig Jahren, die diese grauenhaften Laute ausstieß. Aus Neugierde traten wir näher. Wir sahen fünf Männer, die versuchten, die Frau festzuhalten, aber vergebens. Sie schlug und trat um sich. Erst als Vicka herauskam, beruhigte sich die Frau. Vicka betete mit ausgestreckten Händen über dem Kopf der Frau, dann ging sie in das Haus zurück. Nun wiederholte sich das Spektakel. Die Frau gebärdete sich wie eine Wilde, den fünf Männern gelang es nicht, sie zu bändigen. Ich glaube, sie schrie fast zwei Stunden. Während dieser Zeit machte ich Fotos, aber sie sind alle nichts geworden."

Ich fragte Claudia, wie sie diesen Fall von Besessenheit erlebte, darauf antwortete sie: „Ich war schockiert, aber durch dieses Ereignis wurde mein Glaube tiefer. Mein Glaube an die Existenz des Teufels wurde intensiver. Seit ich in Medjugorje war, bete ich, denn vorher hatte ich eigentlich nie gebetet. An Sonntagen ging ich auch nicht regelmäßig in die Kirche. Heute besuche ich sonntags immer die heilige Messe. Ich bete auch gelegentlich, aber nicht jeden Tag, den Rosenkranz."

Als ich sie fragte, was sie Menschen mit Glaubensproblemen raten würde, erwiderte sie: „Sie sollen nach Medjugorje fahren, denn bevor ich dort war, habe ich auch nicht an so etwas geglaubt. Wie meine Klassenkameradinnen hatte ich keine Lust zum Gebet und kein Interesse an religiösen Dingen. Heute geht auch meine Freundin sonntags zum Gottesdienst und betet regelmäßig. Ich kann mich jetzt mit ihr viel besser über religiöse Themen unterhalten. Als ich den Fall der Besessenheit in meiner Klasse erzählte, lachten mich meine Klassenkameradinnen aus, sie können so etwas nicht glauben, deshalb schweige ich jetzt darüber."

Herr Jesus Christus, ich huldige dir als dem König der Welt!
Papst Pius XI.

Eva – Mein Unglück begann aus reiner Neugierde

Das erschütternde Geständnis dieser Jugendlichen sollte von allen jungen Menschen sehr ernst genommen werden. Sie schildert: „Mit 15 Jahren ging ich das erste Mal zu einer Kartenlegerin. Ich nahm alles total ernst, was diese Frau sagte, und deswegen ging alles, solange ich daran glaubte, in Erfüllung, weil ich genau nach dem lebte, was die Wahrsagerin vorhersagte. Ich wollte immer mehr wissen und kaufte mir ein Pendel, dem ich viele Fragen stellte. Aber trotzdem half es mir nicht weiter. Bald aber merkte ich, daß das Pendel jene Antwort anzeigte, die ich mir zu diesem Zeitpunkt gewünscht hatte. In dieser Zeit des starken Suchens wurde ich so krank, daß ich wegen meiner Bauchschmerzen sogar im Krankenhaus landete. Komischerweise waren die Befunde alle in Ordnung. Darauf sprach mich eine Frau an, die mir erklärte, daß das alles seelische Probleme seien, und darum sollte ich doch Bachblüten nehmen. Das tat ich auch, und einige Wochen halfen sie mir, aber in Wirklichkeit wurde ich durch die Bachblüten erst richtig seelisch krank – ich war total unruhig und hatte das Gefühl der Hilflosigkeit. Niemand warnte mich, weil ich die Hilfe immer woanders suchte.

Erst als mir alles zuviel wurde, sah ich das erste Mal bewußt auf das Kreuz und schrie: ‚Hilf mir, ich kenne mich nicht mehr aus!‘ Im darauffolgenden Urlaub lernte ich eine Frau kennen, die mit mir betete. Zum ersten Mal betete jemand für mich. Von da an begann meine Beziehung zu Jesus zu wachsen. Ich erkannte, daß es ohne Gott keine wirkliche Heilung gibt. Früher habe ich viel Geld für die Esoterik ausgegeben, aber jetzt bekomme ich alles geschenkt. All mein Suchen, meine Unruhe und meine Angst haben ein Ende gefunden. Ich bin ein neuer Mensch geworden und danke Jesus dafür!“

Liebt einander, weil auch Christus uns geliebt
und sich für uns hingegeben hat
Epheser 5, 2

Robert – Ich will leiden für Jesus

Robert aus Kamerun wird mit 15 Jahren von einer schweren Krankheit heimgesucht. Er leidet, doch sein fester Glaube an Jesus gibt ihm Kraft.

Immer mehr wird er von dem Gedanken beseelt: „Ich will leiden für Jesus. Ich will leiden für die Jungen und Mädchen, die so alt sind wie ich, damit sie durch mein Leiden vielleicht den Weg zu Jesus und die Tür zu Gott finden.“ Eines Abends sind die Schmerzen besonders heftig. Er bittet die Schwester, ihm eine Schmerztablette etwas früher als sonst zu geben. Als die Krankenschwester eine Stunde später wieder vorbeikommt, liegt die Tablette noch auf dem Nachttisch. Verwundert fragt sie den Jungen, und er gibt ihr zur Antwort: „Ich habe es mir anders überlegt. Gott braucht meine Schmerzen vielleicht mehr als ich die Tablette zur Linderung. Ich habe meine Schmerzen der Liebe Gottes geweiht!“

Wer Gott in Leid und Schmerz vertraut und geduldig ausharrt, der wird viel für die Bekehrung der Menschen tun. Jesus hat uns dafür das beste Beispiel gegeben.

Denn Gott hat die Welt so sehr geliebt,
daß er seinen einzigen Sohn hingab,
damit jeder, der an ihn glaubt, nicht zugrunde geht,
sondern das ewige Leben hat.
Johannes 3, 16

Thomas - Die Freude hat mir Jesus geschenkt

Begeistert beschreibt Thomas aus Südtirol seine Erfahrung mit Jesus: „Ich habe etwas Besonderes erlebt: Freude. – Es ist nicht eine Freude wie über ein gewonnenes Fußballspiel, an welches man dauernd denken muß, um sich zu freuen. Nein! Die Freude hat mir Jesus geschenkt. Sie ist einfach besser. Man muß es nur ausprobieren. Er möchte sie auch dir schenken; davon bin ich überzeugt!“

Treu ist Gott, durch den ihr berufen worden seid zur Gemeinschaft
mit seinem Sohn Jesus Christus, unserem Herrn.
1 Korinther 1, 9

16 Jahre

Susanne – Ich hatte Zweifel an der Existenz Jesu

Hinsichtlich des Gebetswochenendes im Frühjahr 2001 hatte Susanne zuerst ihre Bedenken, doch dann erlebte sie nur Positives: „Dies ist mein erstes Prayerfestival, und als ich das erste Mal die Turnhalle betrat, bekam ich einen Schock. Ich fragte mich: ‚Wo bin ich hier? Hier sieht es ja aus wie in einer Sekte.' Ich fühlte mich völlig fehl am Platz. Jetzt am Ende weiß ich, daß alle Jugendlichen, die hier zusammen waren, Gott von ganzem Herzen lieben. Die ganzen Jugendlichen halfen mir, Gott zu akzeptieren, da ich, bevor ich hierher kam, totale Zweifel an der Existenz Jesu hatte. Aber jetzt denke ich, habe ich verstanden, wer Jesus überhaupt ist. Ich denke, ich sehe Jesus jetzt aus anderer Sicht und will hoffen, daß ich jetzt lerne, ihn zu lieben und zu achten, wie er es verdient hat. Es war einfach ein total tolles Gefühl, in der Turnhalle mit so vielen Jugendlichen zu sitzen, zu beten, zu singen oder nur still zu sein. Ich denke auch, daß ich das nächste Mal, was es sicher noch geben wird, von Anfang an mit solcher Freude dabei sein werde, wie hier am Schluß."

Denn für mich ist Christus das Leben und Sterben Gewinn!
Apostel Paulus an die Philipper

René – Ich kann wieder sehen

Mit großer Ergriffenheit berichtete der sechzehnjährige René von dem, was er erlebt hatte: „Unzählige Hände streckten sich mir entgegen. Alle wollten mich berühren. Fast hätten sie mir die Kleider vom Leib gerissen. Ich ließ alles mit mir geschehen, ich war wie betäubt. Erst langsam kam mir zum Bewußtsein, daß ich sehen konnte. Die Leute gerieten regelrecht in Ekstase. Um ein Wunder zu erleben, waren sie ja nach Lourdes gekommen. Und nun war ein Wunder mitten unter ihren Augen geschehen."

Als Augenspezialisten René untersuchten, konnte er alles lesen, auch die kleinsten Buchstaben. Vor Freude kamen ihm die Tränen. Zum ersten Mal in seinem Leben sah er die Sterne am Himmel und auf der Heimfahrt das Meer. Innig hatte René vor der berühmten Grotte in Lourdes gebetet: „Heilige Jungfrau Maria, gib mir doch so viel Augenlicht, daß ich mich wieder selber zurechtfinden kann, daß ich nicht immer auf fremde Hilfe angewiesen bin." Noch immer strahlt die Freude und das Glück aus seiner ganzen Persönlichkeit über diesen Gnadenerweis des Himmels. Heute kann René viel besser sehen, als er je zu hoffen gewagt hatte. Er hat die Gottesmutter um Hilfe gebeten, und sie hat ihm die Sehkraft geschenkt.

Da richtete sich der Tote auf und begann zu sprechen,
und Jesus gab ihn seiner Mutter zurück.
Lukas 7, 15

Doreen – Aus der Finsternis zum Licht

Es war die Einsamkeit und die totale Überforderung, die Doreen veranlaßte, an ihrem 14. Geburtstag das Elternhaus zu verlassen. Die Mutter hatte die Familie im Stich gelassen und war verschwunden, weil der Vater trank und mit einer anderen Frau zusammenlebte. Doreen war das älteste von fünf Mädchen und sollte sich als große Schwester um den Rest der Familie kümmern. Sie verließ das Haus und ging nach London. Dort wurde sie eine Prostituierte in den Straßen von Paddington. Wenig später bot sich die Gelegenheit, als Stripteasetänzerin Geld zu verdienen. Sie berichtete über diese Zeit: „Satan macht einem den Weg nach unten sehr leicht; und es wird ständig einfacher, je tiefer es bergab geht."

Während der Beifallsrufe des Publikums bei den Stripteasevorführungen fühlte sich Doreen einsam, vollständig einsam. Allmählich hatte sie Anfälle schwerer Depressionen, sie griff zum Alkohol und rauchte täglich mehr als 40 Zigaretten. Dann begann die Zeit der Drogen. Doreen fühlte, wie sie in eine tiefe, dunkle, bodenlose Grube hineingezogen wurde. Sie gestand: „Entweder ich bekam Drogen, oder ich mußte sterben." In diesem Zustand völliger Haltlosigkeit machte sie die Bekanntschaft mit dem Reich Satans. Eines Tages erklärte man ihr: „Je größer die Sünde, um so größer die Belohnung. Du bist jetzt so weit, daß du ein eingeschworenes Kind Luzifers werden kannst." Doreen berichtete: „Satan wurde mein Herr und Meister. Ich konnte seine Stimme wirklich hören, und er materialisierte sich tatsächlich vor meinen Augen." Es kamen aber auch Augenblicke, wo sie grübelte: „Was für einen Sinn hat das denn? Ich habe mit meinem eigenen Blute meine Seele an Satan verkauft."

Sie zog nach Bristol, eine Stadt voller Kirchen. Dort suchte sie nach der Wahrheit. Auf einem Plakat fand sie den Text: „Selig sind die, die reinen Herzens sind, denn sie werden Gott schauen." Doreen riß es herunter und war wütend. Immer wieder sah sie die Plakate und die Ankündigung einer Veranstaltung. Eines Tages, als sie als Prostituierte Kunden suchte, sah sie Menschen mit einer Bibel zu einer Versammlung gehen. Sie betrat das Versammlungsgebäude in der Absicht, dem Redner eine Ohrfeige zu geben, doch ein Ordner konnte sie davon abbringen und ihr einen Sitzplatz anweisen. Dann sang eine Frau mit einer herrlichen Stimme das Lied: „Jesus ist alles, alles mir, mein Glück, mein Trost, mein Heil ist er, meine Kraft von Tag zu Tag und meiner Seele Teil." Doreen war tief beeindruckt von dem wunderbaren Gesang, sie schilderte: „Ich hörte die Worte dieses schönen Liedes als Begleitung zu Bildern, die vor meinem inneren Auge auftauchten. In meinem dunklen und sündigen Herzen kam mir die Erkenntnis, daß niemand mich wirklich liebte – weder die Männer auf den Straßen noch die Männer in den Kneipen, weder die Satanisten noch die Hexen. Doch die Sängerin sagte, daß Jesus mich liebte und daß er die Sünde und furchtbare Trostlosigkeit wegnehmen konnte."

Dieses wunderbare Lied stand am Anfang einer einzigartigen Bekehrung. Ein großer Kampf begann, ein Kampf mit den Mächten der Finsternis und mit Satan. Mit aller Kraft kämpfte der Teufel um seine Beute. Mit ergreifenden Worten schildert Doreen diesen Kampf: „Es war ein ungeheures Wunder, daß es mir gelang, mich zu erheben und nach vorn zu gehen, während die Mächte der Finsternis in mir tobten. Ich erkannte, daß eine Macht, größer als alle Macht Satans, mir zu Hilfe kam. Satan war dabei, die Schlacht zu verlieren. Er war dabei, seine Sklavin zu verlieren. Jesus, der sich so sehr um mich sorgte, trotz all meiner Sünde und Schande, warb liebend um mein schwarzes, sündiges Herz und gewann es." Leise flüsterte sie: „Ich komme, Jesus, bitte, nimm die Finsternis fort!"

Jesus erfüllte ihre Bitte. Doreen durfte trotz ihrer Sündhaftigkeit die Liebe und das Erbarmen Gottes erfahren.

Mein Herr und mein Gott, gib alles mir,
was mich führt zu dir.
Nikolaus von der Flüe

Marica – Gott hat mich von einer schweren Krankheit geheilt

Bereitwillig zeigte mir Marica aus der Herzegowina alle ärztlichen Unterlagen ihrer schweren Erkrankung. Die Diagnose lautete: Polyradiculoneuritis.

Mit bewegenden Worten schilderte das Mädchen den Zustand während ihrer Krankheit: „Ich war total gelähmt und konnte nur sitzen, liegen und sprechen. Entweder lag ich im Bett oder saß im Rollstuhl. Die Ärzte waren der Meinung, daß eine Besserung innerhalb eines Jahres eintreten könnte, aber diese trat nicht ein. Ich war in den Kliniken von Mostar, Sarajevo und Zagreb." Als ich Marica fragte, wie sie wieder gesund wurde, erwiderte sie: „Im Krankenhaus von Sarajevo hörte ich von den Marienerscheinungen in Medjugorje. Meine Schwester brachte mich dorthin. Als die Seher kamen, nahmen sie mich zur Kirche mit, sie brachten mich in die Sakristei, dort konnte ich beichten. Vor der heiligen Messe war es mir möglich, auf dem Boden der Sakristei niederzuknien. Ich kniete dort während des ganzen Rosenkranzgebetes. Dann verspürte ich den Wunsch, mich selbst aufzurichten, und es gelang mir, mich auf die Füße zu stellen. Ich blieb während des ganzen Gottesdienstes in der Sakristei. Dann wollte ich die Kirche betreten, das gelang mir aber nicht, weil sie überfüllt war. Nach der heiligen Messe beteten die Seher über die Schwerkranken, auch über mich. Ich fühlte mich während dieser Zeit sehr glücklich, froh und zufrieden.

Dann wurde ich zu meinen Eltern gebracht. Es war ein Freitag. An diesem Tag lief ich zum ersten Mal allein ohne fremde Hilfe auf den Balkon, dann ging ich allein durch die Küche. Es waren etwa sechs Meter. Meine Eltern standen bereit, um mich eventuell aufzufangen. Am Sonntag konnte ich vom ersten Stock ins Erdgeschoß hinuntersteigen. Als ich am Sonntagabend wieder im Krankenhaus war, begegnete ich der Ärztin, die um diese Zeit Dienst hatte. Sie bemerkte sofort, daß ich neben meinem Rollstuhl herlief, und sagte: ‚Wenn ich gewußt hätte, daß so etwas möglich ist, hätte ich dich schon längst nach Medjugorje geschickt.' Nach kurzem Aufenthalt wurde ich aus der Klinik entlassen. Danach fühlte ich mich sehr wohl. Ich hatte überhaupt keine Beschwerden mehr. Bis heute traten keine Komplikationen auf. Soviel ich weiß, wurde von meinen Leidensgefährten, die die gleiche Krankheit hatten, bis heute niemand gesund. Ich weiß das genau, weil ich noch Kontakt mit ihnen habe. Der Professor, der die Klinik leitet, sagte zu mir: ‚Man müßte hier ein Bild von dir aufhängen, um allen zu zeigen, daß auch eine Heilung dieser schweren Krankheit möglich ist.'"

Als ich die Geheilte fragte, was sie heute empfinde, gab sie zur Antwort: „Ich bin felsenfest davon überzeugt, daß meine Heilung nur auf die Fürbitte der Gottesmutter zurückzuführen ist. Ich empfinde heute eine große Sehnsucht nach Medjugorje. Aus Dankbarkeit über meine Heilung legte ich den Weg von meinem Elternhaus bis Medjugorje zu Fuß zurück. Ich pilgerte von morgens 5 Uhr bis nachmittags 16 Uhr. Den Weg von über 50 Kilometern ging ich barfuß. Inzwischen war ich schon über hundert Mal an diesem Ort."

Spontan zeigte mir Marica Fotos von ihrem Aufenthalt in den verschiedenen Kliniken. Sie zeigen die Gelähmte im Rollstuhl und ihre Leidensgefährtinnen aus ihrem Krankenzimmer.

Alles zur größeren Ehre Gottes!
Ignatius von Loyola

Kristin – Alle meine katholischen Werte flogen aus dem Fenster

Kristin wollte unter allen Umständen beliebt werden. Dafür mußte sie einen hohen Preis zahlen, bis sie endlich die wahre Liebe entdeckte. Sie schildert: „Als ich 16 Jahre war, begann ich, mit einem zwei Jahre Älteren auszugehen. Ich tat alles, um ihm zu gefallen. Jedes Mal, wenn ich ihn ansah, sah ich Enttäuschung in seinen Augen. Nichts, was ich tat, war jemals gut genug, und alle meine katholischen Werte flogen aus dem Fenster, er wurde zu meinem Gott. Eines Tages machte er einfach Schluß. Ich gab mir selbst die Schuld. Ich schaute in den Spiegel und alles, was ich sehen konnte, war das Spiegelbild von jemandem, der langweilig war, mißfiel und viel zu viele Kilos hatte. Also beschloß ich, einige zu verlieren. Als aber die Kilos schwanden und die Komplimente zunahmen, wurde das Abnehmen zum Lebensinhalt. 65, 60, 55 ... 48 Kilo! Aber jedes Mal, wenn ich in den Spiegel sah, stellte ich fest, daß meine Oberschenkel aneinander rieben – ich war noch immer zu fett.

Meine Eltern begannen, sich Sorgen zu machen. Die Kleider, die mir im Dezember gut gepaßt hatten, hingen nun lose an mir herunter. Ich mußte ins Krankenhaus. Und obwohl ich mich wehrte und schrie, wurde mir langsam klar, daß Perfektion mein Gott geworden war. Ich begann, wieder mehr zu beten. Ich ging zur Beichte. Dort sagte mir der Priester etwas, das mir für den Rest meines Lebens tief eingeschrieben sein wird. Er sagte: ‚Kristin, egal wie enttäuscht deine Eltern von dir sind oder sogar ich es von dir bin, Gott ist immer bei dir gewesen. Und ganz egal, wie allein du dich momentan fühlst oder wie ungeliebt, Gott wird dich immer lieben – so wie du bist.‘ – Und in diesem Moment begann ich wieder zu glauben. Ich wollte wieder seine Tochter werden und das Image wegwerfen, das ich von meinem perfekten Ich in meinem Kopf gehabt hatte. Und ich gehe einen Tag nach dem anderen in Richtung Ewigkeit mit Jesus. Ich versuche, täglich seine Liebe zu mir zu feiern durch das Wunder der Eucharistie in der Messe und indem ich mich an die Frau im Himmel wende – Mutter Maria – und sie bitte, für mich zu beten, während ich den Rosenkranz bete. Und ich danke für alle Gnaden, die wir als Katholiken haben. Denn Gott hat uns gut gemacht, und mit Ihm als meinem Vorbild, weiß ich, daß ich glücklich leben kann.“

Daran werden alle erkennen, daß ihr meine Jünger seid,
wenn ihr einander liebt.
Johannes 13, 35

Isabelle – Welche Freude ist es, sein Leben mit Gott zu gestalten

Ein herrliches Gottesbekenntnis gibt uns Isabelle aus Oberösterreich, sie versichert: „Ich habe einen großen Freundeskreis, der auch wie ich an Gott glaubt und zu ihm betet. Jene Freunde, die nicht an Gott glauben oder noch Angst davor haben, ihren Glauben anderen zu zeigen, versuche ich klar zu machen, welche Freude es ist, sein Leben mit Gott zu gestalten. Sicher habe ich schon öfters zu hören bekommen, daß es uncool ist, an Gott zu glauben, doch das kann mich sicher nur im Glauben an Gott stärken. Doch noch vor einiger Zeit hätte auch ich sicher noch nicht den Mut gehabt, meinen Glauben an Gott zu zeigen.“

Dient einander in Liebe.
Galater 5, 13

17 Jahre

Cassie – Sie gab Zeugnis bis in den Tod

Cassie (rechts) mit ihrer Mutter

Cassie entfernte sich immer mehr von ihren Eltern. Ihre Mutter litt unter der Unfähigkeit, eine Brücke zu ihrer Tochter zu schlagen. Sie ging in Cassies Zimmer und suchte nach einem Neuen Testament mit einer Anleitung, die jungen Lesern Einsichten zum Umgang mit ihren Eltern vermittelte. Sie fand nicht nur die Bibel, sondern auch einen Stapel Briefe. Cassies beste Freundin schrieb in einem dieser Briefe, ob sie ihr nicht helfen könne, ihre Lehrerin zu ermorden. Später lasen Cassies Eltern von weiteren Greueltaten. In mehreren Briefen riet die Freundin, ihre Eltern umzubringen: „Töte deine Eltern! Mord ist die Antwort auf all deine Probleme. Laß diesen Abschaum für deine Leiden bezahlen." Es gab auch Zeichnungen: ein Messer, von dem Elterneingeweide herabtropften, und Hinweise auf Satanskult. In der Tat waren Cassies Eltern dabei, ihre Tochter zu verlieren. Schließlich drohte Cassie mit Weglaufen und Selbstmord. Es gab keinen Zweifel mehr, das Mädchen raste auf einen Abgrund zu. Sie kochte vor Wut wegen der Verletzung des Briefgeheimnisses, sie schrie und weinte aus Verzweiflung: „Ich bringe mich um! Wollt ihr zusehen? Ich werde es tun, seht nur zu. Ich bringe mich um. Ich ramme mir ein Messer genau hier hinein, genau durch die Brust." In ihrem Spiralblock notierte sie ihren seelischen Zustand: „Ich schloß mich im Bad ein und schlug meinen Kopf gegen die Kanten. Dasselbe tat ich auch an den Wänden meines Zimmers. Selbstmordgedanken verfolgten mich tagelang, aber ich war zu ängstlich, um sie tatsächlich umzusetzen, und so kratzte ich mir als Kompromiß meine Hände und Handgelenke mit einer scharfen Metallfeile auf, bis sie bluteten."

Als der Sheriff Einblick in die Briefe bekam, sagte er zu den Eltern von Cassies Freundin, daß diese Briefe das Schlimmste seien, was er in mehr als einem Jahrzehnt in der Jugendkriminalität gesehen habe. Eine

Bekannte erzählte Cassie von Gott. Das Mädchen gestand ihr, daß sie durch eine Freundin ihre Seele Satan übergeben hätte, und sagte: „Ich kann Gott unmöglich lieben."

Nachdem Cassie die Schule wechseln mußte, wurde sie zu einer christlichen Jugendfreizeit eingeladen. Nur schweren Herzens gaben die Eltern ihre Zustimmung zu dieser Veranstaltung. In einem persönlichen Aufsatz, den sie fast zwei Jahre später verfaßte, schrieb Cassie über dieses Wochenende: „Zum Glück gab es ein Mädchen an der christlichen Schule, Jamie, die sich mit mir anfreundete und mich unter ihre Fittiche nahm. Sie war sehr offen und akzeptierte mich, was ich bei keinem der anderen Jugendlichen gefunden hatte. Außerdem war sie die einzige Person, der ich zuzuhören bereit war. Jamie erzählte mir ganz behutsam, ohne mich zu bedrängen oder mich abzuschrecken, von Christus, und sagte, was mir passiert sei, sei nicht Gottes Schuld. Er hatte es vielleicht zugelassen, sagte sie, aber letzten Endes hatte ich es selbst über mich gebracht. Wir haben einen freien Willen bekommen, und ich hatte Entscheidungen getroffen, die ich später bereuen würde. Ich fand Wahrheit in ihren Worten und begann zuzuhören. Dann, am 8. März, als ich mit Jamie und ihrer Gemeinde wieder auf einer Freizeit war, kehrte ich mein Leben um. Erst da konnte ich richtig erkennen, wo ich in die Irre gegangen war. Ich hatte schlechte Entscheidungen getroffen, und niemand hatte Schuld daran außer mir selbst – eine Erkenntnis, gegen die ich mich während meiner ganzen Leidenszeit ständig gewehrt hatte."

Die Eltern waren nach Cassies Rückkehr äußerst skeptisch. Sie hatten es mit einem Kind zu tun, das unglaublich haßerfüllt und verzweifelt gewesen war – das mit Drogen experimentiert, sich mit Okkultismus abgegeben und mit Selbstmord gedroht hatte. Als Cassie nach dieser Jugendfreizeit ihre Eltern traf, sagte sie: „Mama, ich habe mich geändert."

Tatsächlich war eine gewaltige Veränderung festzustellen. Cassie begegnete ihren Eltern und ihrem Bruder mit Zuneigung und Respekt. Ihr ganzes Wesen war verändert, sie war sanft, demütig und fröhlich. Cassies Eltern hatten ihr Kind nicht verloren, sondern wiedergefunden. Sie waren wieder eine glückliche Familie bis zum 20. April 1999.

An diesem Tag geschah die Katastrophe in der Columbine High School in Littleton (Colorado). Zwei schwer bewaffnete Jugendliche stürmten die Schule und drangen in die Bibliothek ein. Josh, ein jüngerer Schüler, sagte später, er werde nie vergessen, was er hörte, als er etwa acht Meter entfernt unter dem Schreibtisch kauerte: „Ich konnte nichts sehen, als die

Kerle zu Cassie kamen, aber ich erkannte ihre Stimme. Ich konnte alles hören, als wäre es direkt neben mir. Einer von ihnen fragte sie, ob sie an Gott glaube. Sie zögerte, als überlege sie, was sie antworten sollte, und dann sagte sie ja. Sie muß Angst gehabt haben, aber ihre Stimme zitterte nicht. Dann fragten sie Cassie, warum, aber sie gaben ihr keine Zeit mehr zum Antworten. Sie schossen sie einfach nieder."

Die Ermittlungen ergaben, daß Cassie aus sehr geringer Entfernung in den Kopf geschossen wurde. Der Schuß tötete sie auf der Stelle. Nach der Schießerei stellte man im Clement Park fünfzehn Kreuze auf: dreizehn für die Opfer und zwei für ihre Mörder. In diesem Zusammenhang möchte ich das couragierte Bekenntnis von Cassies Mitschülerin Valeen Schnurr nicht unerwähnt lassen. Nachdem sie angegriffen und durch mehrere Kugeln schwer verletzt worden war, rief sie: „Oh mein Gott, oh mein Gott", worauf einer der Amokläufer sie fragte, ob sie an Gott glaube. Mutig bejahte sie diese Frage wie Cassie, doch im Gegensatz zu ihr überlebte sie die lebensgefährlichen Schußwunden wie durch ein Wunder. Millionen verfolgten im Fernsehen das blutige Drama in der Columbine High School in Littleton in Colorado. Das mutige Bekenntnis von Cassie Bernall zu ihrem Glauben fand ein weltweites Echo.

Wie unglücklich sind doch jene,
die sich vom Weg zum Himmel entfernen!
Jugendapostel Don Bosco

Rachel – Das wird mein letztes Jahr sein

Am 20. April 1999 drangen zwei schwerbewaffnete Jugendliche in die Columbine High School ein und erschossen dreizehn Menschen. Die Attentäter sind bekannt für ihren Hass auf bekennende Christen. Rachel Scott wollte Schauspielerin werden. Ihr Vater war Pastor. Im Jahre 1998 schrieb das 16-jährige Mädchen in ihr Tagebuch: „Das wird mein letztes Jahr sein, Herr. Ich habe bekommen, was ich konnte. Ich danke dir!" Am Tag des Überfalls wurde sie von zwei Kugeln getroffen. Sie lag am Boden in ihrem Blut. Als sie gefragt wurde, ob sie an Gott glaube, antwortete sie: „Ja, das tue ich.“ Nach diesem Bekenntnis sagte einer der jugendlichen Attentäter: „Dann geh zu ihm!“ Rachel wurde von einem Schuß in die Schläfe getroffen und starb. In ihrem Tagebuch finden sich die wunderbaren Worte: „Bin ich die einzige, die sieht? Bin ich die einzige, die aus ganzem Herzen nach deiner Ehre verlangt? Bin ich die einzige, die sich sehnt, für immer in deinen lieben Armen zu sein? Alles, was ich mir wünsche, ist jemand, der mit mir durch die Hallen der Tragödie geht.“ Rachel Scott ist wie ihre gleichaltrige Mitschülerin Cassie Bernall für ihren Glauben gestorben. Für ihren mutigen Einsatz durften sie aus der Finsternis einer glaubensfeindlichen Umwelt in das Licht und in die ewige Umarmung Gottes gehen. Die Blutzeugen vom 20. April 1999 haben Tausende Jugendliche und Erwachsene motiviert, über ihren christlichen Glauben nachzudenken und ihn zu leben.

Wahrhaftig, was die Kinder Gottes mit Tränen säen,
das ernten sie mit Jubel.
Laßt uns ringen nach diesem Ziele!
Bischof Michael Sailer

Stacie – Eine Pop-Ikone möchte andere auf den Weg zu Gott führen

Stacie Joy Orrico singt mit ihren 17 Jahren ganz oben in den internationalen Charts und ist eine erfolgreiche Künstlerin. Sie kennt die Schwierigkeiten der jungen Menschen sehr gut und möchte ihnen durch ihre Lieder helfen, diese zu überwinden. Nach ihrer Traumkarriere befragt, antwortet sie: „Momentan läuft alles extrem gut und ich bin ein ziemlicher Glückspilz, aber all die Reisen, die Konzerte, auch das Geld, all das erfüllt mich nicht. Am Ende eines Tages sind es nicht diese Dinge, die mein Leben lebenswert machen. Das Einzige, was mir letztendlich Frieden, Geborgenheit, wahre Liebe und Erfüllung schenkt, ist meine Beziehung zu Jesus Christus. Meine Alben werden nicht nur von Fore Front Records, sondern auch vom Mainstream-Riesen Virgin Records vertrieben. Er gab uns faszinierende Auftrittsmöglichkeiten in Radio, Fernsehen und Magazinen. Am meisten fühle ich mich aber deshalb gesegnet, weil der Herr stets bei mir ist. Manchmal fragen mich die Leute: ‚Glaubst du nicht, daß du deinen Glauben verlieren wirst, wenn du im Mainstreambusiness Musik machst?' Und ich antworte dann: ‚Nein, das ist doch blöd.' Trotzdem ist es hart und schwierig, mich in diesem Geschäft nicht vom Glauben zu entfernen. Sehr oft komme ich nicht dazu, meine Gebetszeiten einzuhalten, in der Bibel zu lesen oder einfach nur Stille zu genießen. Aber dann kommt jemand plötzlich auf mich zu und erzählt mir eine unglaubliche Geschichte, wie Gott in seinem Leben Wunder vollbracht hat – auch durch meine Musik. An so vielen Tagen durfte ich schon feststellen, daß Gott wirkt – ganz unabhängig von mir. Und diese Erkenntnis ist der größte Segen."

Mach mich zur Liebe, die den anderen ehrt,
ihm keinen Dienst und Wunsch fortan verwehrt.
Mutter Basilea Schlink

Christine –
Gott ist eine Erfindung der Menschen

Christine erlebte viele Höhen und Tiefen in ihrem jungen Leben: „Obwohl ich aus einem katholischen Elternhaus stamme, entfernte ich mich immer mehr von der Kirche. Mit vierzehn Jahren meldete ich mich vom Religionsunterricht ab und weigerte mich, sonntags zur Kirche zu gehen. Bald war ich eine überzeugte Atheistin, denn ich hielt Gott für eine Erfindung der Menschen. Trotz all der Zerstreuung durch Nachtleben, Alkohol, Drogen, Kino, Theater, wechselnde Freunde war mein Inneres leer und hungrig nach Liebe. Ich hatte keinen Frieden im Herzen. Als mein Vater von einer Pilgerfahrt nach Medjugorje zurückkehrte, machte ich mich darüber lustig. Meine Mutter lud mich zu einer Reise nach Medjugorje ein, aber ich wollte nicht mitfahren, obwohl ich gerade Ferien hatte. Nachdem meine Mutter mit meinem Bruder abgereist war, überkam mich Unruhe, und ich bedauerte es nun doch ein bißchen, daß ich nicht mitgefahren war.

Einen Tag später saß ich im Zug Richtung Süden. Nach dreißig Stunden Fahrt kam ich in Medjugorje an. Auf der Suche nach der Gastfamilie meiner Mutter traf ich Pater Petar, der mich mit dem Auto dorthin brachte. Als er mich nach dem Grund meines Kommens fragte, antwortete ich mürrisch: ‚Ich weiß es selber nicht, warum ich hier bin. Marienerscheinungen interessieren mich nicht, und an Gott glaube ich auch nicht.‘ Da strahlte Pater Petar und sagte: ‚Bin ich froh, daß Sie hier sind! Den Rest wird die Gottesmutter schon machen.‘ Die ersten Tage in Medjugorje waren furchtbar für mich. Weil ich nicht wußte, was ich tun sollte, bin ich abends in die Kirche gegangen. Das war eine Qual für mich. Ich saß in dem überfüllten Raum auf dem Boden. Ich fühlte mich wie ein Verräter, wie ein Aussätziger, denn ich hielt Gott für eine Erfindung der Menschen. Als mich meine Mutter am Gründonnerstag bat, noch in die Seitenkapelle der Kirche zu kommen, stimmte ich zu, weil ich nicht allein nach Hause gehen wollte. Die Menschen knieten vor einer Monstranz. Um nichts in der Welt hätte ich mich damals hingekniet, also lümmelte ich mich auf dem Fußboden herum. Was dann geschah, kann ich nur schwer in Worte fassen. Die deutschsprachige Gruppe sang das ‚Heilig‘ aus der Schubertmesse – und ich glaubte! Von einem Moment auf den anderen glaubte ich daran, daß es Gott gibt und daß er Mensch geworden ist, daß er Brot geworden ist und jetzt hier, in dieser Hostie, anwesend ist. Ich mußte hemmungslos weinen. Auch in den nächsten Tagen weinte ich viel, aber gleichzeitig erlebte ich auch die barmherzige Liebe Gottes.

Am Karsamstag beichtete ich, und dann konnte ich zum ersten Mal in meinem Leben wirklich Ostern feiern, denn auch ich war vom Tod auferstanden. Nach Ostern bin ich dann noch zwei Wochen in Medjugorje geblieben, allein, ohne meine Familie. Jetzt erst konnte ich mich der Tatsache der Erscheinungen und all dem, was die Mutter Gottes auch mir zu sagen hatte, öffnen. Ich spürte nun, daß sie meine Mutter ist und mich an die Hand nimmt, und daß sie immer bei mir ist. Mein Leben hat sich seither völlig verändert. Ich habe aufgehört zu rauchen, zu trinken und Konservenmusik zu hören. Ich bin wieder ein froher Mensch geworden. Die heilige Messe ist für mich nun der Höhepunkt des Tages geworden, und es macht mich überglücklich, daß durch die heilige Kommunion der König der Könige in mein Herz kommt, um mir seine Liebe zu schenken und durch mich auch allen jenen, denen ich begegne. Ich glaube fest daran, daß mich Gott in Zukunft durch Maria führen wird.“

Die Familie, die zusammen betet, hält zusammen.
Mutter Teresa

Aida – Eine mutige Bekennerin ihres Glaubens

Mit 17 Jahren wurde Aida aus Leningrad (St. Petersburg) verhaftet. Der Grund ihrer Festnahme war die Verteilung von Flugblättern mit der Aufforderung: „Sucht Gott, solange ihr noch Zeit habt!“ Das tapfere Mädchen war bereit, für ihren Glauben die größten Opfer zu bringen. Sie wollte auch andere Menschen zu Jesus, dem Befreier aus Sünde und Sinnlosigkeit, führen. Aidas Überzeugung weckte ein lebendiges Echo bei der Jugend in Leningrad. Das atheistische Regime versuchte, sie zu kompromittieren und lächerlich zu machen. Ihr offener Brief durfte nicht veröffentlicht werden, doch ihre jungen Freunde brachten es fertig, ihn überall in Rußland bekannt zu machen. Unter anderem schreibt sie in diesem Brief: „Binden Sie mich los, geben Sie mir die Freiheit, dann werden wir sehen, wer siegt.“ Trotz allen Schikanen und Verfolgungen bleibt Aida ungebeugt. Ihre Liebe und Treue zu Jesus nimmt sie mit in die Gefängniszelle, die für sie nicht das Ende bedeutet. Ihre Liebe zu Gott überwindet alles, weil in ihrem Herzen Gott lebendig ist. Aidas Bekenntnis zu ihrem Herrn und Erlöser hat viele junge Menschen zum Glauben ermutigt.

Heiliger Geist, gib unserem Apostolat Begeisterung,
damit es alle Menschen und Völker erreicht.
Papst Johannes XXIII.

Christoph – Die Diagnose war ein Todesurteil

Christoph aus Frankreich haderte mit seinem Leben. Im Religionsunterricht hatte man ihm nur vom Gott Isaaks und Jakobs erzählt, von einem gerechten Gott, der Gerechtigkeit verlangt. Weshalb hatte man ihm den Gott der Liebe verheimlicht, der das Leben schenkt? Es war für Christoph schwierig, mit dreizehn Jahren ohne Plan, ohne Sehnsucht, ohne Lust und ohne Leben zu existieren. Das Leben widerte ihn an, und deshalb dachte er ans Sterben. Christoph schilderte seine ausweglose Situation: „Bald war das einzige, was mich leben ließ, der Gedanke, daß ich vielleicht am nächsten Tag tot sein würde. Jeden Morgen, noch ehe ich die Augen öffnete, bedauerte ich es, noch zu leben. Mehrmals wollte ich mich töten.“ So heimtückisch die Krankheit seiner Seele war, so bedrohlich wurde auch die Krankheit seines Körpers. Mit sechzehn Jahren litt Christoph an einer tödlichen Erkrankung des Herzens. Nach Auskunft der

Ärzte hatte er wenig Überlebenschancen. Seine Eltern beteten inständig zu Gott um Heilung. Christoph wurde mit siebzehn Jahren am Herzen operiert. Kurz nach der Operation gestand ihm seine Mutter: „Gestern abend gingen dein Vater, deine Schwester und ich in eine große Kirche in Lyon. Dort fand ein Treffen mit Pater Emiliano Tardif statt mit vielen Menschen, die für die Kranken beteten. Wir haben für dich gebetet."

An diesem Abend sprach Pater Tardif mit einer großen Gewißheit, daß Gott einen jungen Mann gerade geheilt habe. War Christoph wirklich von Gott geheilt worden? Der Jugendliche berichtete: „Innerhalb von einigen Tagen hatte Gott mein Herz genauso gründlich bearbeitet wie die Ärzte. In einigen Stunden hatte Gott mich besucht. In einer Sekunde hatte ich ‚ja' gesagt. Dieses ‚Ja' wandte sich nicht an Gott – noch nicht. Ich war glücklich, aber ich kannte die Quelle meines Glücks noch nicht. Ich klammerte mich an dieses Glück, da ich nun wußte, daß es möglich war zu leben, aber warum?"

Eines Tages begleitete Christoph seine Eltern zu einer Jugendmesse, rein zufällig, weil es keinen interessanten Film im Fernsehen gab. Er hörte die Worte der Meßfeier, und dann berührte ihn die Gnade Gottes. Christoph schilderte: „Ich hörte die Worte der Meßfeier mit einem offenen Herzen, ohne Abwehr, ohne Haß, ohne Ablehnung. Ich erwartete nichts, aber ich war bereit. Ich hörte zu, und Gott ergriff mich, als die Gemeinde antwortete: ‚Sprich nur ein Wort, so wird meine Seele gesund.' Ich sah mich, mit der Hand auf meinem Herzen, auf diesem lebendigen Herzen, das zu neuem Leben erwacht war. In diesem Augenblick habe ich Gott nicht entdeckt, ich habe ihn wiedererkannt! Alles wurde klar: Es war Gott, der mich geheilt hatte, und er war mein Glück. Seitdem ich glücklich darüber war zu leben, lebte ich aus Gott!

Hinten in der Kirche, aber im Herzen Gottes, fing ich an zu weinen. Ich weinte nicht aus Freude wie im Krankenhaus, sondern aus Liebe zu Gott. Mein Herz sang von dieser Liebe unter Tränen. Seit jenem Tag, an dem ich Gott angenommen habe, weiß ich, daß er in mir wohnt. Ich werde mich immer daran erinnern: Ich habe ‚ja' gesagt wie Maria, meine himmlische Mutter, und meine Seele – von Gnade erfüllt – hat unter Tränen vor Freude gejubelt!"

Einer ist bei mir, ich bin nicht allein,
einer mein Leid teilt und meine Pein.
Mutter Basilea Schlink

Christian – Die Beichte war ein Neubeginn

Von Christian wollte ich wissen, wie er das Prayerfestival im Jahr 2001 erlebte. Er schilderte: „Ich denke, Gott hat an diesem Anbetungswochenende etwas Wunderbares in meinem Leben bewirkt: Ich habe viele neue Gesichter kennen gelernt, und durch das Sakrament der Beichte den Platz für einen Neubeginn in meinem Leben geschaffen. Dafür danke ich Gott!"

Jesus, Maria, Josef, euch schenke ich mein Herz und meine Seele.
Papst Pius XII.

Martin – Hier erfahre ich die Liebe Gottes

Von Martin erfuhr ich, daß das Prayerfestival im Jahr 2001 für ihn nicht ohne Folgen blieb. Begeistert berichtete er: „Ein Prayerfestival ist ein geniales Erlebnis, auch für solche, die noch nie etwas mit Gott zu tun hatten. Die offene und ehrliche Weise hat mich sehr getroffen. Ich liebe das Gefühl, in einer Familie zu sein. Eine Familie der Geborgenheit und des Friedens. Alle stehen, knien oder sitzen vor dem Allerheiligsten. Das Singen mit allen, Zuhören bei Katechesen vereint mich mit allen als Brüder und Schwestern. Hier erfahre ich die Liebe Gottes in einer Art, die ich nicht beschreiben kann, denn seine Liebe zu uns allen ist unendlich. Danke, daß es das Prayerfestival gibt!"

Mit Wohltaten schließt man die Tür zur Hölle
und öffnet die Türe des Himmels.
Jugendapostel Don Bosco

Tibor – Nach drei Selbstmordversuchen fand er den Sinn des Lebens

Als ich Tibor aus Prag begegnete, ahnte ich noch nichts von seiner grauenhaften Vergangenheit. Sein bisheriges Leben war ein einziger Horrortrip. Als er ein Jahr alt war, wurde seine Mutter zu zwölf Jahren Gefängnis verurteilt. Da sein Vater nicht mehr lebte, mußte er in einem Erziehungsheim aufwachsen. Hier erlebte das Kind Spott und Isolation. Als die Mutter die Strafe verbüßt hatte, lebte sie mit einem Trinker zusammen, der sie oft verprügelte. Tibor schilderte seinen Leidensweg:

„Die Erfahrungen, die ich im Erziehungsheim und später bei meiner Mutter zu Hause machte, waren schrecklich. Ich begann, die Menschen zu hassen. Als meine Mutter mich hinauswarf, mußte ich wieder in ein Erziehungsheim. Ich wurde psychisch krank und schnitt mir die Pulsader auf. Die Ärzte konnten mich retten. Ein anderes Mal schluckte ich 500 Tabletten, doch ich mußte sie erbrechen und blieb am Leben. Als mich eine Jugendpsychologin in einen Raum einschloß, geriet ich in Panik und stieß mir ein langes Messer in den Bauch. Wieder konnten mich die Ärzte retten, doch ich wurde in eine psychiatrische Klinik eingewiesen.

Ein gläubiger Arzt bewahrte mich vor dem Irrenhaus. Durch einen Beschluß des Vormundschaftsgerichts kam ich in eine gläubige Familie. Sie versorgte mich kostenlos. Meine Pflegeeltern ließen mich katholisch taufen. Ich hatte damals viele Komplexe, litt unter Einsamkeit und schweren Depressionen. Meine Pflegemutter betete viel für mich. Sie bat mich, nach Medjugorje zu fahren. Als ich dort war, saß ich grübelnd und zweifelnd vor der Kirche. Es kamen Pilger zu mir, und während unserer Gespräche wurde ich plötzlich sehr glücklich und erlebte einen tiefen Frieden. Überall traf ich Menschen, die die Liebe in mir zu meinem Nächsten weckten. Bald verfiel ich wieder in schwere Depressionen. Ich weinte und weinte, dabei machte ich der Gottesmutter schwere Vorwürfe. Ich fragte sie: ‚Warum läßt du mich so weinen, wenn du hier bist?‘ Da kam ein Pater auf mich zu, legte mir die Hände auf den Kopf und segnete mich. Nach diesem Segen fühlte ich eine große Erleichterung. Ich war glücklich und spürte eine aufrichtige Liebe zu den Mitmenschen.“

Als ich mich nach seinen Zukunftsplänen erkundigte, antwortete er: „Am letzten Tag vor meiner Abreise meines ersten Besuches in Medjugorje durchlitt ich schreckliche Seelenqualen. In dieser Verfassung ging ich auf den Erscheinungsberg, dort weinte ich wie nie zuvor in meinem Leben. Langsam näherte ich mich dem großen Kreuz und legte meine Hand auf die Füße des Gekreuzigten. Plötzlich spürte ich einen heftigen Windstoß, der das Kreuz hin und her bewegte. In dieser Stunde erwachte in mir die Sehnsucht nach dem Priesterberuf.“

Auf die Frage nach seinem Befinden erwiderte er: „Ich leide heute nicht mehr unter der Einsamkeit, weil ich Gott und Maria gefunden habe.“

Als er mir berichtete, daß er bereits vier Monate nach seinem ersten Besuch erneut nach Medjugorje gefahren sei, wollte ich den Grund erfahren. Spontan erwiderte er: „Ich bin an diesen Gnadenort gepilgert, um für meine Ganzhingabe an Gott als Priester zu beten. Immer deutlicher spüre ich den Wunsch, die Menschen zum Glauben an Gott zu führen. Seit meiner ersten Pilgerfahrt nach Medjugorje fühle ich mich gedrängt, den Menschen im Glauben zu helfen."

Ich bin fest davon überzeugt, daß dieses geheilte Herz eines Siebzehnjährigen einmal viel Verständnis für die aufbringen wird, die in Not und Elend leben müssen.

Die Buße macht den Menschen unendlich ehrenwerter,
als ihn die Sünde erniedrigen kann.
Bischof Franz von Sales

Marlene –
Es waren die schönsten Tage meines Lebens

Marlene aus Paris sträubte sich gegen alle gutgemeinten Ratschläge ihrer Eltern. Gerade deshalb waren die Eltern fassungslos, als ihre Tochter von einer Pilgerreise nach Medjugorje zurückkehrte und erklärte: „Die Tage in Medjugorje waren für mich die schönsten in meinem Leben. Ich habe mich in meinem Leben noch nie so frei gefühlt."

Marlene durfte an diesem Gnadenort erfahren, daß die wahre Freiheit und der wahre Friede nur bei Gott zu finden sind.

Ich möchte lieber alles verlieren und dich finden, mein Gott,
als alles gewinnen und dich nicht finden.
Kirchenlehrer Augustinus

18 Jahre

Celine – Miss Austria 2002 - Durch meinen Glauben finde ich Frieden

Im Jahre 2002 wurde Celine Roschek zur offiziell schönsten Frau Österreichs gewählt. Gegenüber dem »YOU Magazin« versicherte Celine: „Es ist heute richtig mühsam geworden, die Gebote Gottes zu halten. Es sind viele bedenkliche Dinge so selbstverständlich geworden. Auf uns Jugendlichen lastet ein Riesendruck, und ich denke, es ist schwer, diesem Druck des Zeitgeistes standzuhalten. Ich weiß, daß mir Modeln allein zu wenig wäre. Früher habe ich oft gesagt, daß ich mich voll auf meine Karriere als Geigenvirtuosin konzentrieren möchte. Mittlerweile sehe ich aber ganz klar, daß für mich nur das zählt, was Gott von mir will. Sein Wille ist zentral, alles andere egal. Durch die Liebe zu Gott bin ich fähig geworden zu relaxen. Ich habe keinen Erfolgsdruck mehr. Ich lehne mich einfach zurück und weiß, daß ich geliebt bin, ganz ohne Leistung. Durch meinen Glauben erkenne ich, daß das Leben, welches ich jetzt führe, nicht alles ist. Da draußen gibt es viel mehr als nur Verpflichtungen und einen vollen Terminkalender. Ich strebe nach dem ewigen Leben. Durch diesen Blick verlieren Alltagssorgen ihr Gewicht. Gott ist so viel größer als unsere kleinen Kämpfe. Es lohnt sich, auf Gott zu vertrauen. Ihr müßt wissen, was für euch in eurem Leben wichtig ist. Findet es heraus, und dann steht dazu. Seid keine Fähnchen im Wind. Heute so – morgen so. Diese Welt braucht Menschen mit Rückgrat. Prüft alles und behaltet das Gute. Das Beste ist im Endeffekt Gott."

Wenn der Heilige Geist mehr verehrt wird,
wird er die Kirche verherrlichen und bewirken,
daß ein Hirt und eine Herde werde.
P. Arnold Janssen

Michaela – Jesus macht uns glücklich

Michaela nahm im Jahre 2001 an einem Prayerfestival teil und berichtet über ihre Eindrücke, die wie ein Gebet anmuten: „Jesus, ich danke dir, daß du mir deinen Frieden geschenkt und mir gezeigt hast, daß einfach nur bei dir mein Herz total im Frieden und in der Freude ist. Danke, daß ich ein wenig begreifen durfte, daß du mich liebst! Danke, daß ich durch die Beichte so viel Freude und Liebe empfangen durfte. Jesus, mit dir im Herzen kann ich nicht anders, als dich in die Welt hinaus zu tragen. Gott schenkte mir neues Vertrauen und einen starken Glauben. Halleluja!"

Und Gott wird alle Tränen von ihren Augen abwischen.
Offenbarung 7, 17

Annette – So kam ich aus meinem seelischen Loch heraus

Begeistert schildert Annette ihre Erlebnisse beim Prayerfestival im Jahr 2001: „Für mich war das Prayerfestival ein wunderbares Erlebnis. Ich fand es sehr schön, daß Jesus die ganze Zeit sichtbar war. Man hat ihm alles sagen können, was einen bewegt. Besonders ergreifend fand ich, daß der Priester mit der Monstranz durch die Reihen ging. Keiner hat über andere gelächelt. Jeder gehörte zur Gemeinschaft mit Christus. Alle hatten die gleiche Wellenlänge. So etwas zeigt, daß man nicht ganz allein mit seiner Einstellung und Meinung ist. Ich konnte persönlich an diesem Wochenende viel Kraft schöpfen und es hat mir geholfen, aus meinem seelischen Loch wieder herauszukommen. Vor allem das Sakrament der Beichte hat dazu beigetragen, in dem der Priester so gut zu mir gesprochen hat. Ich möchte allen ein herzliches Vergelt's Gott sagen und dafür beten, daß noch mehr Prayerfestivals stattfinden, denn es war wirklich wunderschön. Danke, Jesus, für alle Gnaden. Preiset den Herrn, Halleluja!"

O komm, mein Heiland, Jesus Christ,
mein's Herzens Tür dir offen ist!
Lied aus dem 16. Jahrhundert

Johannes – Ein wichtiger Meilenstein in meinem Leben

Johannes nahm schöne Eindrücke vom Prayerfestival mit: „Danke, Jesus, für die Gnade und das Verständnis für uns Sünder. Wir dürfen dich preisen, besonders während des Prayerfestivals. Selten zuvor habe ich mich dir so nahe gefühlt und dich so spüren können. Das Einzige, was ich darauf sagen kann, ist: Danke! Danke! Danke! Ich bin mir sicher, daß dieses Wochenende ein wichtiger Meilenstein auf meinem Weg darstellt, der mich um einiges näher zu dir bringt. Ich danke dir für die Gelegenheit, dies alles erleben zu dürfen."

Durch Christi Blut haben wir die Erlösung,
die Vergebung der Sünden nach dem Reichtum seiner Gnade.
Epheser 1, 7

Kim – Durch meinen Vater fand ich den Weg zu Gott und Maria

Kim, ein Mädchen aus den USA, erlebte Gottes Wirken: „Als mein Vater aus Medjugorje nach Amerika zurückkehrte, war er ein anderer Mensch geworden. Seitdem besucht er täglich die heilige Messe und betet den Rosenkranz. Er fastet und beichtet regelmäßig. Viele seiner Freunde wandten sich von ihm ab. Meine Mutter war schockiert und wollte sich scheiden lassen. Papa begann, mit uns Kindern jeden Abend den Rosenkranz zu beten, doch meine Mutter widersetzte sich. Ich betete, daß Gott die Ehe meiner Eltern retten möge. Der Grund für meine Bekehrung war die freudige und friedvolle Ausstrahlung meines Vaters. Sie war so stark, daß ich mich nach dieser Freude und diesem Frieden sehnte.

Trotz aller Anfechtungen blieb mein Vater den Bitten der Gottesmutter von Medjugorje treu. Immer mehr wurde Gott die Mitte seines Lebens, und er vertraute in den größten Schwierigkeiten der Jungfrau Maria. Nach etwa einem Jahr ging die ganze Familie zur heiligen Messe. Wir beten täglich den Rosenkranz und wir versuchen, die Botschaften der Gottesmutter zu leben und zu verbreiten. Mein jüngerer Bruder nimmt seine Freunde mit zur heiligen Messe. Jede Woche trifft sich unser Gebetskreis mit 25 bis 75 Personen zu einer Stunde Katechese und Rosenkranz. Die Freunde meines Vaters, die ihn vorher für religiös überspannt hielten, fahren seit zwei Jahren mit ihm nach Medjugorje. Ich versuche, an unserer Universität die jungen Menschen für die Liebe Gottes und Mariens zu motivieren."

Herr Jesus Christus, ich opfere dir meinen Tag,
meine Arbeit, meine Kämpfe, meine Freuden und Leiden auf.
Gebet der christlichen Arbeiterjugend

Martin – Ein unglaublicher Friede ergriff mein Herz

Beeindruckend ist Martins Bericht über seine Konversion: „Ich komme aus einer jüdisch-orthodoxen Familie. Eines Tages nahm mich eine Bekannte mit in eine katholische Kirche. Das rote Licht, das vor dem Tabernakel brennt, berührte mich sehr, da es mich an die Synagoge erinnerte. Ich verstand nichts von dem Ablauf der heiligen Messe, aber ein unglaublicher Friede erfüllte mein Herz. Gottes Gegenwart und Liebe wirkten so stark auf meine Seele, daß ich es nicht fassen konnte. Ich war so ergriffen, daß ich weinte wie nie zuvor. Als meine Bekannte von den Erscheinungen der Gottesmutter in Medjugorje berichtete, fühlte ich ein großes Verlangen, dorthin zu fahren. Schließlich erreichte ich diesen Ort und erlebte hier einen unaussprechlichen Frieden. In meinem Herzen verstand ich, daß Gott mich als Getauften wollte. Hier in Medjugorje wurde mir klar, wie sehr Maria mich liebt. Ich weinte viel, denn eine solche Liebe hängt nicht von unserem Können ab. Sie ist eine Gabe Gottes. An diesem Ort begann ich zu glauben, das Jesus im Altarsakrament gegenwärtig ist. Er ist das Brot des Lebens.

Ich entdeckte auch das Geschenk der Beichte, dieses wundervolle Sakrament, das von den jungen Leuten noch so wenig verstanden wird. Wenn sie sich doch nur dieses Geschenkes bewußt wären! Wir brauchen die Beichte und die Vergebung so sehr! Jesus ruft uns zu: ‚Gib deine Schuldgefühle auf, gib deine Last ab!' Meine Sehnsucht nach der Taufe und der heiligen Kommunion wurde immer größer. Als Jude machte mich die Anwesenheit Mariens betroffen, denn die Rolle der Mutter ist in der jüdischen Familie sehr wichtig, sie ist immer anwesend, sie sichert die Stabilität, sie schenkt ihr beständige Zärtlichkeit. Meine Eltern waren sehr verletzt, als ich katholisch wurde, aber meine Mutter liebt mich genauso wie vorher.

Hier in Medjugorje kommt Maria jeden Tag zur selben Stunde, sie ist immer dieselbe, und unser Leben braucht diese Stabilität. Wir alle brauchen eine Mutter, eine mütterliche Liebe. Gott hat uns so geschaffen. Die ersten Tage unseres Lebens verbringen wir im Zimmer unserer Mutter, wo wir genährt und geliebt werden. Im geistlichen Leben brauchen wir auch eine Mutter! Und für uns alle ist das Maria, ob wir nun Juden, Protestanten, Katholiken, Atheisten sind: Sie liebt uns alle! In der von Gott bestimmten Zeit werden wir alle auf einen einzigen Ölbaum gepfropft werden, und das jüdische Volk wird sehen, daß Jesus der Messias ist. Nicht wir wählen Jesus, sondern Jesus wählt uns. Das einzige, was wir zu tun haben, ist: unser Herz öffnen und ja sagen."

Dein Wille sei der meine.
Ihm will ich folgen, mit ihm ganz und gar übereinstimmen.
Nachfolge Christi

Damir – Niemand konnte mir helfen

Als ich mit Damir sprach, ahnte ich noch nicht, welcher Leidensweg hinter ihm lag. Bereitwillig schilderte er das, was Gott und Maria an ihm getan hatten: „Nach fünf Gehirnoperationen wurde ich nach Hause entlassen. Da ich nicht mehr gehen konnte, wurde ich getragen. Man fütterte mich wie ein kleines Kind. Ich konnte aber nur ganz wenig Nahrung zu mir nehmen. Ein halbes Jahr lang lag ich im Bett. Da ich keine Kontrolle mehr über meinen Körper hatte, ließ ich alles ins Bett gehen. Ich konnte weder sprechen noch richtig sehen. Nach Monaten konnte ich ein wenig gehen, ungefähr wie ein Betrunkener, aber der rechte Arm und das rechte Bein waren halb gelähmt. Bei Gehversuchen stolperte ich oft. Ich spürte keine Schmerzen. Die Ärzte erklärten mir, daß ich ein großer Invalide werde, das heißt bei uns in der Herzegowina, daß ich nur wenig Chancen hätte, diese Krankheit zu überleben. Niemand konnte mir helfen. Meine Eltern wußten genau, wie krank ich war, und brachten mich an den Wallfahrtsort Medjugorje. Nach der heiligen Messe in der Pfarrkirche wurde für die Kranken gebetet. Vicka, eine der Seherinnen, legte mir die Hand auf und betete, während mich meine Mutter und eine Nachbarin stützten."

Als ich ihn fragte, was er bei diesem Krankengebet empfunden habe, antwortete er: „Ich spürte plötzlich, wie meine Hilflosigkeit verschwand, und gleichzeitig fühlte ich mich wie neu geboren. Meine Mutter fragte die Seherin Vicka, was sie an meiner Stelle beten könnte, denn ich war wegen meiner Krankheit nicht mehr in der Lage, irgend ein Gebet zu verrichten. Ich hörte in diesem Augenblick alles mit einer neu gewonnenen Klarheit, aber ich schwieg, denn ich genierte mich, in Gegenwart der Nachbarin etwas zu sagen. Als sie weg war, erzählte ich meinen Eltern, was ich während des Gebetes für die Kranken durch Vicka erlebt hatte. Danach wurde es von Tag zu Tag besser. Bereits nach einem Monat waren alle Symptome der Krankheit verschwunden. Bevor ich zur Arbeit ging, untersuchte mich ein Arzt. Er stellte fest, daß mir nichts fehlte und daß ich arbeitsfähig sei. Die Ärzte, die mich fünfmal am Gehirn operiert haben, können nicht glauben, daß ich noch lebe."

Damir bat mich, seine Haare etwas zur Seite zu schieben. Sofort erkannte ich eine Vertiefung in der Schädeldecke in der Größe eines Hühnereis. Ein Teil der Schädeldecke hatte wegen des komplizierten chirurgischen Eingriffs entfernt werden müssen. Diese Vertiefung war das einzige, was an die gefährliche Krankheit erinnerte. In Damirs Gehirn hatten sich aus geronnenem Blut Pfröpfe gebildet, die die Blutgefäße verstopften. Durch die geringe Blutzufuhr wurde das Gehirn nicht mehr mit der erforderlichen Menge Sauerstoff versorgt. Die Folge war das Absterben der Gehirnzellen, die sich im Gegensatz zu anderen Zellen nicht regenerieren. Durch den Verlust dieser Gehirnzellen traten die typischen Symptome auf: Sprachverlust, Einschränkung der Sehfähigkeit, Gleichgewichtsstörungen, die Unfähigkeit, den Körper unter Kontrolle zu halten, Verlust der Gehfähigkeit und schwere Lähmungserscheinungen. Durch das Gebet der Seherin Vicka erneuerte Gott auf die Fürbitte Mariens diese abgestorbenen Gehirnzellen. Damir gab mir einen dreizehn Seiten langen Krankenbericht. Aus diesen ärztlichen Unterlagen geht klar die Diagnose hervor: Ausweitung der Hirninnenräume durch Hirnwasseransammlung und venöse Blutung zwischen Gehirn und Schädel. Bei meinem Gespräch kam immer wieder Damirs große Dankbarkeit gegenüber Gott und Maria zum Ausdruck.

Gott will, daß alle Menschen gerettet werden
und zur Erkenntnis der Wahrheit gelangen.
1 Timotheus 2, 4

Yonggi – Das Todesurteil

Yonggi wurde in Nordkorea geboren. Er war ein gesunder Junge, bis eines Tages ein Lehrer in einem Wutanfall auf seine Brust sprang. Dieser

Vorfall verursachte bei ihm jahrelange Beschwerden, die zu seiner schweren Krankheit führten. Mit achtzehn Jahren hörte Yonggi das Todesurteil aus dem Munde seines Arztes: „Der mittlere Teil deiner rechten Lunge ist völlig zerstört. Der obere Teil ist zusammengefallen, und die Höhle ist mit Blut gefüllt. Außerdem leidest du an Rippenfellentzündung und schweren Kreislaufstörungen. Und da du dich unter schlechter Ernährung zur Arbeit gezwungen hast, ist dein Herz ungewöhnlich erweitert, und das Blut kann nicht normal zirkulieren. Auch die linke Lunge ist von Tuberkulose befallen. Sie ist durchsetzt wie eine Honigwabe. Das Stadium des Zerfalls ist bereits eingetreten. Wir können dir nicht mehr helfen."

Da Yonggi bettelarm war, konnte er sich weder Medizin noch ein Sanatorium leisten. Er lag in seiner kleinen Hütte und wartete auf den Tod. Seine Flehrufe zu Buddha blieben ungehört. In Furcht und Verzweiflung betete er: „Gibt es einen Gott? Wenn es einen im Universum gibt, der Gott heißt – bitte komm! Ich bitte dich nicht, mein irdisches Leben zu retten, das ist zuviel erwartet, aber ich möchte, daß du kommst und mich zum Sterben bereit machst. Wenn du mir aber mein Leben zurückgeben kannst, verspreche ich dir, daß ich für den Rest meines Lebens dir dienen und anderen helfen will." Als sein Vater ihn trösten wollte, erklärte er ihm: „Ich gebe Buddha und alle Philosophen auf, denn sie können mir nicht helfen."

Yonggi begann, seinen Vater und Buddha zu hassen. Sein Gebet zu dem unbekannten Gott war nicht unerhört geblieben. Bald besuchte ihn ein junges Mädchen. Es hatte eine Bibel dabei und sagte ihm: „Ich sehe, daß du im Sterben liegst. Ich möchte dir von Jesus Christus, meinem Heiland, erzählen." In seiner Not und Verzweiflung verfluchte er das Mädchen und wollte es davonjagen, aber er hatte keine Kraft mehr. Als das Mädchen am fünften Tage wieder kam, regte sich etwas in Yonggis Herzen. Er fragte: „Warum kommst du zu mir? Ich bin ein sterbender Mann. Warum betest du für mich?" Das Mädchen antwortete: „Ich habe einen, der in mir ist und der mich anhält, zu dir zu kommen und für dich zu beten." Als es zu weinen begann, war Yonggis Halsstarrigkeit gebrochen, auch er weinte. Dann sagte er: „Ich möchte deinen Jesus kennen lernen." Darauf gab ihm das Mädchen die Bibel und verließ Yonggi für immer. Er erfuhr nie, woher es gekommen war. Wer in Korea Christ werden möchte, verliert alles, er wird aus der Familie ausgestoßen. Yonggi machte sich auf die Suche nach Jesus Christus. Er fand einen Missionar, der ihm versicherte: „Es ist nicht Gottes Wille für dich, daß du sterben sollst. Du bist ein junger Mann. Wenn du dem Wort Gottes Glauben schenkst, hat es eine ungeheure Kraft. Wenn du glaubst, wird Gottes Wort dich heilen."

Yonggi wurde von dem Missionar aufgenommen. Darauf schloß er sich in ein Zimmer ein und begann, zu Jesus zu beten. Er betete einen ganzen Tag und eine halbe Nacht. Alle Kräfte hatten ihn verlassen, er war total erschöpft, und er ruhte sich aus. Am nächsten Morgen spürte Yonggi die Gegenwart Jesu, dann sah er ihn und hörte seine Worte: „Ich habe einen Platz in der Herrlichkeit für dich bereitet und für alle diejenigen, die an mich glauben und mir folgen. Willst du dich ganz für meinen Dienst hingeben?" Yonggi rief: „Jesus, du weißt, daß ich sterbe. Wie kann ich dir diesen schmutzigen Körper übergeben?" Jesus erwiderte: „Übergib mir dein Leben und ich mache dann alles Weitere." Yonggi berichtete über dieses einschneidende Erlebnis: „Dann berührte er meinen Kopf. Ich fing an zu zittern, wie von einem mächtigen Wind geschüttelt. Etwas Herrliches kam aus meinem tiefsten Innern. Herrlichkeit kam in mein Herz. Als der Morgen angebrochen war, vergaß ich meine Lunge und mein Herz und rannte zur Mission, wo ich heftig klopfte."

Yonggi berichtete dem Missionar von der Begegnung mit Jesus. Kurze Zeit später wurde er im Krankenhaus erneut untersucht. Die Ärzte stellten fest, daß Yonggi kerngesund war. Nach dieser plötzlichen Heilung begann er, von Jesus Zeugnis zu geben. Er wurde zu einem mächtigen Glaubensboten für Südkorea.

Jesus, Maria, Josef, steht mir bei im Todeskampfe!
Papst Pius XII.

Tom – Meine Hände wurden vom Lenkrad weggezogen

Tom hatte sich entschlossen, Gott den Rücken zuzukehren. Immer öfters kam er spät nach Hause. Bei Alkohol verbrachte er die Nächte in schlechter Gesellschaft. Schließlich nahm er Drogen, und eines Tages schwänzte er die Schule. Es ging immer mehr bergab mit ihm. Eines Abends sagte sein Vater: „Tom, ich habe etwas Neues gelernt, das du noch nicht verstehen wirst. Ich werde dich jetzt Gott übergeben. Ich werde jetzt ihm vertrauen, daß er das tut, was für dein Leben am besten ist. Ich habe das beste getan, was ich tun konnte, und es hat nichts genützt; also laß ich jetzt Gott mit dir machen, was er für gut findet. Ich verspüre im Hinblick auf dich nun einen großen Frieden, und ich danke Gott buchstäblich für dein Leben, gerade so wie es ist.“

Tom berichtete über diese merkwürdige Begegnung mit seinem Vater: „Als ich diese Worte hörte, dachte ich, daß mein Vater den Verstand verloren habe. Nach diesem Gespräch setzte ich mich in den Wagen, um meine Freunde zu irgendeinem Abenteuer abzuholen. Ich fuhr gerade mit hoher Geschwindigkeit auf der Autobahn, als eine unsichtbare Macht meine Hände vom Steuerrad wegzog. Vor Schreck war ich wie gebannt und hatte Angst, einen Unfall zu verursachen. Plötzlich hörte ich eine Stimme, die sagte: ‚Fahre an die Seite und halte an.‘ Ich konnte nicht sagen, von wo die Stimme kam, aber ich versuchte, nach dem Steuer zu greifen, um von der Straße abzubiegen. Diesmal konnte ich mit Leichtigkeit das Lenkrad fassen. Sofort bog ich ab und hielt an. Wieder hörte ich diese Stimme, deutlich vernahm ich: ‚Dein Vater hat dich mir übergeben.‘ Ich konnte es nicht fassen, ich dachte: ‚Das kann doch nicht Gott sein. Er existiert doch gar nicht.‘ Dann sagte die Stimme: ‚Willst du jetzt bereuen und mich um meine Vergebung bitten?‘ In diesem Augenblick erkannte ich meine Sünden. Ich spürte, was für ein elender Mensch aus mir geworden war. Plötzlich fing ich an zu weinen und bat Gott immer wieder, mir zu vergeben. Als ich für alles, was mir einfiel, um Vergebung gebeten hatte, wurde ich innerlich mit Freude erfüllt. Ich weinte und lachte zur gleichen Zeit.“

Seit diesem Erlebnis hat Tom sein Leben Gott übergeben. Das Gebet seiner Eltern und das Eingreifen Gottes auf einem Highway in den USA haben ihn vor einem gefährlichen Abgrund bewahrt.

Wir dürfen uns niemals eine Gelegenheit entgehen lassen,
die der Herr uns bietet, um Gutes zu tun.
Jugendapostel Don Bosco

Anna-Maria – Gott führte mich aus einer Scheinwelt in seine barmherzigen Arme

Im Sommer 2001 berichtete mir Anna-Maria aus ihrem Leben: „Ich bin in einer katholischen Familie aufgewachsen und wurde ganz normal zu den Sakramenten geführt. Wir gingen nicht regelmäßig sonntags in die Kirche. Meine Mutter betete mit uns Kindern nur abends vor dem Schlafen und manchmal vor dem Essen. Ich hatte eine schöne Kindheit und immer das Gefühl, geliebt zu sein. Mit meinen Geschwistern bin ich relativ gut klar gekommen. Als ich älter wurde, habe ich mich für Musik, Partys und Jungs interessiert. Immer mehr verschloß ich mich vor meinen Eltern und baute mir meine eigene kleine Scheinwelt auf. Ich fühlte mich durch eine Fernsehsendung immer mehr zu Michael Jackson hingezogen. Es fing ganz harmlos an, aber bald drehte sich mein Denken und Handeln nur noch um diesen Sänger. Ich dachte oft stundenlang über ihn nach. In Gedanken fing ich an, ihm alles zu erzählen. Er war mein Vorbild, ich schminkte und kleidete mich wie er. Es hätte nicht mehr viel gefehlt, und ich hätte ernsthaft zu ihm gebetet. Ich habe auch immer gedacht, wenn mein Idol stirbt, dann bringst du dich auch um.

Als ich etwa dreizehn Jahre alt war, fuhren meine Eltern mit mir nach Medjugorje. Ich sträubte mich dagegen, weil ich nicht einsah, warum ich meine Ferien an irgendeinem Wallfahrtsort verbringen sollte. Als ich dann nach Medjugorje kam, war ich nach ein paar Tagen total begeistert. Dort beichtete ich nach drei Jahren wieder. Zuhause nahm ich mir vor, die Botschaften der Gottesmutter zu leben, aber ich hatte noch nicht erkannt, daß ich in meiner Michael Jackson Hysterie einen Götzen anbetete. Es kam dann so, daß ich eines nachts in meinem mit Postern tapezierten Zimmer aufwachte und eine totale Panik hatte. Ich wußte aber nicht warum und wovor. Die Angst wurde immer schlimmer, ich hatte das Gefühl, daß jemand oder etwas in meinem Zimmer war. Da fiel mein Blick auf ein Bild von Michael Jackson, und da wußte ich, daß ich vor ihm Angst hatte. Ich nahm das Bild herunter und konnte wieder ruhig schlafen. Am nächsten Tag nahm ich alle Poster, Bilder und andere Gegenstände aus meinem Zimmer und warf sie weg. Ähnliche Erfahrungen hatte ich dann noch öfters, bis ich alle Sachen, die mit Michael Jackson zu tun hatten, aus meinem Zimmer entfernt hatte. Von da an wollte ich nichts mehr von diesem Idol wissen.

Als ich fünfzehn Jahre alt war, fuhr ich mit der Gemeinschaft Totus Tuus nach Medjugorje. Das war eine ganz besondere Erfahrung für mich, weil ich sonst keine Jugendlichen kannte, die den Glauben konsequent leben. Meine Freunde in der Schule bekamen dann schon mit, daß sich meine Einstellung geändert hatte und daß ich viele Sachen einfach total anders sah. Aber weil ich dadurch nicht an Ansehen verloren hatte, wollte ich mein altes Leben nicht aufgeben. Ich versuchte, beides unter einen Hut zu bringen. Ich fing an zu rauchen, auf Partys zu gehen und mehr Alkohol zu trinken. Immer wieder hatte ich einen neuen Freund. Aber ich wurde immer unglücklicher, ich konnte mich bald selbst nicht mehr leiden. Trotzdem lebte ich in dem Bewußtsein, ein gutes Leben zu führen, da ich ja an Gott glaubte, betete, zur Messe ging und nicht ganz so schlimm war wie meine Freundinnen.

Mit sechzehn Jahren ging ich dann mit meiner Familie für ein Jahr in die USA. Dort führte ich mein zweigleisiges Leben weiter. Ich stritt mich oft mit meinen Eltern, es war mir total egal, was sie zu irgend etwas sagten. Dort ging ich auch eine ziemlich unglückliche Beziehung mit einem Jungen ein, in der wir total in der Unkeuschheit lebten. Als die Sache mit dem Jungen vorbei war, weil wir wieder aus Amerika ausreisen mußten, sah ich in meinem Leben keinen Sinn mehr. Ich dachte: ‚Zu Gott kann ich jetzt auch nicht mehr gehen, nach all dem, was ich getan habe.‘ Ich war durch diese Beziehung so enttäuscht und verletzt, daß ich anfing, eine Mauer um mein Herz zu bauen. Ich wollte niemand mehr an mich heranlassen, aus Angst, wieder verletzt und ausgenutzt zu werden.

In meiner Not suchte ich dann einen Priester auf und hatte ein sehr gutes Beichtgespräch. Als der Priester mir dann die Lossprechung von all meinen Sünden gab, wurde mir bewußt, daß Jesus Barmherzigkeit und Liebe bedeutet. Mir wurde bewußt, daß Jesus mich in der Beichte in seinem Blut von allen Sünden reinigte und daß ich ihm vollkommen vertrauen konnte. Es wurde mir bewußt, daß Jesus mich wirklich liebt, und zwar so wie ich bin. Zum ersten Mal erfuhr ich Jesus als meinen persönlichen Retter und als guten Hirten, der seine Herde verläßt, um das verlorene Schaf zu suchen. Nachdem wir wieder in Deutschland waren, machten wir eine Pilgerreise zu bedeutenden Wallfahrtsorten. Diese Fahrt trug noch viel zu meiner Bekehrung bei.

Heute kann ich sagen, daß ich meine Eltern und Geschwister liebe. Und wenn meine Eltern nicht so viel für mich gebetet hätten, hätte ich mich wahrscheinlich nie bekehrt. Früher dachte ich, daß ich etwas verpasse oder mir etwas weggenommen wird, wenn ich mich für den Glauben entscheide. Aber genau das Gegenteil ist der Fall. Mit jeder Sache, die ich loslasse, bekomme ich eine größere Freude und mehr Frieden. Je mehr ich mich auf Gott einlasse, desto reicher wird er mich beschenken. Nun kann ich sagen, daß ich sehr dankbar bin, weil die Gottesmutter so hart um mich gekämpft hat. Ich weiß jetzt, daß sie mich an der Hand hält und Schritt für Schritt näher zu ihrem Sohn Jesus führt.“

Ich sehe dich in tausend Bildern, Maria, lieblich ausgedrückt,
doch keins von allen kann dich schildern, wie meine Seele dich erblickt.
Novalis (Dichter)

Theresa – Jesus hat mir den Kopf verdreht

Mit großer Begeisterung berichtet Theresa über ihre Eindrücke bei einem Treffen mit jungen Menschen: „Ich bin gerade von einem Prayerfestival zurückgekommen und jetzt so begeistert von dem, was ich dort alles erleben durfte, daß ich euch alle unbedingt an meiner Freude teilhaben lassen möchte. Ganz egal, wie ihr im Moment zu Jesus und dem Glauben steht: Es lohnt sich zu kommen! Das können euch alle bestätigen, die mit dabei waren! Ihr werdet nette Menschen kennen lernen; aufrichtige, fröhliche Menschen, einer netter als der andere; Zeugnisse von Jugendlichen helfen euch, das Leben mit Gott zu bejahen; sie bezeugen, daß Jesus wirklich existiert – und daß er das pure Glück ist! Wir beten und singen Lobpreislieder, und die ganze Zeit ist das Allerheiligste ausgesetzt. Ein Wochenende mit Jesus und vielen netten Jugendlichen; und mit Priestern, die euch von der Last der kleinen und großen Seelenwehwehchen befreien. Ich bin noch so überwältigt, daß ich es nicht in Worte fassen kann. Ihr müßt das schon selbst miterleben. Ich weiß nur eines: Jesus hat mir den Kopf verdreht, und ich hoffe, das hält noch länger an, zumindest bis zum nächsten Prayerfestival.“

Im Kreuz ist Heil!
Bischof Franz von Sales

19 Jahre

Marie-Luise – Ich kann wieder sehen

Freunde und Angehörige hatten das blinde Mädchen zu dem bekannten Wallfahrtsort Lourdes gebracht. Marie-Luise war neunzehn Jahre alt. Sie hatte den Wunsch, bei der Prozession mit dem Allerheiligsten dabei zu sein. Ihre Freundin bat sie, ihr mitzuteilen, wenn der Priester die Monstranz mit dem Leib Christ an ihr vorbeitragen werde. Als ihr die Freundin sagte, daß Jesus in der heiligen Hostie an ihr vorbeikomme, warf sich die Binde auf die Knie und betete: „Herr, wenn du willst, kannst du mich gesund machen! – Herr, mach, daß ich sehe!“

Im gleichen Moment bemerkte Marie-Luise ein blendendes Licht und spürte einen stechenden Schmerz. Plötzlich konnte sie die betenden Pilger und Jesus im Allerheiligsten Sakrament sehen. Ihr vertrauendes Gebet hatte Erhörung gefunden.

Der Menschensohn ist nicht gekommen,
um Menschen zu vernichten, sondern um sie zu retten.
Lukas 9, 56

Tatjana – Der Drogenhölle entronnen

Mit dreizehn Jahren kam Tatjana immer mehr vom rechten Weg ab. Sie wollte im Mittelpunkt stehen und die Erwachsenen nachahmen. Sie sah bald nur noch in der Unterhaltung und im Vergnügen den Sinn ihres Lebens. Immer mehr entfernte sie sich von ihrer Familie. Sie tat, was sie wollte. Viel zu spät erkannte sie, wie das Böse eine erschreckende Macht über sie gewann. Sie schildert: „Es blieb mir nur das Heroin, das mich zugrunde richtete. Ich wurde zu einer wirklichen Sklavin, spürte nur noch Kälte und Gefühllosigkeit und hatte das Empfinden, als hätte mich etwas meiner Persönlichkeit beraubt. In meiner Familie gab es keinen Platz für Gott. Ich wurde so erzogen, als ob es außer der menschlichen Kraft keine Hilfe gäbe. Aber ich brauchte dringend Hilfe, die mir niemand geben konnte.“

In dieser schwierigen Lebensphase lernte Tatjana die Gemeinschaft Cenacolo kennen, die von Schwester Elvira gegründet wurde. Sie berichtet über ihren Eintritt in diese Gemeinschaft: „Mein Weg in diese Gemeinschaft war nicht leicht. Es war sehr schwer für mich, mir einzugestehen, daß ich mein Leben falsch gelebt hatte. Oft hatte ich die Versuchung, wieder alles stehen zu lassen und einen leichteren Weg zu gehen und vor der Wahrheit zu fliehen. Ich konnte nicht die Hilfe der anderen akzeptieren, weil ich in mir so hochmütig war. Die Worte von Schwester Elvira bei einem Gespräch vor meinem Eintritt in die Gemeinschaft machten mir oft Mut und gaben mir die Zuversicht, daß es auch noch etwas Gutes in mir gebe, und daß trotz allem die wahre Tatjana einmal ans Licht kommen würde.“

Die ehemals Drogenabhängige erinnert sich: „Ich denke, daß das Größte, das mir durch die Gemeinschaft geschenkt wurde, das Sakrament der Taufe ist. Der Herr hat mir durch die Taufe alle meine Sünden verziehen – so fühle ich mich ganz neu und rein. Das hat in mir den großen Wunsch ausgelöst, mein Leben dem Dienst an den anderen zu widmen. Dies ist nicht immer leicht und verlangt viel Opferbereitschaft. Man muß die eigene Faulheit bekämpfen, den Wunsch nach eigenem Vergnügen vergessen, sich selbst annehmen, wie man ist, und die anderen lieben, so wie Gott sie geschaffen hat. Jedes Mal, wenn mir das gelingt, fühle ich mich glücklich und fröhlich, mit jener Freude erfüllt, die mir niemand mehr rauben kann. Mein Leben in der Gemeinschaft ist sehr reich und interessant geworden. In mir blühen neue positive Gefühle für das Leben. Ich versuche, so zu leben, wie es mir das Evangelium vorschlägt. In der Gemeinschaft entdecke ich zusammen mit den anderen Mädchen täglich von Neuem die Gaben, die mir Gott geschenkt hat. Auf diesem Weg der Selbsterkenntnis möchte ich noch lange weitergehen, um noch viel mehr von dem Guten und Schönen in mir zu entdecken. Ich möchte nach den göttlichen Geboten in mir leben und das Leiden, die Freude und den Erfolg annehmen. So wird jede Schwierigkeit zur Liebe und jedes Leiden zum Glück. Am Ende des Tages gehe ich müde zu Bett, aber mein Herz ist voll Liebe, die ich von Gott und den

Schwestern den Tag über bekam. Ich danke Gott, Schwester Elvira und allen Schwestern und Brüdern, die mir geholfen haben, den Sinn des Lebens zu finden."

Liebevolles Herz Jesu, erbarme dich unser
und unserer irrenden Brüder und Schwestern.
Papst Pius X.

Peter – Wie nah durfte ich Jesus spüren

Tief beeindruckt vom Prayerfestival im Frühjahr 2001 schildert Peter seine Eindrücke und Empfindungen: „Mir sind hier vor dem Allerheiligsten viele Gnaden geschenkt worden. Die Ruhe und der Frieden, die hier bei der Nachtanbetung um das Allerheiligste sind, haben mich beeindruckt. Und das Heilungsgebet war wirklich der Höhepunkt des Wochenendes. Wie nah durfte ich Jesus spüren. Ich habe gefühlt: Er ist wirklich da. Dadurch kann ich das Kommunizieren auch wieder besser verstehen. Beim Heilungsgebet habe ich nur seinen ‚Mantel' berühren dürfen und schon so viel erlebt – was geschieht dann erst mit mir, wenn Jesus sich ganz mir gibt? Da berühre ich ihn nicht, da kommt er zu mir, ganz. Gebetswochenenden wie dieses, der Weltjugendtag in Rom und die Medjugorjefahrt geben einem immer einen neuen Aufschwung, eine Bestärkung im Glaubensleben. Ich bin froh, daß ich hier sein darf, so daß mein Glaube wieder aufflammt."

Maria, ohne Sünde empfangen, bitte für uns,
die wir unsere Zuflucht zu dir nehmen.
Katharina Labouré

Jürgen – Wir stumpfen immer mehr ab

Beim Prayerfestival im Jahr 2001 machte sich Jürgen Gedanken über die großen Gegensätze: „Ich denke, wir leben in einer Zeit, in der Information, Bilder und Nachrichten nur so auf uns hereinprasseln, wir stumpfen immer mehr ab und haben Mühe, Wichtiges von Unwichtigem zu unterscheiden. Bei den Anbetungswochenenden habe ich immer wieder erlebt, wie ich selbst und andere neu zum Leben aufblühen und die Freude noch lange im Alltag nachwirkt. Mich fasziniert auch, daß wir hier gemeinsam die Sakramente, welche die Kirche uns schenkt, immer tiefer erfahren dürfen. Ich habe bei der Beichte sowie beim eucharistischen Einzelsegen große Gnaden für mich empfangen dürfen."

Gott schaut nicht auf die Vielzahl der Handlungen,
sondern darauf, wie ich sie vollbringe.
Er fordert das Herz und nichts anderes.
Papst Johannes XXIII.

Steve – Gott schenkte mir ein zweites Leben

Steve aus Kanada berichtet über seine Jugenderfahrungen: „Mit vierzehn Jahren machte ich zum ersten Mal Bekanntschaft mit Alkohol und Drogen. Sehr häufig befand ich mich auf einem Trip. Ich mußte stehlen, um an meinen ‚Stoff' zu gelangen. Fünf Jahre lang führte ich dieses ungeordnete Leben, das mich immer mehr anekelte. Meine Eltern erzählten mir oft von den wunderbaren Ereignissen in Medjugorje. Sie organisierten Pilgerfahrten dorthin und baten mich, mit ihnen zu fahren. Lange Zeit sträubte ich mich dagegen, weil ich kein Interesse hatte.

Dann hatte ich den Wunsch, nach Medjugorje zu fahren, und so startete unsere Familie nach Bosnien. Als wir in Medjugorje ankamen, war ich sehr beeindruckt von der Einfachheit der Leute. Ich spürte deutlich, daß die Menschen hier glücklich sind, und so schloß ich mich den Leuten an. Ich kannte keine Gebete, aber ich lernte bald, wie man betet. Ich war überrascht, als ich merkte, daß mir das Beten nicht schwer fiel. Am 15. September ging ich mit einer Pilgergruppe den Kreuzberg hinauf. An jeder Kreuzwegstation wurde angehalten und gebetet. Ich machte alles den Leuten nach. An der zwölften Station begann ich zu weinen, den Grund dafür wußte ich selbst nicht. Ich weinte wie ein Kind. Plötzlich hörte ich einen Pilger aus unserer Gruppe sagen: ‚Jemand von uns ist von Drogen geheilt worden. Gott hat diesem Menschen eine außerordentliche Bekehrung zuteil werden lassen.' Als ich diese Worte hörte, erlebte ich einen tiefen Frieden und eine große Freude. Sofort begann ich, Gott für seine Gnaden zu danken. Hier an dieser Stelle erlebte ich meine Bekehrung, hier hatte Gott in mein Leben eingegriffen. Erst später wurde mir die Tragweite dieser zwölften Station bewußt. Jesus ist gekommen, um für unsere Sünden zu sterben, damit wir leben können. Jesus ist wirklich für mich gestorben, um mich von meinen Sünden zu befreien. Ich erkannte, daß mir in Medjugorje ein zweites Leben geschenkt wurde. Mein Herz öffnete sich für Gott, und mein Glaube wurde immer lebendiger.

In Medjugorje legte ich eine Lebensbeichte ab, danach spürte ich die Nähe der Gottesmutter. Ich fühlte, daß ich geliebt wurde. Immer mehr kam mir zum Bewußtsein, daß ich nach meiner Rückkehr einen Schlußstrich unter mein bisheriges Leben ziehen mußte. Ich mußte auf Menschen verzichten, die mir vorher viel bedeutet hatten. Ich verlor meine Freundin, denn ich konnte nicht mehr wie bisher mit ihr zusammenleben, ohne Gott zu beleidigen. Dies war ein schwerer Schlag für mich. Immer klarer erkannte ich, daß man nach den Geboten Gottes leben muß. Ich habe keinen Beruf erlernt. Bei meinen bisherigen Arbeitgebern fand ich niemals das, was ich wünschte. Gott gab mir jetzt eine Arbeitsstelle, die ich sehr liebe. Seit zehn Monaten bin ich in der Kirche meiner Pfarrgemeinde als Küster tätig. Das ist für mich großartig, denn früher konnte ich nur wenige Wochen einer Arbeit nachgehen. Es ist für mich eine große Gnade, so nahe bei Jesus einen Arbeitsplatz zu haben. Ich habe den Wunsch, Priester zu werden. Gott hat Wunder in meinem Leben vollbracht. Ich will das tun, was er will und nur noch in seiner Gnade leben. Ich danke Gott für das, was er für mich getan hat und noch tun wird."

Was habe ich im Himmel außer dir?
Neben dir erfreut mich nichts auf der Erde.
Psalm 73, 25

Sarah – Gott führte mich aus meiner Traurigkeit heraus

Als ich mich im Sommer 2001 nach Sarahs Kindheit und Jugend erkundigte, gab sie folgendes Zeugnis: „Ich wuchs als Scheidungskind mit meinem Bruder, meiner Mutter und meiner Oma auf. Mein Vater, der befördert wurde und eine hohe Stellung im Schuldienst hatte, stand wegen Bigamie vor Gericht. Der Prozeß zog sich einige Jahre dahin, meine Mutter mußte während dieser Zeit sehr große Opfer bringen, trotzdem schaffte sie es, uns Kinder möglichst wenig damit zu belasten, und so kann ich mich auch an sehr viele glückliche Momente in meiner Kindheit erinnern.

Je älter ich wurde, desto ähnlicher wurde ich meinem Vater äußerlich, und ich hatte immer ziemlich gute Leistungen in der Schule. Man fing an, mich mit meinem Vater zu vergleichen, und es belastete mich immer mehr, wie jemand zu sein, den ich kaum kannte. Am Ende des Prozesses sagte mein Vater, daß er uns nicht wiedersehen wollte. Danach fühlte ich mich abgelehnt und ungeliebt. Von da an konnte ich es nicht mehr ertragen, wie jemand anderes zu sein, mich so wie andere zu verhalten oder zu kleiden. Innerlich wurde ich ziemlich kalt. Was den Glauben betrifft, so wurde ich zu den Sakramenten der Kirche geführt, jedoch beteten wir außerhalb der Gottesdienste so gut wie nie in der Familie zusammen. Trotzdem wurde es gerne gesehen, daß ich Meßdienerin wurde und mich auch sonst in der Gemeinde engagierte.

Als ich ins Jugendalter kam, wurde es zu Hause sehr schwierig. Ich hatte ständig Streit mit meiner Mutter, da ich mich unfrei und unglücklich fühlte. Um mein Herz hatte ich eine Mauer gebaut, so daß mir die Gefühle meiner Mutter relativ gleichgültig waren. Unter Gleichaltrigen setzte ich Masken auf, damit mir niemand zu nahe kommen und mich verletzen konnte. Innerlich rebellierte ich aber auch gegen das normale Verhalten Jugendlicher, denn ich wollte anders sein, weil ich mich nach Liebe sehnte. Durch mein Absondern war ich häufig sehr einsam. Damals hielt ich mich für einen guten Christen, da ich meine Christenpflicht scheinbar gut erfüllte: ich war in der Gemeinde aktiv und ging sonntags zur heiligen Messe. Es stellte sich allerdings heraus, daß auch der Aktionismus in unserer Kirchengemeinde mir in meiner Traurigkeit nicht helfen konnte. Mir fehlte eine lebendige Beziehung zu Gott."

Auf die Frage, wie eine Wende in dieser Situation eintrat, erwiderte Sarah: „Eines Tages jedoch wurde die Samstagabendmesse von einer Gruppe Jugendlicher, die der Gemeinschaft Totus Tuus angehören, durch Musik, Gesang und Glaubenszeugnisse gestaltet. Ich war so begeistert und innerlich angesprochen, daß ich am nächsten Tag noch einmal die heilige Messe besuchte. So etwas hatte ich in der katholischen Kirche nicht für möglich gehalten, daß es Jugendliche gab, die eine solche Begeisterung ausstrahlten. Kurz nach diesem Erlebnis fuhren wir als Gemeindejugend für einen Tag in eine neue geistliche Gemeinschaft. Gegen Abend wurde uns gesagt, daß auch die Möglichkeit zur Beichte bestehe, was mir erst sehr fremd vorkam, denn seit der ersten und einzigen Beichte vor der Erstkommunion hatte ich nicht mehr gebeichtet. Da ich aber immer tat, was andere nicht taten, ging ich hin. In dem Beichtzimmer empfing mich eine solch friedliche Atmosphäre, daß ich nicht anders konnte, als dem Priester alles, auch alle Schwierigkeiten zu Hause, zu erzählen. Nach der Beichte gab mir der Priester als Buße auf, nach Hause zu gehen und meiner Mutter zu sagen, daß ich sie lieb habe. Und obwohl ich Angst davor hatte, fühlte ich mich nach dieser Beichte so frei und glücklich wie niemals zuvor, und ich konnte meiner Mutter wirklich diese Worte sagen. Dadurch hat sich zu Hause vieles zum Positiven verändert, und es herrscht Frieden.

In mir wuchs der Wunsch, gleichgesinnte Jugendliche zu finden und über den Glauben mehr zu erfahren. Es war mir unbegreiflich, wie ich in all den Jahren dieses Glück der Beichte verpaßt haben konnte, und ich vermutete noch mehr Perlen des Glaubens. Auf Umwegen wurde ich in den Pfarrgemeinderat unserer Gemeinde berufen, wo ich meinen Wunsch nach einer Jugendgruppe äußerte. Schließlich erklärte sich ein junger Familienvater aus der Gemeinde bereit, mir zu helfen. Wir eröffneten eine Jugendgruppe, in der wir bis heute zusammen beten, singen und uns über Glaubensinhalte bzw. Themen, die für Jugendliche interessant sind, austauschen. Es war wohl eine Fügung, daß dieser junge verheiratete Mann auch in der Gruppe Totus Tuus sehr engagiert war, die mich damals so begeistert hatte. Auch sein Zeugnis beeindruckte mich sehr, er hatte sich in dem Wallfahrtsort Medjugorje bekehrt und durch den Wandel, den die Botschaften der Gottesmutter in seinem Leben bewirkten, wurde mir immer mehr bewußt, daß die Gottesmutter dort wirklich erscheint.

Später fuhr ich auch nach Medjugorje, und dort wurde mir eine große Liebe zur heiligen Eucharistie geschenkt. Die Begegnung mit dem Leib und Blut Christi in der heiligen Eucharistie gibt mir erst die Kraft, die täglichen Kreuze des Alltags zu tragen und ein christliches Leben zu führen. So besuche ich so oft wie möglich die heilige Messe, um meinem Erlöser zu begegnen und ihm die halbe Stunde zu schenken. Außerdem versuche ich auch, die anderen Botschaften der Mutter Gottes in meinem Leben zu verwirklichen und so Gott immer mehr Platz in meinem Leben zu geben.“

Ich weiß, daß mein Erlöser lebt, zuletzt sich aus dem Staub erhebt,
beweiset seines Blutes Kraft, da er am Kreuz den Sieg vollbracht.
Mutter Basilea Schlink

20 Jahre

Mark – Das Bekenntnis eines ehemaligen Satanspriesters

Mark, der in den USA lebt, zog eine nüchterne Bilanz: Als Satanist und Satanspriester hatte er die Mitgliederzahl seiner Bruderschaft von 500 auf 1500 gesteigert. Als eines seiner Mitglieder den Versuch wagte, ihnen den Rücken zu kehren, betete Mark zu Satan: „Meister, unser Bruder ist abgeirrt. Überzeuge ihn davon, daß Schweigen wirklich Gold ist. Erspare ihm kein Übel, Meister. Laß ihn begreifen, was er Satan, unserem Vater, schuldig ist. Feuer und Pein sollen sein Teil sein. Seine Knochen sollen zerbrechen, damit Satan Freude daran hat. Wie ich will, so muß es sein!" Später erfuhr Mark aus den Zeitungen, daß der Abtrünnige, zu dem er den Dämon geschickt hatte, schwer verletzt geborgen wurde. Sein Auto hatte einen Brückenpfeiler gerammt und war dann in Flammen aufgegangen. Der junge Fahrer hatte sich überall Knochenbrüche zugezogen und war am ganzen Körper verbrannt. Mark schien auf dem Höhepunkt seiner Satanskarriere angelangt zu sein. Er hatte einen teuren Wagen mit Fahrer, eine herrliche Wohnung, die eleganteste Kleidung, Rauschgift und Alkohol, natürlich auch Mädchen, die seinen sexuellen Wünschen zur Verfügung standen, und er hatte Erfolg.

Mark berichtete über seine vermeintliche Karriere: „Das Verhältnis zu Satan beruht auf Barzahlungsbasis. Solange du für ihn da bist, ist er für dich da. Er wird deine ‚Gebete' erhören, wenn du nützlich für ihn bist. Er wird dir geben, was du wünschst. Aber kommt die Zeit, wo du ihm nicht mehr gibst, was er wünscht, dann wird er in dem gleichen Augenblick finden, daß du für ihn nicht mehr taugst oder daß ein anderer es besser kann, und dann bekommst du Schwierigkeiten. Satan zahlt alles zurück, und zwar nicht erst, wenn du stirbst, sondern schon hier auf Erden."

Mark mußte diese Realität am eigenen Leibe erfahren. Als er Depressionen bekam, war er für Satan nicht mehr tauglich. Seine eigenen Mitglieder gaben ihm eine Überdosis Heroin, dann warfen sie ihn fast unbekleidet in der Nähe eines Krankenhauses aus dem Wagen und ließen ihn im Regen auf dem Fußweg liegen. Was dann folgte, schilderte Mark mit erschütternden Worten: „Tagelang konnte ich nichts essen, ich hatte wahnsinnigen Durst. Mir war, als säße jemand in meinem Kopf und schlüge kräftig mit dem Hammer dagegen. Meine Augen tränten, meine Nase tropfte und mein Leib fühlte sich manchmal an, als würde er brennen und dann wieder, als sei er eiskalt oder feuchtmodrig. Es waren acht Tage in der Hölle. Jede wache Minute war eine Qual, und mein unruhiger Schlaf war mit Schreckgespenstern belastet. Es wurde so schlimm mit mir, daß man mich endlich in eine weich gepolsterte Zelle brachte, die man ‚Gummizelle' nannte. Dort rannte ich mit meinem Kopf so lange gegen die Wand, bis ich erschöpft war."

Mark gestand: „Ich hatte es mit Satan gehalten, und jetzt war ich zornig auf Gott." Die schreckliche Pein und sein schlechtes Gewissen ließen ihn verzweifeln, er kaufte sich einen Revolver und wollte sich erschießen. Während Mark mit Gott haderte und sich töten wollte, streckte Gott seine barmherzigen Hände nach ihm aus. Er fand Christen, die sich seiner annahmen. Eines Tages las er in einer aufgeschlagenen Bibel die Worte: „Also hat Gott die Welt geliebt, daß er seinen eingeborenen Sohn gab, auf daß alle, die an ihn glauben, nicht verloren gehen, sondern das ewige Leben haben." Diese Worte trafen sein Innerstes. Mit bewegten Worten schildert Mark, was sich dann ereignete: „Meine Augen füllten sich mit Tränen, so daß ich die Buchstaben nicht mehr erkennen konnte. Ich sah plötzlich, daß dies das Richtige war. Die einzige richtige Antwort konnte ich nur noch auf den Knien finden. Als harter Bursche hatte ich alles versucht: Sex, Drogen, Zauberei und Satansdienst. Warum sollte ich nicht mit Gott reden? Ganz bestimmt blieb mir nichts anderes mehr. Ich kniete nieder, die Bibel an mich gedrückt, ich begann zu beten. Tränen strömten über mein Gesicht. Ungefähr zwei Stunden lang kniete ich und brachte alle meine Sünden vor Gott – jede einzelne, an die ich mich erinnern konnte, nannte ich beim Namen. Ich redete mit ihm über alle Zauberei. Ich bekannte meinen Satansdienst. Während ich betete, fühlte ich, wie sich eine ungeheure physische Last von mir hob, als ob mir einige schwere Gewichte abgenommen würden, und das Gefühl eines fast unglaublichen Friedens kam über mich."

Diese gewaltige Bekehrung veranlaßte Mark dazu, in den Dienst Gottes zu treten. Er berichtet: „Nachdem ich dem Herrn nun mein Leben übergeben hatte, war ich entschlossen, das Beste für ihn zu tun." Tief erschütternd ist Marks Bericht über die Angriffe der Dämonen gegen ihn. In den Nächten erlebte er die schlimmsten Alpträume. Oft schwebte er in Lebensgefahr, doch Gott hielt schützend seine Hand über ihn. Ein Satanspriester hatte den Weg zu Gott gefunden, und er gab Zeugnis von seiner wunderbaren Bekehrung.

Der Gott des Friedens wird den Satan bald zertreten
und unter eure Füße legen.
Römer 16, 20

Manuela – Jesus hat mir seine ganze Liebe gezeigt

Über ihre Erfahrungen bei einem Prayerfestival im Jahre 2001 berichtet Manuela: „Während des Rosenkranzgebetes am Samstag habe ich den starken Drang gespürt, zur Beichte gehen zu müssen. Ich wußte gar nicht so recht, was ich beichten sollte, doch während des Gebetes fielen mir einige Dinge ein, die ich loswerden wollte. Ich suchte mir einen Priester aus und ging zum Beichten. Das Beichtgespräch hat mich so tief berührt, daß ich vor Freude weinte. Hier hat Jesus mir wieder einmal seine ganze Liebe gezeigt. Halleluja!“

O Jesus, unter den entstellten Zügen deines blutigen Antlitzes
erkenne ich deine unendliche Liebe zu mir.
Theresia vom Kinde Jesus

Stefan – Da muß ich wieder hin

Stefan berichtete über seine religiösen Erfahrungen: „Unsere Silvesterfahrt 1998/99 nach Medjugorje war einfach supertoll, angefangen von den tiefen Begegnungen mit Maria und Jesus, über die Beichte, welche so richtig befreiend wirkte, bis hin zur Gemeinschaft mit anderen Teilnehmern. Es war alles so leicht. Ich fühlte mich sofort so richtig geborgen und hatte einen tiefen inneren Frieden, auch das Zusammenleben zuhause in unserer Familie änderte sich gewaltig. Nach diesen Erfahrungen und Erlebnissen war mir klar: Da muß ich wieder hin! Die Silvesterfahrt 1999/2000 war ganz anders, als ich sie mir vorgestellt hatte. So erlebte ich dieses Mal eine herrliche Gemeinschaft mit allen mir bis dahin fremden Leuten, und auch die tiefen Freuden durfte ich, wenn auch seltener, wieder erfahren. Wir hatten das große Glück, an der Silvestermesse in der Kirche teilzunehmen. Diese Atmosphäre, der Gesang, die Gewißheit, mit Jesus und Maria den Jahrtausendwechsel miterleben zu dürfen, erweckte in mir eine große Freude. Heute erscheint es mir, als hätte ich sogar Angst davor gehabt, es könnte nicht mehr so werden wie im vergangenen Jahr. Diese Angst basiert leider auf einem mangelnden Vertrauen zu Gott, unserem Vater, der doch für jeden von uns einen Weg vorausbestimmt hat, den wir vertrauensvoll gehen müssen."

Ich bin nichts, aber ich gehöre Dir!
Kirchenlehrer Augustinus

MAHESH – VOR DEM ENTHAUPTEN BEWAHRT

Mahesh lief spät abends im strömenden Regen müde von der Bibliothek nach Hause. Er setzte sich auf die Couch und schaltete den Fernseher ein. Die Sendung hieß „Das Auge des Sturmes". Plötzlich gingen alle Lichter und das Fernsehen aus. Es war dunkel in seinem Zimmer. Deutlich hörte er eine Stimme, die ihm befahl: „Steh auf!" Erneut hörte er unmißverständlich den Befehl: „Steh auf!" Als seine Augen sich an die Dunkelheit gewöhnt hatten, konnte er niemand im Raum erkennen. Zum dritten Mal hörte er die klare Stimme: „Steh auf!" Mahesh berichtete über das, was dann passierte: „Ganz plötzlich fühlte ich, wie mich etwas – oder jemand? – von der Couch herunterstieß. Ich war jetzt hellwach. Was in aller Welt ging hier vor? Ich versuchte, Widerstand zu leisten, aber es hatte keinen Zweck. Ich fühlte, wie ich gestoßen wurde, bis ich hinter der Couch auf dem Boden lag. Da lag ich nun, hielt den oberen Teil der Couch umklammert, versuchte mich zu wehren und mich aufzurichten, aber nichts davon war mir möglich. Dann passierte es. Ich hörte ein Geräusch, als ob hundert Güterzüge durch den Vorgarten fahren würden, dann einen lauten Krach, und dann fühlte ich einen stechenden Schmerz in meiner linken Hand. – Sechsundzwanzig Menschen wurden getötet und zweitausend verletzt durch den tödlichen Tornado, der Lubbock am 11. Mai 1970 traf – viele von ihnen genau in dem Stadtteil, in dem ich lebte. Er wurde als einer der entsetzlichsten Tage der texanischen Geschichte angesehen.

Das Tageslicht enthüllte Szenen totaler Verwüstung. Der Tornado hatte eine dreizehn Kilometer lange und zweieinhalb Kilometer breite Bresche geschlagen. Hunderte von Autos waren plattgedrückt worden. Hunderte von Häusern waren zerstört, tausende beschädigt, viele Menschen blieben ohne Zuhause. Viele der Orte waren nun nicht mehr als ein Trümmerhaufen. Als der Morgen kam, entdeckte ich, daß der Krach, den ich gehört hatte, von einer Glasscheibe herrührte, die aus meiner Haustür herausgedrückt worden und wie eine tödliche Frisbeescheibe durch den Raum gesegelt war. Ich sah, daß ein ziemlich großes Stück davon immer noch in der Wand steckte, genau über dem Punkt, wo ich auf dem Boden gelegen hatte. Offensichtlich hatte es gerade das obere Ende der Couch gestreift und dabei in meine Hand geschnitten. Mit einem Frösteln erkannte ich, daß die Scheibe mich, hätte ich noch dort gesessen, unweigerlich geköpft hätte. Seit diesem Tag habe ich eine Narbe neben dem ersten Fingerknöchel meiner linken Hand, wo mich dieses fliegende Stück Glas geschnitten hat – das Stück, das mich getötet hätte, wenn nicht der Herr einen Engel geschickt hätte, um mich zu beschützen."

Herz Jesu, ich will dich lieben und mithelfen,
daß auch andere dich lieben!
Papst Benedikt XV.

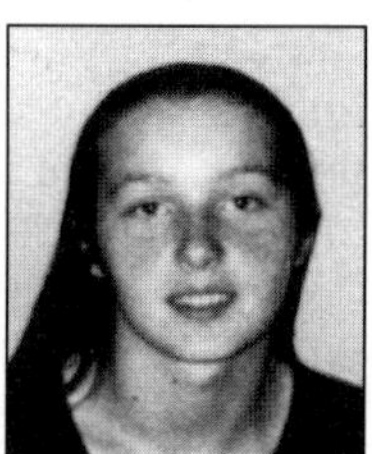

Ivanka – Ich bin Zeugin, daß es ein Leben nach dem Tod gibt

Als ich vor einigen Jahren Ivanka besuchte, war sie circa 20 Jahre alt. Zu diesem Zeitpunkt trauerte sie um zwei Mütter. Ihre irdische Mutter war im April 1981 gestorben, und am 7. Mai 1985 hatte sie die letzte tägliche Erscheinung ihrer himmlischen Mutter. Als ich kurz danach mit Ivanka sprach, spürte ich ihren stillen Schmerz. Ivanka gehört zu den bekannten Seherinnen, die seit dem 24. Juni 1981 täglich die Mutter

Gottes und manchmal auch das Jesuskind in Medjugorje sehen durften. Bereitwillig berichtete sie mir über die Ereignisse: „Am 6. Mai 1985 hatte ich zusammen mit den anderen Sehern eine Vision. Während dieser Erscheinung wurde mir das zehnte Geheimnis anvertraut. Am 7. Mai 1985 hatte ich die vorläufig letzte Vision der Gottesmutter zu Hause. Zusammen mit Maria erschienen zwei Engel und meine leibliche Mutter, die kurz vor den Erscheinungen gestorben war."

Als ich Ivanka nach dem Aussehen ihrer Mutter fragte, antwortete sie: „Ich habe meine Mutter sofort erkannt, sie hatte die gleichen Gesichtszüge wie zu Lebzeiten. Sie strahlte ein Licht aus, aber ich kann dieses Licht nicht beschreiben. Meine Mutter sah sehr glücklich aus, weil sie in der Nähe der Gottesmutter weilen durfte. Sie trug wie die Gospa (Madonna) ein graues Kleid, das bis zu den Füßen reichte. Meine Mutter und ich umarmten und küßten einander." Als ich die Seherin fragte, ob ihre irdische Mutter etwas zu ihr gesagt habe, erwiderte sie: „Ja, sie sagte zu mir: ‚Ich bin sehr stolz auf dich!' Ich weiß heute nicht mehr, wie lange ich meine Mutter umarmte. Meine Mutter war sehr glücklich, aber auch ich war überglücklich." Ich erkundigte mich nach dem Befinden meiner Gesprächspartnerin, darauf antwortete sie: „Als die Gospa nicht mehr erschien, war es am Anfang für mich sehr schwierig. Aber bald merkte ich, daß die Gottesmutter überall bei mir und bei allen Menschen ist. Sie sagte zu mir, daß sie noch am 25. Juni 1986 erscheinen werde. Ich weiß nicht, ob sie danach noch einmal erscheinen wird."

Zum ersten Mal in meinem Leben begegnete ich einem Menschen, der mit einem verstorbenen Familienangehörigen ein Wiedersehen hatte. Dieses Interview mit einem jungen Mädchen gibt Zeugnis vom Weiterleben nach dem Tod und vom Glück und Frieden, für immer bei Gott sein zu dürfen.

Später berichtete Ivanka einem Medjugorjepilger: „Meine Mutter ist zwei Monate vor Beginn der Erscheinungen gestorben. Gott hat mir die Gnade geschenkt, daß ich sie in all den Jahren fünfmal sehen durfte, deshalb kann ich als lebende Zeugin hier vor ihnen stehen und sagen: ‚Es gibt ein Leben nach dem Tod!'"

Tausende sterben in unseren Heimen.
Bis jetzt habe ich noch niemanden
in Angst, Verzweiflung oder im Unfrieden sterben sehen.
Sie gehen einfach heim zu Gott.
Mutter Teresa

Justyna – Vom Hexenkult zu Jesus

Sehr ausführlich und gefühlvoll berichtete mir Justyna im Sommer 2001 über ihr Leben: „Ich stamme aus einer katholischen Familie, aber der Glaube wurde von meinen Eltern nicht gelebt. Man ging oft zur Kirche und es wurde auch gebetet, aber das wirkte sich nicht auf das Leben meiner Eltern aus. Mein Vater war krank und oft zu Hause, es kam vor, daß er sehr aggressiv und handgreiflich zu meiner Mutter und uns Kindern wurde. Meine Mutter ließ mich als Kind oft allein, weil sie sehr viel arbeitete. So war ich auch immer gewohnt, allein zu sein. Oft dachte ich darüber nach, was nach dem Tod sein würde. Als ich neun Jahre alt war, zog meine Mutter mit meiner jüngeren Schwester und mir nach Deutschland. Der ganze Reichtum faszinierte mich, doch ich war nicht glücklich, weil man mich wegen meiner Aussprache verspottete und ärgerte. Nach einem Jahr kam auch mein Vater hierher. Wir hatten Nachbarn, die uns halfen und denen ich auch vertraute. Doch nach einiger Zeit schauten sie in meiner Gegenwart Pornofilme an, dadurch wurde meine Seele total vergiftet. Als meine Eltern davon erfuhren, sahen sie einfach darüber hinweg. In mir war Ekel, aber gleichzeitig wurde meine Neugierde geweckt, und ich versuchte ständig, mit diesen Dingen konfrontiert zu werden. Später brachen wir den Kontakt zu diesen Nachbarn ab.

Bei einer Wallfahrt mit meiner Mutter lernte ich einen sehr netten Priester kennen, der mich ansprach. Dieser Priester nahm mich öfters zu christlichen Kinderfreizeiten in Polen mit. Ich erinnere mich, daß ich dort durch den Lobpreis Gottes sehr angerührt wurde. Das versuchte ich in meinem Leben umzusetzen und gründete mit Spielkameraden einen Gebetskreis. Als ich dann im 5. Schuljahr war, hatte ich zum ersten Mal eine richtige Freundin, sie brachte mir bei, wie man sich wehrt und flucht. Wegen meiner Sprache wurde ich immer noch gehänselt, also fluchte ich und verprügelte die anderen. Plötzlich bekam ich Anerkennung und ich genoß meinen ‚Aufstieg'. Ich wurde immer stolzer, änderte meine Kleider, schminkte mich und versuchte, die Jungs an mich zu ziehen, was mir auch gelang. Ich wollte immer etwas Besonderes und immer die erste sein. Doch innerlich fühlte ich mich leer, einsam und unglücklich.

In den christlichen Freizeiten, zu denen mich meine Eltern schickten, spornte ich die anderen zum Spaß und zur Sünde an. Wir fuhren auch nach Medjugorje, dort machte ich meine Erfahrungen mit Gott. In meiner Not flehte ich Maria an, mich nicht verloren gehen zu lassen. Nach einigen Wochen war alles wieder vergessen, und ich ging meinen alten Weg. Mit fünfzehn Jahren wurde ich zu Hause immer rebellischer. Wegen eines Jungen, dem ich gefallen wollte, bewarb ich mich als Model. Damit es auch klappte, bot ich Satan meine Seele an. Nachdem ich das getan hatte, fand ich immer mehr Gefallen am Bösen. Mein Ansehen stieg, und mein Freundeskreis wurde immer größer, aber mein Herz wurde auch immer kälter und konnte nicht mehr lieben. Ich genoß es, Macht über andere zu haben. Doch in dieser Zeit litt ich an depressiven Angstzuständen, Verfolgungswahn und war ständig aggressiv. Ich lebte im Unfrieden. Das Streben nach Macht und Ansehen war so groß, daß ich das alles in Kauf nahm. Ich studierte Hexenbücher und versuchte, die Stellung einer Hexe zu übernehmen. Ich wollte damit jede Frau überbieten können. Ich besuchte oft nächtliche Partys und Discos. Um mich abzulenken, begann ich, Drogen zu nehmen. Sonntags, wenn ich zu Hause war, ging ich mit meiner Familie immer noch in die Kirche, ansonsten hätte ich nicht ausgehen dürfen. Zwischendurch fuhr ich mit einer polnischen Gruppe nach Medjugorje. Anstatt mich der Mutter Gottes anzuvertrauen, gab ich mich mit den einheimischen Jungs ab, so daß die Fahrten keine Früchte mehr brachten, sie langweilten mich, und ich fuhr nicht mehr dorthin. Ich lebte immer mehr in der Unkeuschheit und hatte kaum noch ein Schamgefühl. Immer wieder hatte ich einen neuen Freund, aber mit keinem war ich zufrieden. Ständig war ich auf der Suche nach Erfüllung, doch obwohl ich alles bekam, was ich wollte, wurde ich immer unzufriedener. Längst hatte ich mich von der Kirche distanziert. Meine Mutter machte sich Sorgen und betete täglich für mich, weil es mit mir immer mehr bergab ging. Sie bedrängte mich öfters, wieder einmal nach Medjugorje zu fahren, aber ich wollte nichts mehr davon wissen."

Ich wollte in Erfahrung bringen, ob es auch einen Lichtblick in ihrem jungen Leben gab, darauf erwiderte sie: „Irgendwann dachte ich über das Angebot meiner Mutter nach, und plötzlich spürte ich eine große Sehnsucht nach Gott und nach Medjugorje. Nach einigen inneren Kämpfen saß ich dann im Bus und fuhr an diesen Wallfahrtsort. Dort konnte ich zum ersten Mal wieder weinen, ich flehte die Gottesmutter um ihre Hilfe an. Auf der Rückreise erfuhr ich von einer Jugendgruppe, die sich Totus Tuus nennt, und die zum Jugendfestival im Sommer nach Medjugorje fahren wollte. Als ich wieder zu Hause war, wollte ich mein Leben ändern, doch das gelang mir nicht. Ich entschloß mich dann, zu dem Jugendfestival mit dieser Gruppe zu fahren. Nach dieser Wallfahrt zeigte mir Gott, was ich ändern sollte, und daß er mir durch seine Liebe das schenken wollte, was ich immer gesucht hatte. Statt in die Disco zu gehen, entschied ich mich zu beten. Nach und nach sehnte ich mich nach Reinheit.

Allerdings bemerkte ich, daß mich etwas gefangen hielt. Ich konnte in der Gemeinschaft der Gläubigen nicht beten, ich bekam Wutausbrüche vor dem Allerheiligsten und ich wurde gedrängt, die Kirche oder Kapelle zu verlassen. Ich konnte mir das nicht erklären, bis mir einfiel, daß ich meine Seele dem Satan übergeben hatte. Es wurde für mich um Befreiung gebetet. So wurde es immer besser mit mir, und ich widersagte dem Teufel. Nun ging ich an den Wochenenden nicht mehr auf Partys, sondern mit der Gruppe Totus Tuus zu Evangelisations-Wochenenden und Gebetstreffen. Nach und nach wurde ich von meinen Abhängigkeiten, Angstzuständen, Verfolgungswahn und Aggressionen befreit. Durch das Gebet und durch die eucharistische Anbetung machte ich tiefe Gotteserfahrungen. Mein ganzes Leben lang habe ich nach Liebe und Erfüllung gesucht. Nachdem ich die Botschaften der Gottesmutter von Medjugorje lebe, erkenne ich, daß nur Jesus diese Sehnsucht erfüllen kann. Ich bin der Mutter Gottes von ganzem Herzen dankbar, daß sie mich trotz allem, was ich getan habe, auf diesen Weg geführt hat."

Nach der Zukunft befragt, entgegnete sie: „Ich bemühe mich, die Bitten der Gottesmutter zu erfüllen, da wir durch diese Botschaften das Samenkorn der Heiligkeit zum Wachsen bringen. Heute weiß ich, daß meine Berufung die Evangelisation ist, und ich möchte der Mutter Gottes helfen, viele Seelen für sie zu gewinnen."

Was ihr für einen meiner geringsten Brüder getan habt,
das habt ihr mir getan.
Matthäus 25, 40

Felicitas – Gott liebt mich, ich bin sein Kind

Nach ihrer Heimreise vom Weltjugendtag in Rom berichtete Felicitas über ihre neuen Eindrücke und den grauen Alltag: „Als ich vom Weltjugendtag nach Hause kam, war ich total high. Es war alles so toll. Jugendliche aus aller Welt, die an Gott glauben und für die das nichts Abstraktes, Fremdes, Blödes, Langweiliges etc. ist. Aber als ich dann daheim war, gab es nur wieder Alltag. Wie kann ich den Glauben leben? Ich habe versucht, mir einfach Zeit für Gott zu nehmen: keine großartigen, langen Gebete, sondern ihm alles sagen, was mich beschäftigt. Zusätzlich ist die heilige Messe eine Kraftquelle. Soweit es geht, bemühe ich mich auch mal während der Woche, in die heilige Messe zu gehen. Dort gibt es keine langen Predigten – man kann sich auf das Wesentliche konzentrieren: Jesus, der leibhaftig da ist. Gott liebt mich, ich bin sein Kind, Er läßt mich nie im Stich – Er ist immer für mich da! Auch wenn ich es nicht immer spüre!“

Der Glaube ist ein Vorausverkosten jener Erkenntnis,
die uns in der Zukunft glückselig macht.
Thomas von Aquin, Kirchenlehrer

21 Jahre

Mac – Das Blutbad von Peking

Mac aus England bemühte sich, nach Kräften das Wort Gottes an die Chinesen weiterzugeben. Er war gerade einundzwanzig Jahre alt geworden und lebte seit eineinhalb Jahren in China. Auf dem berühmten Tian-An-Men-Platz in Peking versammelten sich Massen von Studenten. Sie alle wollten demokratische Reformen. Am 3. Juni 1989 kurz vor Mitternacht kam er mit seinem Fahrrad am Platz des Himmlischen Friedens vorbei. Eine merkwürdige Schwermut erfüllte sein Herz, und irgendetwas mahnte ihn zur Eile. Mac trug die übliche chinesische Kleidung und fiel kaum auf. In der Mitte des Platzes blieb er stehen und wandte sein Gesicht zum Himmel. In Jesu Namen sprach er die Herrschaft über die Mächte der Finsternis aus und band sie nach der Weisung Jesu: „Was ihr auf Erden binden werdet, soll auch im Himmel gebunden sein, und was ihr auf Erden lösen werdet, soll auch im Himmel gelöst sein" (Mt 18, 18). Dann beanspruchte der junge Missionar im Glauben die Seelen der Versammelten für Jesus.

Überall verteilte er Zitate aus der Bibel. Wenn niemand hinsah, warf er eine Handvoll Bibeltexte in die Zelte der schlafenden Studenten. Hörte er Stimmen im Zelt, legte er sie am Zelteingang nieder. Viele junge Chinesen konnten sich mit der Frohen Botschaft vertraut machen. Mac betete: „Lieber Gott, laß sie diese Nacht noch die Botschaft lesen. Herr, öffne ihre Augen für deinen Erlösungsplan!" Als der junge Missionar spät in der Nacht in sein Hotel zurückkehrte, hörte er Gewehrfeuer. Am folgenden Tag fuhr er mit seinem Rad wieder zum Platz des Himmlischen Friedens. Überall sah er die Spuren des Gemetzels. Hunderte von Studenten lagen in ihren Blutlachen. Die Zerschlagung der prodemokratischen Bewegung hatte begonnen. Als Mac fotografierte, eröffneten die Soldaten ohne jede Warnung das Feuer in verschiedene Richtungen. Er erlebte, daß um ihn herum der Krieg tobte. Alle Ausländer wurden ausgewiesen. Doch bald konnte der junge Missionar wieder nach China einreisen. Anfangs lehrte er tagsüber Englisch, während er nachts eine chinesische Kleidung anlegte und Bibelzitate verteilte. Mac berichtete: „Das größte Hindernis für mich war nicht der Mangel an Schlaf, sondern der Mangel an religiösen Schriften. Manchmal mußte ich viele Wochen warten, bis ein anderes Team von draußen kam und Bibelzitate mitbrachte."

Überall versuchte Mac mit anderen Missionaren, die Frohe Botschaft des Evangeliums an die Menschen weiterzugeben.

Dich, o Gott, loben wir, Dich, den Herrn preisen wir.
Te Deum des Kirchenlehrers Ambrosius

Anonym – Die Bekehrung im Nachtlokal

Eine junge Frau arbeitete im Rotlichtmilieu. Sie tanzte fast unbekleidet auf ihrem kleinen Podest im Nachtlokal. Ihre Mutter konnte sich mit dem Treiben nicht zufriedengeben und suchte Rat bei ihrem Pfarrer. Er schlug die Bibel auf und suchte Verse, die belegen, daß Gott alles zum Besten lenkt bei denen, die ihn lieben und ihm vertrauen, und daß wir in allen Dingen Gott dankbar sein sollen, egal, wie schlimm unsere Lage auch aussehen mag. Er erklärte ihr, daß Gott seine Hand im Spiel habe, und daß durch unseren Dank die Kraft Gottes zur Wirkung komme. Schließlich war die Mutter bereit, Gott für den Beruf ihrer Tochter zu danken. Noch am gleichen Abend betrat ein junger Mann die Bar, ging auf die junge Tänzerin zu, schaute ihr in die Augen und sagte: „Jesus liebt Sie." Die junge Frau hatte schon alle möglichen Bemerkungen von jungen Männern gehört, aber noch nie eine dieser Art. Sie kam von ihrem Podest herunter und setzte sich zu dem jungen Mann. Erwartungsvoll fragte sie ihn: „Warum haben sie das zu mir gesagt?" Sofort erklärte er ihr, daß er zufällig diese Straße entlanggegangen sei, als es ihn plötzlich innerlich gedrängt habe, in dieses Nachtlokal einzutreten und der Tänzerin zu sagen, daß Jesus Christus ihr die freie Gabe des ewigen Lebens anbiete. Die Stripteasetänzerin starrte den jungen Mann verblüfft an und weinte. Leise sagte sie ihm: „Ich möchte diese Gabe empfangen." An diesem Tisch in dem Nachtlokal nahm die junge Frau Jesus als ihren Heiland an. Nie mehr trat sie als Nackttänzerin auf.

Liebenswürdiger Jesus! Ich weihe mich heute aufs neue
ohne Vorbehalt deinem göttlichen Herzen.
Papst Leo XIII.

Jürgen – Mein Weg zum Glauben

Mit bewegten Worten berichtete mir Jürgen im Februar 2001 über seine Erfahrungen mit Gott: „Als ich in der 7. und 8. Klasse war, hatte ich wenig Bezug zum Glauben. Ich litt damals unter intensiven Kopfschmerzen. Damals war ich in ärztlicher Behandlung, auch in der Klinik, doch die Fachärzte konnten nicht die Ursachen für diese Kopfschmerzen finden. Einige Zeit später war ich im Religionsunterricht. Es waren nur wenige Schüler anwesend, deshalb fragte uns der Pfarrer nach unseren Sorgen und Nöten. Bei dieser Gelegenheit erzählte ich ihm von meinen Kopfschmerzen und von meinen Alpträumen, die mich nachts plagten. Er hörte verständnisvoll zu, dann fragte er mich, ob er mit mir beten solle. Ich hatte nichts dagegen, und so betete unser Pfarrer für mein Problem. Er sagte mir, ich solle die nächste Zeit beobachten und ihm dann darüber berichten."

Ich fragte Jürgen, was er nach diesem Gebet in der Schule erlebte, darauf antwortete er: „Nach diesem Gebet schlief ich zum ersten Mal ohne Alpträume. Seit dieser Zeit bin ich nie wieder von den schrecklichen Träumen geplagt worden, die mich auch im Wachzustand noch verfolgten und quälten. Als ich unserem Pfarrer von diesem Ereignis berichtete, war er sehr froh darüber. Wir dankten Gott für diese große Gnade und Hilfe. Heute stelle ich fest, daß die Menschen viele Gnaden von Gott empfangen, aber zu wenig oder nicht dafür danken. Es wird mir immer mehr bewußt, daß wir mit Gott sehr ungeduldig sind, wenn er nicht sofort unsere Wünsche erfüllt, aber Gott für uns Menschen so viel Geduld aufbringt."

Ich wollte in Erfahrung bringen, ob sich nach dieser Besserung auch in seinem religiösen Leben etwas verändert habe. Jürgen antwortete: „Ich begann, über meinen Glauben nachzudenken und ihn zu leben. Ich betete intensiver und mit mehr Vertrauen als vorher. Jetzt erfahre ich, daß Jesus nicht nur vor 2000 Jahren lebte, sondern daß er auch heute noch lebt und wirkt. Sehr bewußt erfahre ich die Worte Jesu: ‚Wer zu mir kommt, den weise ich nicht zurück.' Aus heutiger Sicht möchte ich sagen, daß man den Glaubensschritt wagen muß, um die Lebendigkeit und die Kraft, die von Jesus ausgehen, zu erfahren. Heute fühle ich mich freier, ich lebe gesünder in meinem Glauben. Früher ging ich oft mit Widerwillen in die heilige Messe, und heute erlebe ich den Gottesdienst mit großer Freude. Die wandelnde Kraft der heiligen Eucharistie bedeutet mir sehr viel. Mit jedem Empfang der heiligen Kommunion wird man mehr verändert. Die Erfahrung mit Gott hat mich glücklich gemacht, es gibt keinen Stillstand bei diesem Glück. Heute bete ich bewußter als früher. Wir sollten den Blick auf Maria richten, da sie uns den Weg zu ihrem Sohn zeigt. Das ist auch der ursprüngliche katholische Glaube: durch Maria zu Jesus. Ich empfinde heute eine große Dankbarkeit gegenüber der Mutter Gottes für ihr Ja, das sie dem Engel bei der Menschwerdung Gottes gegeben hat, denn erst durch ihre Zustimmung kam der Sohn Gottes durch das Wirken des Heiligen Geistes zu uns. Ich habe mich einer Gebetsgruppe angeschlossen, die mir Mut und Kraft gibt, den Weg des Glaubens zu gehen."

Zum Schluß berichtete Jürgen von einem dramatischen Erlebnis. Er schilderte: „Bei der Arbeit an einer großen technischen Anlage lief ich über ein mit Brettern abgedecktes Förderband. Ich war schon oft über diese Abdeckung gegangen, aber ich hatte mir nie etwas dabei gedacht. Eines Tages gab ein Brett der Abdeckung unter meinem Tritt nach, und mein linker Fuß brach ein. Er verfehlte nur um Haaresbreite das Förderband. Sie müssen sich das so vorstellen: Alles, was das Förderband erfaßt, nimmt es mit. Wenn ich mit meinem linken Fuß in diese Förderanlage hineingeraten wäre, so hätte sie mir den Fuß abgerissen. Ich war sehr erschrocken. Als ich den Fuß wieder hochzog, kam mir zum Bewußtsein, welche Arbeit mein Schutzengel geleistet hatte. Jetzt erst wurde mir bewußt, daß wir unsere Schutzengel viel zu wenig beachten. Seit diesem Erlebnis verrichte ich kleine Stoßgebete zu meinem Schutzengel und vertraue mich seiner Fürsorge an."

Wo zwei oder drei in meinem Namen versammelt sind,
da bin ich mitten unter ihnen.
Matthäus 18, 19

TERESA –
NIE ZUVOR HABE ICH GOTTES NÄHE SO GESPÜRT

Mit begeisterten Worten berichtete mir Teresa ihre Eindrücke vom Prayerfestival 2001 und ihre positiven Erfahrungen: „Das absolut prägendste, wunderschönste Erlebnis war für mich das Heilungsgebet am Samstagabend, bei dem wir Jesus ganz real berühren durften. Der Priester ging mit der Monstranz zu jedem einzelnen. Jeder konnte das um die Monstranz gehüllte Tuch oder das Gewand des Priesters berühren. Die Berührung durchfuhr mich wie ein Blitz. Zuvor hatte ich Jesus mein Herz geöffnet, was mir nicht gerade leicht fiel. Ich sagte ihm: ‚Herr, durchdringe mich mit deiner Liebe!' Und nun wurde es die pure Erfüllung! Nie zuvor hatte ich Gottes Nähe so gespürt! Es war noch mehr: Ich fühlte mich in diesem Moment wirklich wie eine Vase, die jetzt mit

Wärme und Liebe nur so gefüllt wurde, und zwar bis obenhin. Ich erlebte ein grenzenloses Gefühl des Glücks und der Geborgenheit! Ich stand kurz vor einem Tränenausbruch, und ich vernahm innerlich die Worte Jesu: ‚Teresa, meine geliebte Tochter!' Eine kostbarere Umarmung hätte ich mir nicht wünschen können. Jesus ist wirklich ganz real, er lebt mitten unter uns und wartet auf jeden einzelnen von uns, bis wir ihn vollkommen entdecken!"

Daran werden alle erkennen, daß ihr meine Jünger seid:
Wenn ihr einander liebt.
Johannes 13, 35

Joachim – Gott verwandelte meine Trauer in Freude

Als ich im Dezember 2001 Joachim traf, berichtete er mir vom tragischen Tod seiner Mutter: „Meine Mutter überraschte mich mit der Nachricht, daß sie bald sterben werde. Ich verdrängte es und wollte es auch nicht glauben. Bald bekam sie eine schwere Lungenentzündung und mußte in die Klinik. Die Ärzte waren zuversichtlich und meinten, daß sie die Sache in den Griff bekommen würden. Trotz Antibiotika wurde der Zustand immer kritischer. Sie bekam Sauerstoffzufuhr. An einem Sonntag konnte sie fast nicht mehr sprechen. Am nächsten Tag kam ein Anruf, daß meine Mutter in der Nacht in ein künstliches Koma versetzt worden war. Ich ging mit meinem Vater und mit meinem Bruder sofort in die Klinik. Überall waren Schläuche angebracht. Die Ärzte versuchten alles, doch meine Mutter starb im März 2001. Für uns kam eine schwere Zeit. Der Tod belastete mich nicht nur beim Studium. Ich verkraftete alles nur sehr schwer. Ich lernte bald ein Jugendforum in Altötting kennen. Hier wurde Wert auf Lobpreis Gottes und die Beichte gelegt. Nach einigem Zögern ging ich zum Beichten. Dabei erlebte ich eine totale Befreiung, und Gott schenkte mir die Gnade, daß ich wieder froh wurde. Bei dem sieben Tage dauernden Jugendforum erlebte ich durch die Anbetung immer mehr Freude. Ich kam sehr traurig zu dem Forum und ging glücklich wieder nach Hause."

Als ich mich nach dem Alter der Mutter erkundigte, erwiderte er: „Meine Mutter starb mit 49 Jahren. Kurz vor ihrem Tod bat ich sie, mir ein Zeichen zu geben, wenn sie im Himmel ist. Genau ein halbes Jahr nach ihrem Tod wurde ich zu einem Vortrag von Jugend 2000 eingeladen. Ein Pater sprach über Vergebung, Tod und Jenseits. Danach ging ich zu diesem Priester und berichtete von unserem Trauerfall. Ich wollte irgendwie eine Bestätigung haben, daß meine Mutter im Himmel ist. Der Pater legte mir die Hand auf den Kopf und sagte sehr laut: Halleluja, ich habe ein Wort von Gott bekommen: ‚Sei nicht besorgt, mein Kind, sie ist bei mir!' Diese Worte waren für mich eine Bestätigung, denn sie wurden genau zu der Stunde gesprochen, als ich meine Mutter um dieses Zeichen bat. Von jetzt an ging es mir immer besser. Am nächsten Tag berichtete ich den Vorfall meinem Vater. Er umarmte mich und war sehr erleichtert. Diese Begebenheit veranlaßte mich dazu, Gott zu suchen und mehr Zeit für ihn zu finden."

Ich wollte von meinem Gesprächspartner wissen, wie sich sein Verhältnis zu Gott entwickelte. Darauf erwiderte er: „Heute ist Gott für mich das Wichtigste, er ist der Mittelpunkt meines Lebens geworden. Vor dem Tod meiner Mutter war das Gebet eine Belastung, und vor der Beichte hatte ich Angst. Heute sehe ich im Sakrament der Versöhnung eine große Gnade."

Schließlich wollte ich die Ursache erfahren. Joachim antwortete: „Weil ich danach immer sehr erleichtert bin. Die Beichte ist für mich wie ein Stück Himmel auf Erden geworden, und aus diesem Grunde gehe ich regelmäßig beichten."

Als ich ihn fragte, was er tue, wenn Schwierigkeiten auftauchen, gab er zur Antwort: „Bei Problemen gehe ich zu Jesus und vertraue ihm meine Anliegen und Sorgen an, das macht mich innerlich glücklich und zufrieden."

Zum Schluß fragte ich ihn, was er jungen Menschen mit Schwierigkeiten raten würde. Darauf erwiderte er: „Ich würde ihnen raten, egal wie sie im Glauben stehen, zu Jugendtreffen zu gehen, wo gebetet wird und Gemeinschaft erlebt wird."

Die Liebe erträgt alles, glaubt alles,
hofft alles, hält allem stand.
1 Korinther 13, 7

Sergei – Ich wollte die alte Frau töten

Als Zögling wuchs Sergei in einem von Haß regierten Waisenhaus in Rußland auf. Bald handelte er mit Rauschgift. Schließlich wurde er der Führer der kommunistischen Jugendliga und ein gefürchteter Schläger bei Razzien auf Christen. Als er mit einer Elitetruppe von Karatekämpfern seinen 150. Überfall auf Christen durchführen wollte, um dort ein Blutbad zu hinterlassen, griff Gott ganz massiv in sein junges Leben ein. Bei dieser Razzia betete eine alte Frau für ihn: „O Gott, vergib diesem jungen Mann. Zeig ihm den wahren Weg. Öffne seine Augen und hilf ihm. Vergib ihm, o Gott.“ Als Sergei dieses Gebet vernahm, packte er seinen Schlagstock in einem Anfall von Wut noch fester und hatte die Absicht, ihn auf ihren Kopf niederzuschmettern.

Er berichtete: „Ich wollte ihr einen Schlag versetzen, der sie töten würde. Ich holte aus, doch plötzlich passierte die merkwürdigste Sache. Jemand ergriff mein Handgelenk und riß es zurück. Ein Schreck durchfuhr mich, denn es war schmerzhaft. Es war keine Einbildung. Es war ein Druck um mein Handgelenk, der tatsächlich weh tat. Ich dachte im ersten Moment, es sei einer der Gläubigen und wandte mich um, um ihm einen Schlag zu versetzen. Doch es war niemand da! Ich schaute hinter mich. Niemand konnte meinen Arm festgehalten haben. Und doch hatte mich jemand gepackt. Ich fühlte noch den Schmerz. Ich stand da wie unter Schock. Das Blut stieg mir zu Kopf. Mir wurde heiß, und Entsetzen kam über mich. Ich konnte es nicht fassen. Es war so unwirklich, so verwirrend. Dann vergaß ich alles. Ich ließ meinen Knüppel fallen und rannte nach draußen. Das Blut raste in meinem Kopf, und Tränen begannen über mein Gesicht zu strömen.“

Nach diesem Erlebnis schwor sich Sergei, niemals mehr betende Christen zu überfallen. Ein Gedanke ließ ihn nicht mehr los: Er wollte aus der Sowjetunion fliehen, und wenn es sein Leben kosten sollte. Eines Tages bot sich dafür eine Gelegenheit. Sein Schiff, der russische Trawler Elagin, kämpfte vor der Küste Kanadas gegen einen Orkan. Wegen des Unwetters hatten sie die Erlaubnis bekommen, innerhalb von Kanadas Küstengewässern zu fahren. In einiger Entfernung sah Sergei die Lichter einer Ufersiedlung. Er sprang über Bord in das kalte und tosende Meer. Es wurde ein Kampf auf Leben und Tod. Viereinhalb Stunden trieb er im eisigen Wasser und war am Ende seiner Kräfte. Sergei berichtete über diese dramatische Situation: „Doch jetzt, in meinen letzten Minuten, wandte sich mein Geist an den Gott, den ich nicht kannte. Fast instinktiv betete ich: ‚O Gott, ich bin niemals glücklich auf dieser Erde gewesen. Und wenn ich jetzt sterbe, dann nimm meine Seele bitte in dein Paradies auf. Vielleicht hast du dort ein bißchen Glück für mich, o Gott. Ich bitte dich nicht darum, meinen Körper zu erretten. Doch wenn er jetzt auf den Grund des Meeres sinkt, dann nimm bitte meine Seele zu dir in den Himmel, bitte Gott.‘ Ich schloß meine Augen und glaubte fest, daß dies das Ende sei. Ich gab meine Schwimmbewegungen auf. Mein Kampf war vorüber. Langsam, ganz langsam fühlte ich etwas Seltsames mit mir geschehen. Obwohl ich jedes Quäntchen Energie verbraucht hatte, fühlte ich neue Kräfte in meine müden Arme steigen. Ich fühlte die starken und liebenden Arme des lebendigen Gottes wie eine himmlische Boje! Ich war kein Gläubiger. Ich hatte niemals zuvor zu Gott gebetet. Aber in diesem Augenblick fühlte ich deutlich neue Kraftreserven in meinem schlaffen, kalten und nassen Körper. Ich konnte wieder schwimmen! Meine Arme, die noch vor wenigen Minuten schwer wie Blei gewesen waren, fühlten sich wieder stark genug, mich ans Ufer zu bringen. Ich war jetzt fast viereinhalb Stunden im Wasser. Das Merkwürdigste allerdings war, daß ich auf einmal wußte, welche Richtung ich einschlagen mußte.“

Sergei erreichte die Küste Kanadas mehr tot als lebendig. Bald konnte er bei einer Familie wohnen. Während eines Gottesdienstes sagte der Pastor zu ihm: „Sergei, bist du bereit, dein Leben ganz und gar Gott zu übergeben?“ Als er die Frage bejahte, betete der Pastor mit ihm zusammen. Plötzlich fühlte Sergei den Frieden Gottes in seinem Herzen, nun wußte er, daß die Suche nach dem neuen Leben ein Ende hatte. Er berichtete über dieses große Ereignis: „Ich übergab mein Leben Jesus Christus, und er trat in mein Leben. An diesem wundervollen Tag wurde ich neu geboren, und die innere Leere wurde von ihm gefüllt. Ich dachte an die Millionen von russischen Jugendlichen, die, wie ich, irregeführt, illusionslos und enttäuscht nach der Wahrheit suchten. Ich konnte nicht anders, ich mußte alles tun, was in meinen Kräften stand, um ihnen zu helfen."

Sergei sprach in Kirchen, vor der Presse, im Fernsehen und bei anderen Gelegenheiten über die Christenverfolgungen, er bat die Menschen, für Rußland zu beten und dem Volk zu helfen. Bald erhielt Sergei Drohungen. Darin hieß es: „Wenn du weißt, was für dich gut ist, dann hältst du den Mund! Wenn du noch einmal den Mund aufmachst, wirst du einen tödlichen Unfall haben. Denke daran, du bist gewarnt worden!"

Am 1. Januar 1973 starb Sergei Kourdakov durch eine Kugel, an diesem Tag wäre er zweiundzwanzig Jahre alt geworden. Das christliche Bekenntnis war ihm mehr wert als sein eigenes Leben.

Erlösung bedeutet Übergang vom Tod zum Leben. Das heißt:
Übergang vom Zustand der Trennung von Gott zur Vereinigung mit ihm.
Kardinal Hume

Tobias – Ich kam mir nutzlos vor

Sehr offen berichtete Tobias über seine Seelenängste und seinen Weg zum Glauben: „Ich stamme aus einem Dorf in Bayern. Mit meinem Bruder wuchs ich in einer christlichen Familie auf. Jeden Sonntag mußte ich in die Kirche, auch oft an Werktagen. Mit meinen Eltern hatte ich Schwierigkeiten, es gab Streit, da ich meinen Dickkopf durchsetzen wollte. Als Kind und auch später wurde ich oft verspottet und geärgert. Immer mehr hatte ich das Gefühl: Ich werde nicht gebraucht. Ich war nicht wie die anderen Jungen, ich war ängstlich und zurückhaltend. Zuhause drückte ich mich vor der Arbeit, die mir nicht gefiel. Ich hatte überhaupt keine Geduld. Mein Selbstwertgefühl und meine Selbstsicherheit nahmen immer mehr ab. Als ich endlich mit dreizehn Jahren allein weggehen durfte, war ich die meiste freie Zeit in unserem Jugendheim. Glaube, Kirche, Schule und den späteren Beruf hatte ich hintenangestellt. Täglich war ich im Jugendheim und langsam bestimmten Alkohol, Nikotin und Partys immer mehr mein Leben. Unter den Jugendlichen fand ich aber nie die Gemeinschaft und Liebe, die ich mir gewünscht hatte. Oft schlichen sich Depressionen ein, so daß ich bisweilen keine Lust mehr zu leben hatte. Alles schien so sinnlos.

Meiner Mutter zuliebe ging ich trotzdem jeden Sonntag in die Kirche. Von der heiligen Messe hatte ich nie richtig etwas mitbekommen. Mein Platz war in der letzten oder vorletzten Bank bei den anderen Jugendlichen. Dort wurde geschlafen, geschwätzt, gekichert oder andere sinnlose Dinge getan. Die heilige Kommunion war Nebensache, ich empfing sie nur noch an großen Kirchenfesten. An meinem erlernten Beruf hatte ich keine Freude. Ich war nie mit meinem Leben richtig zufrieden. Oft kam mir der Gedanke, ich wäre zu nichts nützlich. Während meiner Wehrdienstzeit als Sanitäter kam der Entschluß, einen anderen Beruf zu erlernen. Ich wurde Krankenpfleger. Bis zu meinem einundzwanzigsten Lebensjahr hatte ich viele Freundinnen. Damals habe ich viel gesündigt. Zwei- bis dreimal pro Jahr ging ich beichten, aber schwerwiegende Sünden verschwieg ich aus Angst.

Damals bekam ich von meiner Tante die Zeitschrift »Medjugorje aktuell«. Als ich von einer Jugendwallfahrt nach Medjugorje las, schossen mir viele Gedanken durch den Kopf. Ich dachte: ‚Ich muß mein Leben ändern, so kann ich nicht weitermachen!' Schließlich entschloß ich mich zu der Pilgerfahrt und besuchte im November 1997 den Wallfahrtsort. Ich lernte viele Menschen kennen, sie waren fröhlich und nett. Während der Fahrt strömten viele Eindrücke auf mich ein. Alles war sehr ungewohnt und neu für mich. In Medjugorje wurden wir sehr freundlich empfangen. Ich konnte es kaum glauben, daß ich da war, wo die Mutter Gottes erscheint. Je länger ich hier war, desto mehr begriff ich, was ich in meinem Leben Schlechtes getan hatte. Immer wieder kamen Tränen der Reue. Als wir den Kreuzberg hinaufstiegen, spürte ich meine Last, die ich ständig mit mir herumtrug. Plötzlich hatte ich Sehnsucht nach Jesus und Maria. Ich dachte: ‚Ich möchte die Botschaften der heiligen Jungfrau Maria ernst nehmen und leben. Mein Leben muß anders, neu und geordneter in Jesus werden.'

Die Beichte dort wurde für mich zum Schlüsselerlebnis. Von da an begann ein neues Leben für mich. Der Heilige Geist machte sich durch Freude, Sicherheit, Selbstwertgefühl, Hoffnung, Liebe zu anderen Menschen und auch zu mir selber bemerkbar. In unserer Pilgergruppe war jeder für den anderen da, wie in einer großen Familie. Es wurde viel gelacht und gesungen, wie ich es noch nie erlebt hatte. Diese Wallfahrt hat mein Leben total gewandelt. Als ich nach Hause kam, umarmte ich meine Mutter tränenüberströmt vor Freude. Ich sagte zu ihr: ‚Heute müssen wir noch zusammen den Rosenkranz beten!' Nun möchte ich diese unendliche Liebe weitergeben. Seit einigen Monaten leite ich mit anderen einen Jugendgebetskreis. Jetzt habe ich gelernt, was es heißt zu leiden, zu fasten und bestimmte Opfer zu bringen. Nun habe ich mein Leben Maria geweiht, mit der Gewißheit, daß sie mich nie allein lassen wird. Im Vertrauen auf Jesus übergebe ich Ihm mein ganzes Leben auf dieser Erde. Ich glaube, Medjugorje ist schon ein kleines Stückchen Himmel! Ich habe begriffen, was das Wichtigste in meinem Leben ist."

Eucharistisches Herz Jesu, du glühst vor Liebe zu uns;
entzünde auch unsere Liebe zu Dir!
Papst Leo XIII.

Patrick – Ich wollte ihn nicht töten

Erschütternd ist Patricks Bericht über seine kriminelle Vergangenheit: „Mit vierzehn Jahren entdeckte ich die Selbstbefriedigung. Ich begann, Pornos, erotische oder rundweg bestialische Comics zu lesen. Ich war von der Idee besessen, meine Sexualität auszuleben. Als ich fünfzehn Jahre alt war, hatte ich große sexuelle Probleme bei den Mädchen. Ich fühlte mich dadurch minderwertig. Da es mir nicht gelang, meinen Wert auf natürliche Art zu beweisen, wollte ich mich mit Hilfe meiner Kraft durchsetzen. Der Chinese Bruce Lee wurde mein Idol. Meine Wendigkeit, meine Technik und meine Kraft nahmen zu. In meiner Umgebung begann man, mich zu respektieren. Man forderte mich auf, Menschen auf der Straße zu überfallen. So übernahm ich die Aufgabe, denn ich war glücklich, daß man mich zur Kenntnis nahm und mir so eine wichtige Aufgabe anvertraute. Es folgten zahlreiche Überfälle, und ich wurde immer schlimmer. Ich hatte endlich das Gefühl, jemand zu sein.

Bei einem Volksfestbesuch hatte ich ein Messer dabei. Auf dem Heimweg bekam ich Streit mit einem Mann. Als er mein Messer erblickte, wurde er still. Ich beschimpfte ihn nach Kräften, und er antwortete nicht. Ich war glücklich, denn ich war endlich Herr der Situation. In diesem Moment zog ein Mann, der ihn begleitete, seine Jacke aus, da er sah, daß ich seinen Freund bedrohte, und kam auf mich zu. Ich hatte Angst, ich fühlte, daß das schlecht ausgehen würde. Irgend etwas drängte mich zu fliehen, um ein Blutvergießen zu vermeiden. Aber sofort dachte ich an meine Kameraden, die einige Meter von mir entfernt waren. Wenn ich floh, war mein Ruf im Eimer. Doch es war wichtig, diesen Ruf zu erhalten, es war lebenswichtig. Dieser Mann kam auf mich zu, drehte mich um meine eigene Achse und schlug mir ins Gesicht. Er hielt mich fest. Ich versuchte, mich aus seiner Umklammerung zu befreien und gab ihm einen tödlichen Schlag ins Gesicht. Als ich fühlte, daß er mich losließ, lief ich sofort los – immer geradeaus. Ich bewegte mich wie ein Automat, aber ich wußte, daß ich nicht endlos fliehen konnte. In diesem Augenblick wurde mein Gewissen wach für Gott. Ich wurde in Fleury-Mérogis wegen vorsätzlichen Mordes zu sieben Jahren verschärfter Haft verurteilt, davon zwei auf Bewährung.

Es war seltsam! Ich hatte den Eindruck, daß ich anfing, meinen Fall Gott anzuvertrauen, dem Einzigen, der wirklich gerecht urteilt und dessen Gerechtigkeit Verzeihen heißt. Es war unbegreiflich – als ob jemand seine Hand auf mich gelegt hätte, eine schützende Hand. Nichts würde mir geschehen, denn Gott war bei mir. Von da an war meine einzige Sorge Gott. Während der ersten drei Jahre meiner Haft bemühte ich mich, Wahrhaftigkeit in mir und um mich herum zu schaffen. Gott schien mir so wahrhaftig. Auf jeden Fall konnte man ihn nicht betrügen. Ich fühlte, daß er alles in meinem Leben ans Licht brachte. Und ich fühlte, daß wenn irgend etwas in meinem Leben geschehen konnte – es Gott wäre, der selbst handelte. Obwohl ich nicht glaubte, daß Gott mir verzeihen würde, zögerte ich nicht, die Bibel meinen Mitgefangenen zu empfehlen, denn ich glaubte hundertprozentig an alles, was darin stand.

Als ich dann in ein anderes Gefängnis in der Nähe von Nancy gebracht wurde, bekam ich von einem Mitgefangenen das Buch »Das Kreuz und die Messerhelden«. Nachdem ich dieses Buch gelesen hatte, richtete ich meine Aufmerksamkeit auf den Heiligen Geist. Ich wollte um jeden Preis diese Erfahrung machen, auch in meinem Herzen zu wissen, wie sehr ich von Gott geliebt bin. Eines Tages wurde ich von einer wunderbaren Freude erfüllt, es dauerte etwa eine Minute, dann hörte alles auf. Jetzt wußte ich, daß ich das erlebt hatte, was die Jugendlichen in New York erfahren hatten, wovon der Verfasser David Wilkerson in seinem Buch berichtete. Ich wußte, daß ich das erlebt hatte, den Heiligen Geist, das Leben Gottes in ihnen! Von da an wußte ich, daß Christus auferstanden ist. Ich wußte, daß das Leben Gottes in mir war: die ewige Gegenwart des Heiligen Geistes. Ja, ich bestätige, daß der Heilige Geist mich verstehen ließ, daß auch ich ein Kind Gottes bin und vom Vater geliebt werde. Nach und nach begriff ich, daß Gott kein Richter ist. Gott ist die Liebe, und man muß keine Angst davor haben, ihm zu glauben. Ich entdeckte, daß Gott nicht verurteilt. Oft spreche ich vor Scharen von Jugendlichen über meine Erfahrungen mit Christus. Ich versäume keine Gelegenheit, da ich weiß, wie wichtig die Jugendzeit für die Zukunft der jungen Menschen ist. Ich halte es für meine Aufgabe, den Lebensweg der Jüngeren durch mein Zeugnis zu erhellen. All das muß sie zu einer größeren Freiheit führen. Ich glaube an das Zeugnis, an die Vergebung, die alles neu macht, an den Heiligen Geist, unsere Zuversicht."

Gott besitzt nicht, er schenkt. Er schenkt sich.
Heinrich Spaemann

Tchela – Als einziger das Massaker überlebt

Tchela überlebte als einziger den Überfall der Rebellen in Huambo in Angola. Er berichtet über diesen schrecklichen Tag: „Am 20. März 1993 wurde ich sehr unsanft von Rebellen aus dem Bett gerissen. Sie führten mich und zwanzig meiner Kameraden auf ein offenes Feld. Wir wurden in eine Reihe gestoßen, die Gewehrläufe waren auf uns gerichtet. Ich blickte den Rebellen in die Augen, als sie begannen, einen nach dem anderen zu erschießen. Ich war der fünfte. Sie schossen auf mich. Blut spritzte, und ich fiel. Der Schuß war durch mein Hemd gegangen und hatte mich nur am Arm getroffen, dann fiel der nächste auf mich. Ich konnte es nicht glauben, es war ein Wunder. Ich lag unter toten Körpern, ohne mich zu bewegen, und mußte mit anhören, wie jeder meiner Kameraden brutal erschossen wurde. Es dauerte nicht lange, dann war Ruhe auf dem Feld. Ich blieb wie tot liegen – so lange, bis ich sicher war, daß die Rebellen das Feld verlassen hatten. In größter Angst kroch ich mühsam unter den Leichen hervor und floh voll Grauen. In der Abenddämmerung, nach 25 km Fußmarsch, erreichte ich eine Ortschaft. Zu meinem großen Glück fand ich eine sympathische Familie, die mich versteckte und für mich sorgte."

In einem Überraschungsangriff gelang es den Regierungstruppen, Huambo nach elf Tagen schwerer Kämpfe von den Rebellen zurückzuerobern. Tchela hatte die Möglichkeit, die Rebellen auszuliefern, doch er tat es nicht. Er nannte auch den Grund dafür: „Friede kann nur erreicht werden, wenn sich beide Seiten gemeinsam darum bemühen. Es macht keinen Unterschied, zu welcher Seite du dich zugehörig fühlst; egal ob du über die Rebellen sprichst oder über die Regierung, du sprichst über ein und dasselbe Volk – Angolaner. Wir beten jeden Tag darum, daß Gott den Politikern die Weisheit zu einer dauerhaften Aussöhnung gebe, um diesen grausamen Krieg zu beenden."

Nach seinem Gottvertrauen befragt, antwortete Tchela: „Gott ist groß. Ich glaube fest daran: Daß ich noch am Leben bin, habe ich nur Gott zu verdanken."

Ich bin bei euch alle Tage
bis zum Ende der Welt.
Matthäus 28, 20

Ramon – Treue bis in den Tod

Ramon schrieb an seine Verwandten: „Liebe Mutter, Großmutter und geschätzte Brüder, ich schreibe euch mit tiefer Freude in der Seele, und der Herr weiß, ich lüge nicht. Ich sage es vor Himmel und Erde. Ich würde niemals Ruhe finden, wenn ich euch nicht durch diese Zeilen wissen lassen könnte, daß der Herr mich ausersehen hat, die Palme des Martyriums in meine Hände zu geben. Mit diesen Zeilen sende ich euch außerdem meinen einzigen Wunsch und mein Testament, daß ihr, wenn ihr sie erhaltet, dem Herrn ein Loblied singt wegen des großen und außerordentlichen Geschenks des Martyriums, das er geruht hat, mir zu übertragen. Wir sind seit dem 20. Juli im Gefängnis. Ich würde mein Gefängnis nicht für das Geschenk von Wundertaten tauschen oder das Martyrium für die Sendung, die bisher mein Lebenstraum war. Ich werde erschossen werden, weil ich den Lehren der römisch-katholischen Kirche folge. Dankt dem Vater durch unseren Herrn Jesus Christus.“

Die Soldaten, die Ramon verhaftet hatten, machten ihm verführerische Angebote, doch keine Macht der Erde konnte ihn dazu bewegen, seinem Glauben untreu zu werden. Nur fünf Tage nach dem Verfassen des Briefes wurde Ramon hingerichtet. Er blieb Gott treu bis in den Tod.

Mußte Jesus nicht leiden? Ja, auch ich muß und will es mit ihm,
um einzugehen mit ihm in seine Herrlichkeit: heim zu dir, o Vater.
Bischof Franz von Sales

Reiner – Durch Maria fand ich den Weg zu Gott

Sehr eindrucksvoll berichtet Reiner von den Höhen und Tiefen seines jungen Lebens: „Ich bin in der Nähe des Bodensees geboren. Meine Kindheit und Jugend waren nicht leicht. Gerade die Familie, die Schutz und Geborgenheit geben sollte, war teilweise nicht vorhanden. Es war wenig Zeit für uns Kinder da. Zeitmangel für die Kinder ist aber auch eine Gesellschaftskrankheit. Mir fehlte jede Hinführung zum Glauben. Ich kannte nur Fernsehen, Videofilme oder Computerspiele. Nichts gegen das Fernsehen, aber wie viel Gewalt, Sex, Brutalität, Horrorfilme und Verletzungen der Zehn Gebote kommen darin vor. Selbst in der normalen Popmusik aus dem Radio findet man oft dämonischen und satanischen Einfluß, welcher Menschen in depressive, tranceähnliche Zustände versetzen kann. Ich habe von Kind an in solch einer Welt gelebt. Viele Menschen können oder wollen dies nicht erkennen, weil sie ihre ursprüngliche Reinheit des Herzens verloren haben. Die Discotheken sind voll mit unreinem Geist. Jesus sagt aber ganz klar: ‚Selig, die ein reines Herz haben, denn sie werden Gott schauen können!‘ (Mt 5, 8). Was ist aber mit denen, die mit der schweren Sünde befleckt sind? Sie können nicht mehr sehen, weil sie die Gnade Gottes aus ihrem Herzen herausgerissen haben. Sie haben

Gott aus ihrem Herzen verbannt. Bis dann irgendwann der Zeitpunkt eintrifft, wo der Mensch sich zu fragen beginnt: Warum das alles, warum immer ich? Dieser Zeitpunkt kam auch für mich.

In der Religionsstunde zeigte die Lehrerin den Film »Der Exorzist«. Dieser Film hatte schreckliche Folgen für mich. Es begann ein Kampf in meiner Seele. Alpträume, Angstzustände und unreine Gedanken quälten mich in zunehmendem Maße. Nach einem Gespräch mit einem Priester stellte sich dann heraus, daß dieser Film in mir vieles aufgewühlt hatte, andererseits hatte Gott diesen Film benutzt, um mich zu ihm zu führen. Bei einem charismatischen Wochenende erlebte ich zum ersten Mal, was es bedeutet, wenn man jemandem die Hände auflegt und um Befreiung und Heilung betet. Gott wollte mich aber noch näher bei sich haben. Deshalb wies er mir den Weg nach Medjugorje, einem Ort, wo die selige Jungfrau Maria seit 1981 bis heute täglich erscheint, um die Welt zur Umkehr und zum Frieden aufzurufen. Dort beichtete ich nach langer, langer Zeit wieder und hatte danach das Gefühl, zum ersten Mal im Leben wirklich frei zu sein. Daran erkannte ich, wie wichtig die Sakramente für uns sind.

Es folgten dann weitere Reinigungsprozesse, in denen ich mich immer mehr dem göttlichen Licht öffnen konnte und Gott mir seine Gaben schenkte. Ich bin jetzt 22 Jahre alt und kann mit Maria beten: ‚Großes hat der Herr an mir getan!‘ (Lk 1, 49). Ich wünsche mir, daß viele Christen den Mut finden, selbst Zeugnis zu geben, was der Herr an jedem einzelnen von uns Großes getan hat.“

Pflege das Leben, wo du es triffst!
Hildegard von Bingen

Gisela – Gott befreite mich aus den Fängen Satans

Mit erschütternden Worten berichtete mir Gisela über ihre schrecklichen Erlebnisse: „Bis zu meinem zwölften Lebensjahr hatte ich einen Kinderglauben, danach ließ das Interesse nach und verschwand ganz. Mit fünfzehn Jahren wurde ich extrem magersüchtig. Ich mußte in eine psychiatrische Klinik eingeliefert und zwangsernährt werden. Irgendwie war mir bewußt, daß die Krankheit etwas mit dem Verlust meines Glaubens zu tun hatte. Nach meinem Klinikaufenthalt sprach niemand mit mir über Gott.

Ich engagierte mich von jetzt an politisch, orientierte mich immer weiter nach links, war bei Demonstrationen dabei, besuchte Rockkonzerte, bis ich eines Tages die große Liebe fand. Doch sie wurde für mich eine bittere Enttäuschung, die fast mit einem Selbstmord endete. Jemand versprach, mir zu helfen. Diese Person gab mir eine Spritze – ich war damals gerade achtzehn Jahre alt – und so wurde ich von dieser Person abhängig. Kurz darauf mußte ich ins Krankenhaus. Der Drogenmißbrauch hatte zu einem gefährlichen Darmverschluß geführt. Nach meiner Entlassung begab ich mich in Rockerkreise, besuchte wilde Feste, nahm sporadisch Drogen, später alle Arten von Drogen, auch Heroin. Eines Tages ging ich mit anderen in eine leere Fabrik, um dort Musik zu machen. Ich sonderte mich etwas ab, um das Gebäude näher zu untersuchen. Als ich auf dem Dach war, stürzte ich plötzlich vier Meter in die Tiefe. Für einige Zeit war ich bewußtlos. Schließlich wurde ich von den anderen gefunden. Mit einem Becken- und Schambeinbruch wurde ich ins Krankenhaus eingeliefert. Hier machte ich mir Gedanken über den Sinn des Lebens. Als ich endlich nach fünf Wochen zum ersten Mal gehen konnte, besuchte ich die Kapelle des Krankenhauses, um eine Kerze anzuzünden und mich zu bedanken."

Als ich meine Gesprächspartnerin nach ihren Empfindungen in der Kapelle befragte, antwortete sie: „Ich hatte große Scheu, es war alles so fremd, aber irgendwie hatte ich auch ein Glücksgefühl und spürte Geborgenheit."

Dann schilderte sie den weiteren Verlauf ihres Lebens: „Ich kehrte zu meinem gewohnten Leben zurück. Es kam noch extremer. Von da an machte ich Bekanntschaft mit dem okkulten Bereich. Ich hatte Kontakt zu Personen, die sich auf Dämonen einließen. Es folgten massive Angriffe Satans auf meine Seele. In mir sah es immer schwärzer aus, ich konnte ohne Drogen nicht mehr leben und hatte häufig Männerbekanntschaften. In dieser Zeit befand ich mich in einem richtigen Teufelskreis. Als nichts mehr ging, wollte auch ich nicht mehr weiterleben. Ich hatte das Leben satt. Deutlich spürte ich, daß ich schon drei Leben hinter mir hatte. Mein Leben hing nur noch an einem hauchdünnen Faden."

Als ich mich erkundigte, wie es zu der entscheidenden Wende kam, erwiderte sie: „Die Wende habe ich meiner Mutter zu verdanken. Sie berichtete mir von ihren Erfahrungen in Medjugorje. Jemand schenkte mir eine Reise zu diesem Ort. Die Fahrt dorthin und die ersten vier Tage waren für mich entsetzlich. Es war für mich die Hölle. Ich ging jedem Gespräch aus dem Weg, machte einen großen Bogen um die Kirche und verschanzte mich in meinem Zimmer. Ich weiß noch sehr genau, als ich wutschnaubend vor dem Kreuz in meinem Zimmer stand und das Kreuz anschrie: ‚Was willst du von mir? Laß mich in Ruhe!‘

Es war mir dabei nicht entgangen, daß etwas in mir vorging. Zunächst hielt ich alle Pilger für verrückt, doch unterschwellig hoffte ich auf ein Wunder. Bald kam der Augenblick, wo ich mir selbst blöd vorkam. Meine Mutter ging zu Pater Petar und erzählte ihm von meiner Krankheit. Irgendwann entschloß ich mich freiwillig, zu ihm zu gehen. Die Beichte, die ich bei ihm ablegte, führte zu meiner Bekehrung. Eine Stunde dauerte meine erste Beichte, aber danach war ich ein neuer Mensch, ich spürte wie die ganze schreckliche Vergangenheit von mir abgewaschen wurde. Zum ersten Mal in meinem Leben fühlte ich mich von Gott geliebt. Pater Petar sagte mir während der Beichte ganz offen, daß ich in der schwersten Todsünde lebe und daß Gott mich trotzdem sehr liebe. Er riet mir, ich solle noch eine Zeitlang hier in Medjugorje bleiben. Nach zwei Wochen fuhr ich wieder nach Hause.“

Ich wollte in Erfahrung bringen, ob sie die Botschaften, die die Gottesmutter dort gibt, auch befolge. Darauf antwortete sie: „Ich lebe die Botschaften, gehe täglich zur heiligen Messe und empfange dabei die heilige Kommunion. Ich beichte jeden Monat und bete täglich den Rosenkranz.“

Nach ihren jetzigen Empfindungen befragt, versicherte sie: „In mir ist ein großer Frieden, aber auch eine große Sehnsucht nach einer besseren Welt, nach Frieden und nach Gott. Für mich ist Gott zum Mittelpunkt meines Daseins geworden, ich liebe Maria, meine himmlische Mutter, weil ich ihr alles zu verdanken habe. Sie ist die große Gnadenvermittlerin. Rückblickend kann ich sagen, daß ich alles Medjugorje zu verdanken habe. Ohne die Hilfe der Gottesmutter wäre ich heute nicht mehr am Leben. Ich bin mir ganz sicher, wenn ich vor meinem Besuch in Medjugorje gestorben wäre, so hätte mich Gott wegen meiner schrecklichen Sünden nicht in den Himmel geholt.“

Dieses Interview zeigt sehr deutlich, daß durch die Heilung der Seele (in der Beichte) gleichzeitig auch die Genesung des Körpers erfolgen kann. Von der Mutter meiner Gesprächspartnerin erfuhr ich später, daß ihre Tochter in Medjugorje spontan von den harten Drogen befreit wurde.

Seele Christi, heilige mich! Leib Christi, erlöse mich!
Ignatius von Loyola

Mike – Ein Drogensüchtiger und Gesetzesbrecher wird Missionar

Mike Lee berichtet gegenüber dem YOU-Magazin über seine große Lebenswende: „Als ich zwölf war, kehrte ich dem Christentum den Rücken zu. Ich verbrachte viel Zeit mit Freunden, die mich negativ beeinflußten. Wir nahmen Drogen, brachen in Geschäfte ein, wurden eingesperrt und wieder freigelassen, hatten also ständig Ärger mit dem Gesetz. Ich wurde zu einem Jugendfest eingeladen. Dort erinnerte ich mich wieder, daß es einen Gott gibt, der mich liebt, dem ich nicht egal bin. Ich lernte Leute von der katholischen Schule kennen und gab meinen Job auf. Nach einem Kurs in Theologie und Evangelisation ging ich mit einem Team für zwei Jahre in die Mission. In diesen zwei Jahren führte ich ein stilles Gebetsleben, stand jeden Tag sehr früh auf. Ich erlebte tiefe Freundschaft in diesem Team. Die Eucharistie war wahrscheinlich das Wichtigste überhaupt. Ohne die tägliche Anbetung und Messe, ohne diese Stärkung hätte ich es sicherlich nicht durchgehalten."

Auf die Frage: „Du hast alles zurückgelassen und bist in die Wildnis gegangen, zu welcher Erkenntnis bist du gelangt?" antwortet Mike: „Der Herr gibt mehr als die Welt jemals bieten könnte." Angesprochen, ob er Priester werden möchte, erwidert er: „Ja. Ich habe diese Berufung schon seit langem gespürt, aber ich war noch nicht bereit zu antworten. Ich wollte Frau und Kinder haben. Ich sehe aber klar und deutlich, daß die einzige Frau in meinem Leben Maria sein wird. Man muß Gott mit ganzem Herzen suchen. Bitte ihn, in dein Herz zu kommen und kehre der Sünde den Rücken zu. Zieh einen Schlußstrich und vertraue auf Jesus. Er wird dir alles zeigen. Euren Lesern möchte ich sagen: Habt keine Angst, über euren Glauben zu sprechen. Schweigt nicht. Habt keine Angst vor dem Kreuz. Ohne Kreuz gibt es keine Auferstehung."

Jesus Christus, du unvergängliches Licht,
durchstrahle mein Dunkel.
M. Avellina OSF

SARAH – NACH LANGER SUCHE FAND SIE DAS GROẞE GLÜCK

Sarah Brendel stammt aus einer christlichen Familie. In jungen Jahren hatte sie sich längere Zeit von Gott abgewandt und ging ihre eigenen Wege. Auf der Suche nach dem Sinn des Lebens fand sie den Weg aus der Finsternis. Als sie die Liebe Gottes erkannte, wurde Jesus ihr bester Freund. Heute weiß sie, daß es nichts auf der Welt gibt, das sie mehr erfüllen könnte. In einem Interview mit Michael Cech gibt sie ihre Beweggründe an:

„Es gibt nichts Stärkeres, als mit Gott zu leben. Nun habe ich den Frieden gefunden, nach dem ich mich immer gesehnt hatte. Ich möchte immer auf Jesus schauen, obwohl das manchmal schwer werden kann, vor allem wenn man Erfolg verspürt. Ich weiß, daß ich mein Talent von ihm habe. Ich wollte immer singen, hatte aber keine besonders gute Stimme. Alle haben gesagt: ‚Hör auf zu singen, das hört sich schrecklich an!' Ich kümmerte mich nicht viel darum, ich habe gebetet und gesungen, vor allem in der Küche – wegen der guten Akkustik. In der Schule wurde ich einmal gebeten, bei einer Veranstaltung zu singen – und da waren die Leute auf einmal total berührt, vielleicht auch deshalb, weil sie merkten, daß ich für Gott singe. Nach ein paar Jahren sagten viele: ‚Hey, eigentlich hast du echt eine gute Stimme.' Ich versuche jeden Tag Zeit mit Gott zu verbringen, und das nicht nur zwischen Tür und Angel. Ich lese in der Bibel, das gibt mir einfach viel Kraft und ich merke, daß es mir nicht besonders gut geht, wenn ich es ein paar Tage auslasse. Ich merke, daß ich die Gemeinschaft mit Gott brauche. Ich rede den ganzen Tag über mit ihm, wo ich auch bin, bei der Arbeit, auf dem Fahrrad, wenn ich im Studio bin. Ich weiß, daß Gott immer da ist. Gott gibt mir Mut. Wenn ich durch die Straßen gehe, fallen mir oft diese vielen traurigen Gesichter auf, die gekennzeichnet sind von einer großen Hoffnungslosigkeit. Das tut mir weh, darum singe ich: ‚O Gott, gib uns mehr Hoffnung!' Und das kann nur Gott sein. Mit dem Song »Father's Girl« möchte ich ausdrücken, daß Gott mich liebt und mich ganz fest in seine Arme nimmt. Er sagt mir, daß ich wertvoll bin. Er ist für mich ein ganz liebender Vater. Ich arbeite jetzt schon an meiner neuen CD. Ich möchte mich auch noch musikalisch weiterbilden, Lieder schreiben, um möglichst vielen Menschen von Jesus zu erzählen. Das ist wirklich mein großes Anliegen."

Für Sarah ist es ein dringendes Bedürfnis, allen Menschen von der Liebe Gottes zu erzählen. Sie merkte sehr schnell, daß Gott sie bei ihren Veranstaltungen als sein Werkzeug benutzen wollte, um die Zuhörer zu berühren.

Die Schönheit und der Glanz der Erde bist du, Jungfrau,
und bist für immer das Bild der heiligen Kirche.
Durch eine Frau der Tod, durch eine Frau das Leben:
durch dich, o Mutter Gottes!
Kirchenlehrer Augustinus

23 Jahre

Nico – Wie mich Gott von Drogen befreite

Im Sommer 2001 schilderte mir Nico seinen Weg zum Glauben: „Von klein auf war ich es gewohnt, sonntags in die Kirche zu gehen, denn der Glaube spielte in unserer Familie schon immer eine große Rolle. So war es für uns Kinder selbstverständlich, das zu tun, was ein gläubiger Katholik tut. Aber daß Gott unter uns ist, daß Gott die Liebe ist und die Stütze und der Trost im Leben, habe ich nie wirklich spürbar oder bewußt erfahren dürfen. Je älter ich wurde, desto mehr erkannte ich, was den Menschen in unserer Zeit am wichtigsten ist und was man tun muß, um Liebe und Trost von den Menschen zu bekommen. Es ist das Ansehen, wonach wir strebten und worum wir schon als Kinder kämpften. Schnell habe ich im Jugendalter erfahren, daß dieses Ansehen durch den Weg des Glaubens nicht zu erreichen ist. Man wurde – und wird heute noch mehr – verlacht und verspottet, wenn man den Glauben bekennt. Doch um von Freunden und Schulkameraden angenommen und gemocht zu werden, mußte man cool sein, keine Gefühle zeigen, lässige Sprüche reißen und einfach eine dicke Maske aufsetzen und nichts und keinen an sich heranlassen, um von keinem verletzt zu werden. Doch daß man sich dadurch von Gott entfernt und ihn ganz verlassen und verleugnen muß, um das in der Welt ideale Ansehen zu erreichen, habe ich nicht gewußt und hätte es auch nicht gedacht.

Die ersten Partys fingen ganz harmlos an – wie das bei allen Jugendlichen so ist: Alkohol, Zigaretten und Mädchen. Erst mußte man sich überwinden, doch meine Hemmschwelle war nie sehr groß. Ich habe die Musik schon immer geliebt. Der Rock war sozusagen immer mein Antrieb und mein Tröster, und so fand ich meine Vorbilder, die dann von dem Zeitpunkt an, wo ich den Heavy Metal kennen lernte, mein Leben bestimmten. Mit fünfzehn Jahren hatte ich meine erste eigene Band und meine größten Freuden waren die Partys am Wochenende und die Musik, die eigentlich mein größter Götze war. Kurze Zeit später war ich auch schon jedes Wochenende besoffen und habe dann so langsam angefangen, leichte Drogen auszuprobieren. Ich dachte immer, ich habe alles unter Kontrolle. Wir wollten Spaß haben, frei sein, uns einfach gehen lassen und immer alles schön ‚locker cool' nehmen. Es blieb aber nicht bei den leichten Drogen, und so habe ich auch harte Sachen genommen. Als ich ein paar Jahre später erkannte, daß ich ohne Rausch nicht leben konnte, war es zu spät, um auszusteigen. Die Drogen waren mir wichtiger als die Nahrung, als Freunde oder Familie. An der Spitze stand die Musik, die es für mich nur in Verbindung mit dem Rausch gab.

Zu dieser Zeit war das Höchste für mich ein Abgang mit siebenundzwanzig wie die großen Stars der 70er Jahre. Ich wollte nur kurz leben, aber so intensiv wie möglich und dann früh an einer Überdosis sterben. Ernsthaft hatte ich gedacht, daß dies das Höchste sein muß und es niemals etwas Höheres für mich geben könnte wie den täglichen Kick (Rausch) bis kurz vor der Ohnmacht."

Ich wollte in Erfahrung bringen, wie es zu der entscheidenden Wende kam. Der junge Mann berichtet: „Meine Mutter hatte schrecklich darunter gelitten. Da ich zu Hause mit meiner Familie nicht mehr zurechtkam, mußte ich ausziehen. So konnte sie nur für mich beten. Jedesmal, wenn ich nach Hause kam, erzählte sie mir von Medjugorje, daß die Mutter Gottes dort erscheine und ich doch einmal hinfahren solle. Ich habe mich darüber kaputtgelacht und meiner Mutter gesagt, daß ich so etwas nicht brauche. Ich glaubte doch an Gott, aber ich brauchte dafür nicht zur Kirche zu gehen und erst recht nicht zu beten.

Als sie mich dann irgendwann fragte, ob ich denn Angst hätte, dort zu erfahren, daß alles wahr sei, was man über den Ort und die Geschehnisse dort erzählt oder ob ich vielleicht Angst hätte, mich zu ändern, wollte ich ihr beweisen, daß niemand mich und meine Einstellung ändern könne. Ich sagte ihr: ‚Du wirst sehen, wenn ich zurückkomme, werde ich nicht zur Kirche gehen und nicht beten.' Doch ich hatte Angst – eine Vorahnung. Ich wußte, daß etwas passieren würde. Dann saß ich im Sommer 1997 mit circa siebzig Jugendlichen in einem Bus, der uns nach Medjugorje brachte. Ich war ziemlich benommen und alle haben mich genervt und aufgeregt mit ihrer Fröhlichkeit und Freundlichkeit, mit der Liebe zum Nächsten. In mir entstand ein gewaltiger Hurrikan. Ich konnte nie fröhlich sein; wenn ich nüchtern war, war ich depressiv – erst recht, wenn ich nicht unter Gleichgesinnten war, sondern unter denen, die ich haßte, die ich immer abgelehnt hatte, weil sie ‚vernünftig' waren, weil sie gut waren und man ihnen ansah, daß sie mit ihrem Leben zufrieden und voller Freude waren. Ich wollte auch von Herzen lachen können, ich wollte frei sein von meiner Abhängigkeit, die meine einzige Freude war und mir Probleme bereitete.

Auf der Fahrt nach Medjugorje erkannte ich, daß mein Leben falsch war, daß ich mit meinen neunzehn Jahren schon völlig kaputt war und, wenn ich so weitermachen würde, nicht einmal siebenundzwanzig würde. Bereits auf der Fahrt hatte sich so viel in mir geregt, vor allem durch den Lobpreis, die Zeugnisse und das viele Gebet, daß ich noch am gleichen Tag beichten gehen mußte. Ich hielt diesen Schmerz in mir nicht mehr aus. Ich hatte keine andere Wahl, als die dicken Brocken über Bord ins tiefe Meer zu werfen. Und tatsächlich ging es mir nach der Beichte schon viel besser.

Am nächsten Tag gingen wir auf den Erscheinungsberg. Vor dem Holzkreuz auf halber Höhe blieben wir stehen. Es wurden Lieder gesungen und jemand sagte: ‚Geht hin zu dem Kreuz und laßt alles da, was euch bedrückt, all eure Schwierigkeiten!‘ Davon hatte ich genug. So ging ich hin, legte meinen Kopf an dieses Kreuz und betete: ‚Herr, mach mich frei, nimm den Schmerz und die Sucht von mir.‘ Im gleichen Augenblick strömte ein heißer, unbeschreiblicher Strom durch meinen ganzen Körper. Ich fing an zu zittern und heftig zu atmen. Zum ersten Mal in meinem Leben spürte ich: Gott ist die Liebe, und er liebt mich. Dies war so unglaublich stark, so mächtig. Durch verschiedene Drogen hatte ich viele überirdische Zustände erfahren! Von diesem Tag an wußte ich aber: Nichts kommt der Liebe Gottes gleich, es gibt nichts, was höher ist, keinen schöneren und besseren Zustand, als von Gott geliebt zu werden. Der Heilige Geist reinigte mich gründlich. Ich hatte kein Bedürfnis mehr nach Drogen, ich war frei, wirklich frei! Als wir oben ankamen, fand ich eine Wundertätige Medaille. Ich wußte von da an, daß die Mutter Gottes dort ist, und ich wollte in Zukunft den Weg mit ihr gehen.“

Als ich wissen wollte, wie seine alte Umgebung ihn aufnahm, erwiderte er: „Zuhause war es ziemlich schwierig, den Leuten beizubringen, daß ich für Gott leben wollte. Ich war voller Feuer, ich wollte beten, fasten, beichten, in die heilige Messe gehen und jeden Tag in der Bibel lesen. Meine Freunde hielten mich für verrückt. Ich hatte zuviel erzählt und man dachte, die Drogen hätten mich zum Abdrehen gebracht oder ich wäre in einer Sekte. Zwei Monate war ich stark und habe mich bemüht, die Botschaften der Mutter Gottes in meinem Leben umzusetzen, doch der Druck meiner Kameraden war so stark, daß ich mehr oder weniger dazu überredet wurde, Kompromisse zu schließen. Ich habe dann einfach wieder mitgemacht. Es ist ja nur heute, habe ich mir gedacht, Gott wird es verstehen. Doch der kleinste Kompromiß führte im Endeffekt zum Fall. Nach dem Fall war das Aufstehen zwar schwer, doch die Beichte half mir wieder neu auf. So fuhr ich dann immer in meinen Ferien nach Medjugorje. Meine Liebe zu Gott wuchs immer mehr, wie auch die Sehnsucht nach Heiligkeit. Die Entscheidung fiel dann irgendwann, voll und ganz für Gott zu leben – alles zu geben – mich täglich in der heiligen Messe von unserem Herrn umarmen zu lassen.

Heute weiß ich: Gott heilt! Jeden Tag darf ich neu anfangen und durch seine Gnade die Freude des Himmels auf Erden erfahren – auch wenn es oft schwer ist. Seit letzten Sommer beten wir in meiner Familie zusammen. Der Friede ist eingekehrt und nach neunzehn Jahren konnte ich sagen: Ich liebe meine Eltern und meine Geschwister und bin ihnen für alles dankbar. Mit den alten Freunden, die vorher so zahlreich waren, konnte ich nach kurzer Zeit nichts mehr anfangen – viele waren auf einmal gegen mich oder kannten mich gar nicht mehr. Doch der Herr schenkte mir neue Freunde, Menschen, die mir geholfen haben, den Weg zu Gott zu finden, die mir geholfen haben, immer wieder aufzustehen und vor allem, die für mich gebetet haben – ohne deren Hilfe ich jetzt auch nicht da stehen würde, wo ich jetzt stehe. Mit vielen Leuten von Totus Tuus bin ich fast jedes Wochenende unterwegs in den Gemeinden Deutschlands, um auch andere Menschen, besonders die Jugendlichen, an unseren Erfahrungen teilnehmen zu lassen. Jeder Tag mit Gott ist ein Abenteuer, totale Erfüllung live, in jeder katholischen Kirche! Preiset den Herrn!"

Gott liebt heute die Welt durch uns. Er hört nicht auf,
die Welt zu lieben: Er sendet uns in die Welt,
um seine Liebe zu sein, sein Erbarmen.
Mutter Teresa

Margee – Gott liebt dich

In South Bend (USA) saß die Studentin Margee in einer Imbißstube und aß ihren Hamburger. Als sie ein stilles Tischgebet sprach, hörte sie eine sanfte Stimme in ihrem Herzen, die sie bat, zu einem Mann am Nachbartisch zu gehen, um ihm zu sagen, daß Gott ihn liebe! Sie war ängstlich und dachte: „Nein, ich kann das niemals tun!" Sie konnte sich nicht vorstellen, wie dieser Mann reagieren würde. Margee überlegte: „Ich werde meinen Hamburger sehr, sehr langsam essen und nachher, wenn dieser Mann noch immer da ist, werde ich zu ihm gehen." Nachdem sie sich sehr viel Zeit zum Essen genommen hatte, saß ihr Tischnachbar immer noch an seinem Platz. Die Studentin nahm ihren ganzen Mut zusammen und näherte sich dem Mann, dann sagte sie: „Bitte entschuldigen Sie, ich betete gerade vor dem Essen, als ich Gott hörte, der zu mir sagte, ich solle zu Ihnen gehen. Der Herr will Ihnen sagen, daß er Sie liebt!“ Als der Angesprochene diese Worte vernahm, lächelte er und sagte: „O! Setzen Sie sich bitte zu mir! Ich muß Ihnen etwas erzählen.“

Margee erfuhr, daß ihr Gesprächspartner ein Marinesoldat war, der gerade seinen Einberufungsbefehl für Beirut erhalten hatte. Kurze Zeit vorher hatten Terroristen dort eine Kaserne der Marine angegriffen und 200 Soldaten getötet. Genau an diesem Morgen hatte er beschlossen zu desertieren, im Bewußtsein, welche Folgen dies haben würde. Damit wäre er für den Rest seines Lebens ein Flüchtling. Aus diesem Grunde hatte er Gott um ein Zeichen gebeten: „Wenn ich dort nichts riskiere und du mich beschützt, dann desertiere ich nicht und werde mich morgen meiner Einheit für Beirut anschließen.“ Tatsächlich gab es während seines Aufenthalts in Beirut keinen einzigen Terroranschlag.

Denn du hast uns auf dich hin geschaffen,
und unser Herz ist unruhig, bis es Ruhe findet in dir!
Kirchenlehrer Augustinus

Diana – Ich war am Ende meiner Kräfte

Es war Heiliger Abend. Diana wollte an diesem besonderen Tag in die fast zwei Kilometer entfernte Kirche in Ohio gehen. Sie freute sich auf die Mitternachtsmesse. Den ganzen Tag hatte es geschneit. Die Schneedecke war fast dreißig Zentimeter dick. Den Wagen konnte sie deshalb nicht benutzen. Sie verabschiedete sich von ihrem Mann, der auf das kleine Kind aufpassen mußte, und ging los. Die Schneeverwehungen waren teilweise sehr hoch, doch der Weg führte bergab, und Diana kam deutlich vor der Zeit in der Kirche an. Die eindrucksvolle und festliche Zeremonie war kurz vor Mitternacht beendet. Da Diana weder Nachbarn noch Freunde gesehen hatte, ging sie allein wieder zurück. Nun mußte sie bergauf gehen. Der Weg war dunkel, und weit und breit kein Haus. Sie kämpfte sich voran, das Atmen fiel ihr immer schwerer und die Angst wuchs in ihr. Als Diana auf die Uhr sah, merkte sie, daß sie schon über eine Stunde unterwegs und der Weg zu ihrem Haus noch weit entfernt war. Sie war durchgefroren und am Ende ihrer Kräfte. Plötzlich kam ihr der Gedanke: „Würde mich jemand hier finden, oder würde ich hinfallen und erfrieren?“ Dann betete sie: „O Gott, ich fürchte mich so, hilf mir, nach Hause zu kommen!“ Nach diesem Stoßgebet hörte sie plötzlich wunderschöne Musik. Sie fühlte, wie sie über den Schnee hinwegglitt, als wäre es ein Traum. Was geschah mit ihr? War sie dabei zu erfrieren? Fühlte man sich so, wenn man starb? Plötzlich stand Diana vor ihrem Haus. Als sie betete, hatte sie noch einen weiten Weg vor sich, und nun – wenige Minuten nach dem Hilferuf – war sie zu Hause. Diana hat keine andere Erklärung gefunden als die, daß es ein Engel war, von Gott herbeibefohlen, der sie sicher zu ihrer Haustür getragen hat.

Engel Gottes, mein Beschützer, Gott hat dich gesandt,
mich zu begleiten. Erleuchte, beschütze und führe mich.
Altes Schutzengelgebet

Gisela – Eine Studentin klagt an

Bereitwillig schilderte mir Gisela aus München die Erlebnisse ihrer bewegten Vergangenheit: „Meine Eltern haben mich im katholischen Glauben erzogen. Bald traten große Veränderungen ein. Es begann die Zeit des Studiums. Ich lernte neue Kreise und Freunde kennen. Alles schien faszinierend. Ich fühlte mich besser als die Leute, die normal zur Arbeit gingen. Mir gefiel das Leben an der Universität. Meine innere Unruhe versuchte ich mit tausenderlei Aktivitäten zu überdecken. Ich reiste in viele Länder, besuchte Sportclubs, sang in verschiedenen Chören und war in vielen Discos. Bis spät in die Nacht war ich unterwegs. Die Gottesdienstbesuche hörten bald auf, endlich konnte ich tun, was ich wollte. Meine Augen wurden mit jedem Tag blinder für den Sinn der heiligen Messe. Und je mehr ich Jesus mein Herz verschloß, um so mehr Gewalt besaß der Teufel über mich. Ich zog in eine Kommune, interessierte mich für den indischen Glauben und las viele Bücher über Esoterik. Die Discothek wurde nun zu meinem nächtlichen Ritual. Von der Esoterik schwenkte ich zur Lektüre von magischen Büchern. Ich kreiste irgendwie nur noch um mich selbst. Ein Jahr lang besuchte ich einen Reinkarnationskurs. Bei allem Suchen wünschte ich nur eines: den wahren, inneren Frieden zu finden."

Ich fragte die Studentin, ob sie diesen Frieden gefunden habe, darauf entgegnete sie: „Ich kann es nicht mit Worten ausdrücken, was ich in Medjugorje erlebt habe. Es ist wie bei einer unheilbaren Krankheit, die plötzlich geheilt wird. Wir sehen ein Vorher und ein Nachher, aber was dazwischen liegt, ist so feingliedrig, so ineinander geschaltet, daß es nur ein fachkundiger Arzt erklären kann. Der Mensch kann nur noch staunen. Der Arzt ist in diesem Fall Jesus, und seine Mutter Maria, so empfinde ich es, ist eine unendlich liebe Krankenschwester. Das alles habe ich erst nach meinem Aufenthalt in Medjugorje gemerkt, dort war ich sozusagen noch ‚bewußtlos'. Nun bete ich, daß ich das alles bis zu meinem Tod nicht mehr vergesse und dankbar bin. Damals wurde ich wie von einer unsichtbaren Macht zur Beichte geführt und empfing dann die heilige Kommunion nach langer Zeit. Ich bekam in Medjugorje die Kraft, mit meinem bisherigen Leben zu brechen und in Christus wiedergeboren zu werden. Es war ein harter Kampf, aber viele halfen mir dabei."

Als ich sie fragte, welche Erfahrungen sie in ihrem Leben gemacht habe, antwortete sie: „Heute möchte ich alle warnen, die oft in die Discotheken gehen. Besonders die Rockmusik läßt die Tänzer sich gebärden wie die Tiere, denn viele Gruppen haben sich dem Okkultismus verschrieben. Der Reinkarnationskurs verführt die Teilnehmer zum Stolz."

Schließlich erkundigte ich mich nach ihrem Verhältnis zu Gott und Maria. Sie antwortete: „Maria führt uns den leichten Weg zu Jesus. Wenn wir versuchen, Gott immer mehr zu lieben, dann werden wir im Leben mit allem glücklicher und zufriedener sein. Wir müssen jeden Tag versuchen, auch wenn es uns schwer fällt, nichts für uns selbst zu behalten, sondern alles den anderen, den nach Frieden Hungernden, zu geben. Je mehr wir das tun, um so mehr Friede wird sein."

Zum Schluß wollte ich wissen, was sie gleichaltrigen Menschen empfehlen würde. Spontan erwiderte sie: „Vor allem möchte ich als Studentin meinen Kommilitonen sagen: Laßt euch nicht kompliziert machen! Bleibt auf dem Weg der Einfachheit und der Demut, denn Demut heißt: ‚Mut zum Dienen'. Das fängt schon bei kleinen Sachen an, man braucht nicht große Worte zu machen. Betet für die Menschen, die nicht glauben können, denn sie haben das Gebet sehr notwendig. Dankt Gott, daß ihr studieren dürft, von ihm haben wir diese Gabe, uns geistig weiterzubilden, nicht aus uns selbst. Mancherorts wird die Universität als ‚Alma Mater' bezeichnet. Besonders die Studenten sind dieser ‚Gütigen Mutter' anvertraut. Weiht euch jeden Tag der Gottesmutter! Prüft besonders die Zeitströmungen sehr sorgfältig. Prüft euch selbst ganz genau! Welcher Grund steckt dahinter, wenn ihr neue Religionen sucht? Prüft die Leute, die neue Religionen verbreiten! Oft gilt ein Grundsatz: ‚Nur wer gegen den Strom schwimmt, kommt zur Quelle.' "

Nimm hin, o Herr, meine ganze Freiheit!
Ignatius von Loyola

ARTUR – DURCH JESUS BIN ICH AUFERSTANDEN

Artur aus Polen berichtet über seine bewegte Vergangenheit: „In meinem Leben hatte der Glaube an Gott keinen Platz. Den wahren Glauben habe ich mit elf oder zwölf Jahren verloren – besser gesagt: Ich habe mich von Gott entfernen wollen. Das Böse gefiel mir aus dem Grund, weil ich immer den einfacheren und schnelleren Weg wählen wollte. Das Böse scheint dir immer alles und sofort zu geben. Das war nur ein schöner Schein, der mich jahrelang betrog. Die Lüge, das Betrügen, das Falschsein, das Vorspielen eines Menschen, der ich gar nicht war – das alles war einfacher als das, was Jesus lehrt. Wem konnte ich schon sagen, das der große, starke Artur auch Angst hat, verletzbar ist, Fehler macht, Komplexe hat, sich schämt, unsicher ist und Probleme mit sich herumträgt? Keiner hatte mir vorher gesagt, daß Jesus durch die Menschen um dich herum wirkt, daß die Reinheit eine schöne Sache ist, die einem die Freiheit gibt, einem Mädchen in die Augen zu schauen, ohne irgendwelche Hintergedanken dabei zu haben. Die Reinheit gibt mir das Gefühl von Freiheit, die mich zufrieden macht, auch wenn alles schief geht, die mir ein Lächeln schenkt, auch in schwierigen Momenten. Meine ersten Schritte zu Drogen waren genau zu dem Zeitpunkt, als ich ganz jung unrein wurde, mein Körper versklavte mich allmählich, ohne daß ich mir dessen bewußt war.

Als ich dem Bösen folgte, wurde ich immer unzufriedener, die Suche nach dem verlorenen Glück begann. Heute fühle ich, daß mir verziehen worden ist. Jesus kann mir wirklich alles verzeihen. Die Priester in der Beichte sind Werkzeuge in seinen Händen. Auf jeden Fall fühle ich mich nach der Beichte aufgeladen, und die anderen um mich herum bemerken es auch, denn ich lache viel mehr, bin viel, viel besser zu den anderen, und die Freude am Leben teilt sich allen mit, die um mich herum sind. Der Heilige Geist ist wirklich in meinem Leben gegenwärtig, er ist eine große Stütze für mich. Früher habe ich mit den Drogen in der Dunkelheit der Lüge, der Gier, der Habsucht, des Egoismus, des Materialismus, der ewigen Unzufriedenheit gelebt. Heute ist Jesus ganz konkret in mein Leben getreten und hat auch meine Ketten der Sucht, der Sünde zersprengt. Jesus hat mich aus dem Tod meiner Seele, meiner Gefühle, meiner Wünsche, meiner Hoffnungen auferweckt. Er ist der einzige, der es geschafft hat, über das Böse und über den Tod zu siegen. Jesus hat den Tod besiegt und das nicht vor zweitausend Jahren, sondern heute in meinem Leben. Jesus ist auferstanden, und dieses Geschehen wiederholt sich jeden Tag. Jesus ist auch in mein Leben getreten, und ich bin auferstanden!"

Das Gebet ist das Werk aller Werke,
denn es vermag und erreicht alles.
Jugendapostel Don Bosco

Eva – Gott hat sich meiner erbarmt

Mit fünfzehn Jahren besuchte Eva Discotheken und andere Veranstaltungen. Bald hatte sie ihre erste Krise und begann, Alkohol zu trinken. Als sie siebzehn Jahre alt war, bekam sie Depressionen. Sie hatte große Angst vor dem Tod. Als die Angstzustände nachließen, stürzte sie sich in Vergnügungen. Sie berichtete: „Da ich gerne tanzte, wurde mir der Disco-Besuch bald zur einzigen Freude. Am liebsten tanzte ich mit meiner Freundin, und wenn wir allein auf der Tanzfläche waren und ich meine Show abziehen konnte, brachte mich das in Höchststimmung. Ich kleidete mich gerne aufreizend. Kurzum, ich war voller Eitelkeit und Stolz und liebte es, im Mittelpunkt zu stehen."

Als Eva Mutter wurde, litt sie erneut an Depressionen, und die Angst vor dem Tod stellte sich wieder ein. Das einzige Mittel, das sie für einige Stunden von dieser unbeschreiblichen Angst befreien konnte, waren Schlaftabletten. Für Partys, Discos und die Rolle einer attraktiven, anziehenden Frau war das Interesse total geschwunden. Als es Eva am schmerzlichsten erging, dachte sie zum ersten Mal wieder an Gott. Von einer Bekannten bekam sie das Jesusbild, das nach einer Vision von Schwester Faustina aus Polen gemalt wurde.

Sie berichtete, was dann geschah: „Ich sah auf das Bild, und im selben Augenblick wurde ich von der Liebe Jesu dermaßen durchdrungen, daß ich nur noch den einen Wunsch hatte, Jesus aus ganzem Herzen zu lieben." Bisher hatte Eva die Beichte mit der Begründung abgelehnt: „Das geht den Priester gar nichts an, das mach ich mit dem lieben Gott selber aus!" Doch ein Wort aus der Heiligen Schrift bewegte sie so sehr, daß sie beichtete. Nach dieser Lebensbeichte fühlte sie sich wie neu geboren und überglücklich. Seitdem geht Eva so oft wie möglich zur Beichte. Durch ihr Leben nach den Geboten Gottes erkannte sie die wahren Werte.

Sie schilderte mit Blick auf die jungen Menschen: „Für mich war früher die Disco das Höchste, nun ist es die heilige Messe. Ich muß an die vielen Jugendlichen denken, die viel Geld ausgeben, um bei einem Konzert ihres Lieblingssängers oder ihrer Lieblingsband dabei zu sein, und die noch viel mehr Geld geben würden, wenn sie ihren Star ganz persönlich treffen könnten. Doch all diese Idole sah ich nun als armselige Menschen, oft sogar in schwerer Sünde lebend. Und Jesus? Er ist Gott und hat doch immer für uns Zeit. Es ging mir auf, daß Jesus bei jeder heiligen Messe in Sehnsucht und Liebe auf uns, auf mich wartet. Und wenn ich in Not bin und mir keiner helfen kann oder will – Jesus kann und will mir immer helfen; ich kann ihm vollkommen vertrauen, er will für jeden Menschen nur das Allerbeste."

Als Eva ein Buch über die Engel las, bereute sie es tief, daß sie ihren Schutzengel kaum beachtet hatte. Von jetzt an betete sie vertrauensvoll zu diesem mächtigen Begleiter und Beschützer. Als sie mit dem Wagen auf dem Weg nach Hause war, sah sie zwei Kinder im Alter von circa drei und sieben Jahren schon von weitem am Straßenrand gehen. Eva schilderte: „Es war eine gerade Stecke und ich fuhr ca. 70 bis 80 Km/h. Plötzlich war in mir nur noch ein Gedanke, ein Wort: bremsen, bremsen, bremsen! Ohne recht zu überlegen, ohne eine Gefahr zu bemerken, bremste ich, und als ich nur noch einige Meter von den Kindern entfernt war – sie gingen auf meiner Seite – überquerten sie direkt vor mir die Straße. Da ich nur noch im Schritttempo fuhr, konnte ich das Auto sofort zum Stehen bringen. Die Kinder erschraken sehr. Mein Kommen hatten sie überhaupt nicht bemerkt. Ich war Gott und meinem heiligen Schutzengel überaus dankbar."

Immer mehr erkannte Eva die Liebe Gottes zu den Menschen, aber auch den Haß Satans, der die Seelen bei sich in der Hölle haben will. Über dieses Thema berichtete sie: „Mir wurde klar, daß der Teufel in unserer Zeit nur deshalb soviel Macht hat, weil fast keiner mehr an seine Existenz glaubt. Vor einem Feind, den man nicht als Feind erkennt, vor dem schützt man sich nicht."

Herr, mach mich zu einem Werkzeug deines Friedens,
daß ich liebe, wo man haßt!
Franziskus von Asissi

24 Jahre

Emmanuelle – Das Wissen um meine Zukunft versetzte mich in Todesangst

Während eines Aufenthaltes in Indien begegnete Emmanuelle einem „Geweihten". Er erklärte ihr, er habe auf sie gewartet, dann verschwand er und kam mit „ihrem Lebensbuch" zurück. Es war ein altes, schmutziges Buch in Sanskrit geschrieben. Jahr für Jahr las er ihr die wichtigsten Ereignisse ihres Lebens daraus vor, auch die Beschreibung der Verwandten paßte haargenau. Emmanuelle wunderte sich. Ihr Leben wurde zu einer Geschichte, die sich schon im voraus abgespielt hatte, vor Jahrhunderten niedergeschrieben. Was sie nicht wußte: Sie stand unter dem teuflischen Einfluß dieses Wahrsagers. Die ganze Inszenierung mit dem Lebensbuch war der verlogene Deckmantel seiner hellseherischen Macht. Zuerst sagte sie sich: „In Bezug auf die Zukunft hat er sich bestimmt getäuscht." Schnell erkannte sie, daß die Aussagen über die Zukunft sehr genau eintrafen. Dieses Wissen um die zukünftigen Ereignisse verursachte Verzweiflung, Depressionen, Haßausbrüche und Todesangst. Nun erkannte sie auch den Zusammenhang zwischen ihrer Sucht nach Okkultismus und Spiritismus und ihrer verzweifelten Situation. Emmanuelle berichtete über ihre Lage: „Etwas zerfraß mich innerlich. Im Lauf der Monate wurde meine Verzweiflung immer größer, ich zerstörte mich selbst in jeder Beziehung. Zeitweise ergriffen mich Haßausbrüche, denen Depressionen folgten. Das Abrutschen Richtung Tod hatte begonnen – mit all seiner furchtbaren Angst."

Emmanuelle war am Ende ihrer Kräfte, deshalb versprach sie ihrer Schwester, daß sie den Tag mit ihr in einer charismatischen Gebetsgruppe verbringen werde. Sie traf dort Menschen mit strahlenden Gesichtern, die Gott lobten und restlos glücklich waren. Sie erkannte die unüberwindliche Mauer, die sie von den anderen trennte, und betete vor dem Allerheiligsten: „Laß mich sterben, hab Erbarmen, laß mich sterben!" Während der großen Gebetsversammlung hörte Emmanuelle eine fremde Frau, die mit einer lauten Stimme sprach: „Brüder und Schwestern, unter uns ist eine Person, die vom Teufel bedrängt wird und dem Tod entgegengeht. Sie ist wegen Spiritismus und okkulter Praktiken in große Lebensnot geraten. Diese Dinge sind in den Augen Gottes abscheulich und führen zum Tod. Aber der Herr Jesus hat die Macht, sie zu befreien. Sie möge nicht zögern, zu uns zu kommen, wir werden für sie beten."

Nach dieser Aufforderung rannte Emmanuelle zu dieser Frau und berichtete über ihren schrecklichen Zustand. Die Rednerin erklärte ihr die Taktik des Teufels, der die Seelen an sich zieht durch Enthüllungen über die Zukunft, durch verführerische Einsichten, um die Seelen besser fesseln zu können, um sie vor anderen Menschen abzusondern und sie zu zerstören. Die Rednerin begann, mit den Anwesenden zu beten, das Blut Jesu wurde oft erwähnt, dann wandte sie sich mit fester Stimme an die Dämonen und sprach im Namen Jesu ein Befreiungsgebet. Nach diesem Gebet war Emmanuelle ein anderer Mensch geworden. Das Leiden war verschwunden, aus der furchtbaren Angst war tiefer Friede geworden. Seit dieser Stunde änderte sich alles für Emmanuelle. Alle Vorhersagen des indischen Zauberers trafen in der Zukunft nicht mehr ein. Emmanuelle faßt ihre Befreiung durch Jesus in dem einen Satz zusammen: „Welch ein Glück, daß ich einem solchen Retter begegnet bin!"

Nichts soll dich ängstigen, nichts dich erschrecken.
Alles geht vorüber. Gott allein bleibt derselbe.
Theresia von Avila

Andy – Gott hat mich vor dem Tod bewahrt

Andy rauchte seit seinem vierzehnten Lebensjahr. Nun benötigte er täglich drei Schachteln. Sein Arzt erklärte ihm, wenn er damit nicht aufhöre, würde er sich sein eigenes Grab schaufeln. Eines Tages hörte Andy einen Vortrag, der für das Militärpersonal gehalten wurde. Der Militärgeistliche erklärte den Soldaten, daß der Gott unserer Väter noch lebe und täglich Gebete erhöre. Nach dem Vortrag ging Andy zu dem Redner und fragte ihn: „Glauben Sie wirklich das Zeug, das Sie da erzählen?" Der Pastor antwortete ihm: „Ja, das glaube ich." Andy fragte weiter: „Sie wollen also damit sagen, daß Gott Sie auf der Stelle erhören würde, wenn Sie zu ihm beteten?" Der Militärpfarrer gab ihm zur Antwort: „Aber natürlich, ich weiß, daß er mein Gebet erhört." Als Andy von seinen vielen Zigaretten berichtete, die er täglich rauchte, und von dem Urteil des Arztes, erklärte ihm der Pastor: „In Ihrem Fall besteht natürlich kein Zweifel; für Sie ist das Rauchen Sünde." Sofort bestürmte ihn der junge Soldat: „Dann bitten Sie Ihren Gott, daß er macht, daß ich damit aufhöre." Der Militärseelsorger legte seine Hand auf seine Schulter und betete: „Gott, laß ihn nie wieder rauchen."

Andy verließ den Pastor und dachte, das sei eine glatte Rechnung. „Ich brauche nur zu rauchen und werde damit beweisen, daß Gott eben keine Gebete erhört." Auf der Toilette zündete er sich eine Zigarette an, nahm einen tiefen Zug und mußte sich sofort übergeben. Er dachte an einen Zufall und versuchte es später noch einmal, aber er mußte sich wieder übergeben. Bei jedem Versuch mußte er brechen. Der Gedanke an eine Zigarette rief in ihm Übelkeit hervor. Überglücklich ging er zu dem Militärgeistlichen und berichtete ihm, was Gott durch sein Gebet bewirkt hatte. Dann bat er ihn: „Bitte beten Sie doch, daß Gott mir meine Sünden vergibt und daß ich Christus als meinen Heiland annehmen kann." Kurz darauf lagen beide auf den Knien, und Andy nahm voll Freude Jesus als seinen Heiland an.

Mein Herr und mein Gott, nimm mich mir
und gib mich ganz zu eigen dir.
Nikolaus von der Flüe

LAUREN – MEIN WEG DURCH DIE HÖLLE

Lauren aus den USA gibt eines der erschütterndsten Bekenntnisse in diesem Buch. Als kleines Mädchen wurde sie von ihrer Stiefmutter an Männer vermittelt, die sie brutal vergewaltigten. Sie wurde für sexuelle und pornographische Interessen in unvorstellbarer Weise mißbraucht, dadurch geriet sie immer mehr in die Hände von Anhängern des Satanskultes. Um überleben zu können, heiratete sie einen Verbrecher, der sich später als höchstes Ziel den Satanskult erwählte. Lauren berichtete über das unvorstellbare Grauen, das sie erwartete: „Entsetzen packte mich. Das reinste Opfer stellte die Opferung eines Kindes für Satan dar! Für mich war es Mord. Ich würde niemanden töten. Dazu konnten sie mich nicht zwingen. In meinem Zustand war ich so verwirrt, daß ich nicht wußte, zu wem ich beten sollte, wen ich um Gnade anflehen sollte. Wie viele Male hatte ich schon zu Gott gebetet, und er hatte nicht eingegriffen! Was, wenn ich zu Satan beten würde? Ich hatte Wunder gesehen, echte Wunder, die in seinem Namen ausgeführt worden waren. Ich hatte nie in Betracht gezogen, zum Vater des Bösen zu beten, aber jetzt, wo ich Viktors Zwang gegenüberstand und mich all der erfolglosen Gebete, die ich in der Vergangenheit an Gott richtete, erinnerte, war es anders. Ich fragte mich, ob Gott überhaupt zuhörte und sich um mich kümmerte, und dachte: ‚Es kann sicherlich nicht schaden, es einmal bei Satan zu versuchen.' Ich versuchte, die Worte ‚Alles Lob gebührt Vater Satan' nachzusprechen, die ich die anderen oft sagen hörte. Ich hob den Kopf, um ein Gespür dafür zu haben, wo Satan war. Als ich fühlte, daß seine Gegenwart um mich herum war, kam plötzlich eine andere Stimme von irgendwoher: ‚Mein Kind, ich bin mit dir. Ich habe dich nie verlassen oder aufgegeben. Du bist in deiner dunkelsten Stunde, aber ich werde mit dir sein und dich hindurch- und herausbringen!' Ich hatte satanische Geister sprechen hören. Aber hier merkte ich gleich: Diese Stimme stammte weder von Satan noch von seinen Helfern. Während ich kniete, fühlte ich, wie eine Hand sich sanft auf meine Schulter legte. Eine Wärme kam über meinen Körper. Es gab keinen Zweifel für mich, daß Gott zu mir gesprochen hatte. Jedenfalls kümmerte sich Gott um mich!"

Diese Ermutigung gab Lauren die Entschlossenheit und Kraft, allen Forderungen der Satanisten zu widerstehen. Diese wahre Begebenheit zeigt aber auch, daß Gott keinen Menschen in seiner tiefsten Not allein läßt.

Mein Vater, ich überlasse mich dir, mach mit mir, was dir gefällt.
Was du auch mit mir tun magst, ich danke dir!
Charles de Foucauld

Emmanuel – Selbstmord als Ausweg?

Mit dreizehn Jahren war Emmanuel aus dem seelischen Gleichgewicht geraten, und mit siebzehn wollte er sich das Leben nehmen. Er fiel durch das Abitur und nahm Alkohol und Drogen. Es folgten Prostitution, Diebstahl, erneute Selbstmordversuche, Psychiatrie, Homosexualität, Perversion, Wahn, Verzweiflung, Einsamkeit und Gewahrsam. Die Einsamkeit wurde für ihn zum Alptraum. Er wollte vergessen und steigerte Alkohol- und Drogenkonsum. Immer mehr fühlte er, daß er zu nichts nütze war, daß er niemanden liebte und von allen vergessen war. Mit vierundzwanzig Jahren hatte er eine Leberzirrhose. Emmanuel schoß sich eine Kugel in den Bauch. Er überlebte, aber er verlor eine Niere. Die Leere in seinem Leben wurde immer unerträglicher, schließlich war er dem Wahnsinn sehr nah. Depressionen und Verzweiflung verstärkten sich immer mehr. Den einzigen Ausweg sah Emmanuel im Tod. Gab es überhaupt noch einen Ausweg?

Emmanuel berichtete über die Wende: „Als ich wieder zuhause war, hatte ich nur noch einen Gedanken: Selbstmord! In dem Augenblick, als es mir am schlechtesten ging, rief mich eine Dame an und schlug mir vor, sie zu besuchen. Ich habe sie in ihrer kleinen Gemeinschaft besucht. Jeden Donnerstag ging ich zu ihr, und nach und nach fühlte ich, daß etwas in mir vorging. Eines Tages habe ich in der kleinen Kapelle, wo das Allerheiligste ausgestellt war, wirklich die Gegenwart Jesu gespürt: Es war wie ein Blitz! Jesus liebte mich! Es war kein Zweifel mehr möglich. Endlich wurde ich geliebt, wirklich geliebt! Ich war gerettet! Ich war glücklich. Die Dame war wirklich für mich ein Engel des Herrn. Ich habe den Frieden Jesu gespürt, und an jenem Tag habe ich erfahren, daß Jesus mich heilen wollte. Ich habe geweint, aber zum ersten Mal in meinem Leben habe ich vor Glück geweint. Ich war vollkommen geheilt. Seitdem gehe ich ruhig meinen Weg an der Seite Jesu, der mich wieder lehrt zu leben. Heute wende ich mich dem Heiligen Geist zu. Jesus hat so viel für mich getan, ich bin bereit, ihm zu folgen, wohin er mich ruft. Ich will ihm mein Leben weihen! Die Welt braucht seine Liebe so sehr!"

Darum sollst du den Herrn, deinen Gott,
lieben mit ganzem Herzen und ganzer Seele,
mit all deinen Gedanken und all deiner Kraft.
Markus 12, 30

Alex – Ich wollte mich vor den Zug werfen

Der Bericht dieses jungen Menschen über seine grauenvolle Vergangenheit und sein Weg zu Gott kann für viele Leser sehr ermutigend sein. Er schildert: „Ich war früher nie so recht gläubig, schon als Kind nicht. Ganz im Gegenteil, ich habe als Jugendlicher so ziemlich gegen alles gewettert, was auch nur im Entferntesten mit Gott oder der Kirche zu tun hatte. Widerwillig und unter Druck meiner Eltern ging ich in den Konfirmandenunterricht. Dort habe ich einiges über Gott und Jesus erfahren, doch ich habe mich dagegen gewehrt, denn ich wollte von diesem Gott nichts wissen. In dieser Zeit fiel mir dann ein Buch über ‚Rockmusik und Satanismus' in die Hände. Ich war davon total begeistert. Das Thema ließ mich nicht mehr los. Ich besorgte mir nun gezielt die Musik, die satanische Texte hatte. Schnell fand ich ein paar Leute, die sich ebenfalls für dieses Thema interessierten. Es gibt davon mehr, als ihr denkt. Zusammen machten wir die ersten spirituellen Erfahrungen. Ich war förmlich davon besessen, denn viele Rituale, die wir durchführten, zeigten Wirkung. Ich hatte Erscheinungen von Satan und Dämonen. Langsam gab ich mich dem Alkohol hin. Ich lebte nach der Lehre des Satanismus: ‚Tu, was du willst, das ist das einzige Gesetz!‘ Der Alkoholgenuß langweilte mich, ich wollte immer mehr, mehr Satanismus, mehr Rausch und mehr Macht. Bald nahm ich harte Drogen.

So etwa mit achtzehn Jahren war ich dann psychisch total fertig. Ich wußte nicht mehr, wie es weitergehen sollte, und ich beschloß, den Satanismus aufzugeben. Was ich damals nicht erkannte, war die Tatsache, daß Satan schon längst von mir Besitz ergriffen hatte. Ich war inzwischen hoffnungslos drogensüchtig, ich hatte Angstzustände und Depressionen. So landete ich schließlich bei Heroin und hing bald an der Nadel. Ich verlor den Bezug zur Realität. Meine Freundinnen kamen und gingen, auch hier merkte ich, daß ich nicht mehr beziehungsfähig war. Ich wurde zum Einzelgänger. Mehrere Selbstmordversuche blieben ohne Erfolg.

Damals haßte ich alles, mich selbst und mein Leben, meine Umwelt, einfach alles. Ich war so verdammt einsam und allein, und keiner hat mich verstanden. Dann erinnerte ich mich an ein christliches Cafe im Ort, wo ich früher schon einmal war, aber damals mit dem Gedanken, dort die Leute auf den Arm zu nehmen und lächerlich zu machen. Ich wußte auch, daß es dort eine Drogenberatung gab. Also dachte ich: ‚Geh mal hin, ist ja sowieso alles egal!‘ Dort erlebte ich zu meinem Erstaunen, daß die Leute mich nicht verurteilten, obwohl viele mich kannten. Hier fühlte ich mich ein klein wenig verstanden, was aber nichts an meinem Drogenkonsum änderte. Ich ging dann öfters dorthin und lernte Dieter kennen, der als Drogenberater arbeitete. Erst später erfuhr ich, daß er aus der Emmaus-Gemeinschaft kam. Zu ihm faßte ich Vertrauen. Ich erfuhr auch etwas von Gott und Jesus, aber ich dachte: ‚Nee, was ich früher getan habe, das kann Gott mir nicht verzeihen.‘ So hatte ich immer Abstand zum Glauben gehalten, obwohl ich gern zu Gott gefunden hätte. Damals konnte ich allerdings mit niemandem darüber reden. Dieter überzeugte mich von der Notwendigkeit einer Therapie.

Nach Abschluß der Behandlung dauerte es jedoch nicht lange, und ich wurde wieder rückfällig. Ich habe dann aufgegeben, ich wollte nicht mehr weiterleben und mich vor einen Zug werfen. Dann kam ich auf die Idee, meine Mutter anzurufen. Sie erkannte sofort den Ernst der Lage und benachrichtigte Dieter. Er kam, und ich führte mehrere Gespräche mit ihm. Schließlich habe ich ihm unter Tränen gesagt, daß ich mit Gott gehen will. Dieter betete mit mir, und ich übergab Gott alle Sorgen und Nöte. Ich flehte Gott an, er möge mir doch helfen. Und er hat mir geholfen. Kaum drei Tage später konnte ich auf den Emmaushof kommen. Seitdem ich hier bin, hat sich mein ganzes Leben verändert. Ich habe wieder Freude am Leben und will auch leben. Hier erfahre ich, was Glauben bedeutet, und das Miteinander auf dem Hof ist auch gut. Ich bin fest davon überzeugt: Gott hat mir noch einmal eine Chance gegeben, und diese will ich nutzen!"

Euer Herz lasse sich nicht verwirren.
Glaubt an Gott, und glaubt an mich!
Im Haus meines Vaters gibt es viele Wohnungen.
Johannes 14, 1

Karl-Heinz – Ich möchte meinen Brüdern im Knast von Jesus erzählen

Der Bericht von Karl-Heinz zeigt, daß Gott auch durch Gefangene wirken kann. Er schildert sein Ringen um den rechten Weg: „Die Zeit bis zu meiner Inhaftierung verbrachte ich damit, mir ein bequemes Leben aufzubauen. Zwar nahm ich zu der Zeit keine Drogen und lebte abstinent, ich stellte mich aber nicht meinen inneren Gefängnissen, ich dachte, daß materieller Wohlstand alles sei. Durch meine Inhaftierung wurde mir alles genommen. Mir wurde klar, daß ich Hilfe brauchte, ansonsten würde ich wieder Drogen nehmen. Kurze Zeit später lernte ich die Emmaus-Gruppe kennen. In dieser Gruppe fand ich zum ersten Mal wieder ein inneres Zuhause. Was folgte, ist schwer in Worte zu fassen.

Oft betete ich: Herr, zeige mir den Weg, den ich gehen soll und gib mir die Kraft, ihn zu gehen. Mein Beten wurde erhört. Gott zeigte mir den engen Weg durch Schmerzen, Angst und Zweifel. Nie ließ er mich allein, unser Schöpfer stellte mir Wegbegleiter zur Seite, die Emmaus-Geschwister, meinen jetzigen Freund Willi, sowie den katholischen Seelsorger. Zum ersten Mal seit Jahren konnte ich wieder beichten, mit Tränen in den Augen. Ich kann dir gar nicht sagen, was für eine Befreiung ich empfand. In mir ging alles auf, und ich merkte, wie unser Erlöser in mein Herz einzog. Es begann der schwere Weg, meinen Glauben zu leben und Verantwortung zu übernehmen. Ich brachte mich in unsere Knast-

Gemeinde als Meßdiener ein und wurde in der Bibelgruppe aktiv. Doch das Wichtigste wurde die Emmaus Gruppe.

Ich fing an, innerlich frei zu werden, wollte mehr von der Liebe, die Jesus dem zuteil werden läßt, der sich ihr öffnet. So fing ich an zu beten: Herr, zeige mir meine Berufung. Dieses Gebet wurde immer inniger. Mir wurde die Gnade zuteil, daß mir die Augen, Ohren und die Seele geöffnet wurden. Die Erlösung aus meinem Egoismus, meiner Sucht, meinem Neid. Ich wurde offen für die Not der anderen, konnte ihnen zuhören. So fing ich an, ihnen von Jesus und meinem Glauben zu erzählen. Viele wandten sich von mir ab und es fiel mir nicht leicht, sie loszulassen, doch gerade diese schloß ich in mein Gebet ein.

Schon lange trage ich den Gedanken in mir, das Geschenk, das ich bekommen habe, weiterzugeben. Ich habe viele Menschen hier im Knast getroffen, die zwar aussteigen wollen, aber nicht wissen wie. So sind sie auch wieder umgefallen, da ihnen der Weg zu schwer war. Mittlerweile sind wir drei Mann, die sich gegen Gewalt, Drogen und Kriminalität entschieden haben. Meine Gebete wurden von Jesus erhört, als ich um Hilfe bat, diese Gruppe aufzubauen. Meine Emmaus-Geschwister sagten mir spontan ihre Hilfe zu. Das Wichtigste ist, daß wir uns auf den Weg gemacht haben. Der Same ist gelegt, was kommt, können wir nur in Jesu Hände legen. Ich hatte ein Geschenk bekommen, die Freiheit von der Suchterkrankung und die Loslösung aus inneren Gefängnissen. Dieses Geschenk möchte ich mit denen teilen, denen es noch nicht zuteil geworden ist. Die Entscheidung, den Emmaus-Orden um Aufnahme zu bitten, war mit vielen Gebeten und Auseinandersetzungen mit meinem Leben verbunden. Jetzt kann ich ja sagen zur Nachfolge Jesu. Meine Liebe gehört Jesus und meinem Nächsten, egal wie schräg er drauf ist. Ich möchte gern mein Versprechen für ein Jahr hier bei meinen Emmaus-Geschwistern ablegen.“

Nimm an, o Herr, meine ganze Freiheit,
mein Gedächtnis, meinen Verstand und meinen Willen.
Ignatius von Loyola

Sue – So hat uns Gott aus dem Elend befreit

Sue berichtet über ihren Leidensweg: „Mein alkoholsüchtiger Vater machte mir und meiner Mutter das Leben zur Hölle. Immer hatten wir nur wenig zum Essen, wir wohnten in der elendsten Hütte des ganzen Ortes und lebten in ständiger Angst vor meinem Vater, denn wenn er Wut hatte, schlug er uns. Meine Mutter und ich beteten für ihn, aber es wurde immer schlimmer. Eines Tages lasen wir in einem Buch, daß man Gott für alles danken solle. Wir schlossen mit Gott einen Bund und versprachen, ihm für Vater zu danken, genau so, wie er war. Noch am selben Abend kam er zum ersten Mal seit vielen Jahren in nüchternem Zustand nach Hause. Er berichtete von einem unglaublichen Erlebnis: ‚Als ich auf der Straße ging, legte sich mir plötzlich eine Hand auf den Kopf. Ich war starr vor Schreck, denn ich wußte, das muß Gott sein. Seine Hand wollte nicht von mir weichen. Ich wußte: Ich sollte mich hinknien und beten. Da suchte ich mir ein Plätzchen zwischen zwei Häusern und kniete mich dort nieder. Mein ganzes Leben rollte vor mir ab; mir wurde davon so übel, daß ich mich hätte übergeben können. Doch je mehr ich betete, desto glücklicher wurde ich.‘ Seit diesem Tag hat der Vater nie mehr einen Tropfen Alkohol angerührt.“

Wenn wir Gott für alles Leid und Elend danken, ihn loben und preisen, dann nehmen wir seinen Willen an, wir erlangen dadurch Vertrauen. Im Ja zum Willen Gottes wird unser Lob- und Dankgebet erst richtig fruchtbar, jetzt kann Gott unmittelbar eingreifen und alles zum besten wenden.

Atme in mir, du Heiliger Geist, daß ich Heiliges denke.
Treibe mich, du Heiliger Geist, daß ich Heiliges tue.
Kirchenlehrer Augustinus

Mariana – Geborgen in Gottes Liebe

Mariana aus Mexiko genoß das Leben in vollen Zügen. Sie lebte sehr freizügig und machte, was sie wollte. Auf der Fahrt zu einem Kinobesuch schoß ein junger Mann auf ihr Auto. Im Krankenhaus mußten die Ärzte Mariana die Kugel aus dem Rückenmark entfernen. Seitdem war sie von der Brust bis zu den Füßen gelähmt. Sie schildert: „Während meiner Genesungszeit hatte ich einen Traum: Jesus und Maria standen bei mir und Jesus sagte: ‚Ich heile dich.‘ Mein Herz und mein Leib wurden von einer geheimnisvollen Erregung ergriffen. Ich glaubte, geheilt zu sein. In Wirklichkeit war es eine geistige Heilung, denn ich erhielt die große Gnade, mehr und tiefer zu beten. In diesem Traum trug Maria eine Krone mit zwölf Sternen. Seither ist sie immer an meiner Seite.

Später brachte man mir eine Videokassette über Medjugorje, und ich erkannte darauf die Jungfrau Maria von Tihaljina aus meinem Traum. Der Friede, den sie in mir verbreitet hatte, gab mir die Kraft, auf das zu verzichten, was mich daran hinderte, in Gott zu wachsen – auf Drogen und Alkohol.“

Auf den Rat von jungen Christen fuhr Mariana nach Medjugorje, weil sie sich eine physische Heilung erhoffte. Sie berichtete über diesen Besuch: „In Medjugorje wurde mir diese Heilung nicht gewährt, aber ich erhielt eine noch größere Gnade: Ich verstand, daß ich früher in Finsternis und Leere lebte. Ich hätte meine Seele verlieren können, aber Gott ließ diesen Unfall zu, um mich ihm näher zu bringen. In Medjugorje änderte die Mutter Gottes mein Herz und meine Wünsche. Gewiß wünsche ich immer noch die körperliche Heilung, aber es ist nicht mehr mein dringendstes Problem. Wichtiger ist mir, daß alle meine Freunde Gott kennen lernen. Ich habe einen großen Wunsch! Mein Leben in Gebet und Fürsprache aufzuopfern. Ich opfere meine Leiden auf, damit meine Freunde von Atheismus und Gottlosigkeit geheilt werden und die Freude erfahren, Jesus zu kennen. Dies gibt mir den größten Frieden, und der übertriebene, krankhafte Wunsch, geheilt zu werden, hat mich verlassen.“

Maria, Mutter vom großen Sieg, erringe den Christen den Sieg
und schenke der Menschheit den Frieden.
Jugendapostel Don Bosco

Misa – In letzter Minute gerettet

Misa lebt in einem entlegenen Teil der russischen Arktis in einem Eskimo-Dorf. Zu den wenigen modernen Errungenschaften gehört eine Bodenstation und eine Satellitenschüssel, um Fernsehprogramme zu empfangen. Durch die Abgeschiedenheit ihres Wohnortes wird Misa depressiv. Die junge Frau Mitte zwanzig ist so verzweifelt und mutlos, daß sie sich umbringen will. Zu diesem Zeitpunkt kann der Strom für das Dorf nicht geliefert werden. Gerade als Misa darüber nachdenkt, wie sie ihr Leben beenden könne, wird der Strom eingeschaltet, und sie erkennt im Fernsehen einen Mann, der in die Kamera blickt und sagt: „Der Herr hat mir gerade innerlich die Gewißheit gegeben, daß du daran denkst, dir das Leben zu nehmen, weil du glaubst, daß sich niemand um dich kümmert. Aber Gott kümmert sich um dich und er liebt dich." Als der Fernsehevangelist Pat Robertson für diesen Menschen betet, wer immer es auch sein mochte, kann Misa nur noch weinen. Sie vertraut ihr junges Leben Jesus an. Die Veränderung in Misas Leben ist gewaltig. Sie berichtet ihren Nachbarn von dem Wunder, das sie erfahren hat. In der Folge gibt es durch sie mehr als sechshundert Bekehrungen. Heute betreut sie als Pastorin eine blühende Gemeinde am Ende der Welt.

Von guten Mächten wunderbar geborgen,
erwarten wir getrost, was kommen mag,
Gott ist mit uns am Abend und am Morgen
Und ganz gewiß an jedem neuen Tag.
Dietrich Bonhoeffer (Opfer der Nationalsozialisten)

Abdulai Masa – Eine folgenschwere Begegnung in der Nacht

Abdulai lebt am Rande einer wachsenden moslemischen Stadt in Nordafrika. Eines Tages überreicht ihm ein Missionar eine Broschüre mit christlichem Inhalt und sagt: „Hier bringe ich dir die Wahrheit." Als Abdulai den Namen Jesus Christus in der Broschüre entdeckt, flucht er und zerreißt die Schrift. Er schreit: „Das ist nicht die Wahrheit, das ist eine Lüge! Verschwinde jetzt und komm nie wieder oder ich bringe dich um!"

Der junge Abdulai Masa, der Sohn eines reichen Händlers aus der Stadt, hatte den Vorfall längst vergessen und schlief fest. Plötzlich ergriffen ihn zwei starke Hände an den Schultern und schüttelten ihn. Der Muslim richtete sich zitternd auf und fragte: „Wer bist du? Was willst du von mir?" Als er die Lampe einschaltete, war der Raum leer. Deutlich hörte er eine Stimme: „Du hast die Wahrheit zerrissen. Die Botschaft, die dir der Besucher an der Tür gab, war die Wahrheit Gottes, die den Weg zum ewigen Leben zeigt." Als Abdulai fragte, was er jetzt noch tun könne, da der Wind die Papierfetzen längst weggeweht habe, hörte er wieder diese geheimnisvolle Stimme: „Ich werde dir sagen, wo du eine neue Broschüre finden kannst. Nimm ein Blatt Papier und einen Stift und schreibe dir die Adresse auf! Wenn du die Botschaft noch einmal haben willst, geh bei Sonnenaufgang dorthin. Du wirst denselben Mann finden, der heute an deiner Tür gestanden hat.“

In der Dämmerung machte sich der junge Muslim auf den Weg. Mit Hilfe der Adresse fand er in einer Stadt von mehr als einer Million Einwohnern den Mann, den er am Tag zuvor bedroht hatte. Abdulai berichtete ihm von seinem nächtlichen Erlebnis. Der Missionar gab ihm eine neue christliche Schrift und sprach über den Glauben an Jesus Christus. Darauf übergab der Moslem sein Leben Jesus und bekannte seine Sünden. Er wurde Christ. Als seine Verwandten davon erfuhren, schmiedete sein Vater sogar den Plan, ihn entführen und umbringen zu lassen. Doch Abdulai konnte fliehen. Er änderte seinen Namen und erzählte anderen, was Gott in seinem Leben getan hatte, dabei wagte er sich in vorwiegend muslimische Gegenden seines Landes und versuchte die Menschen für Jesus zu gewinnen. Er erfuhr, daß ein anderer Muslim, der den Glauben an Jesus gefunden hatte, von seinem eigenen Vater auf dem Palastgelände mit einem Knüppel totgeschlagen wurde, dabei hatte die ganze Familie zugeschaut.

Jesus, Erlöser der Welt, heilige die Priester
und die Diener deines Heiligtums!
Papst Pius XI.

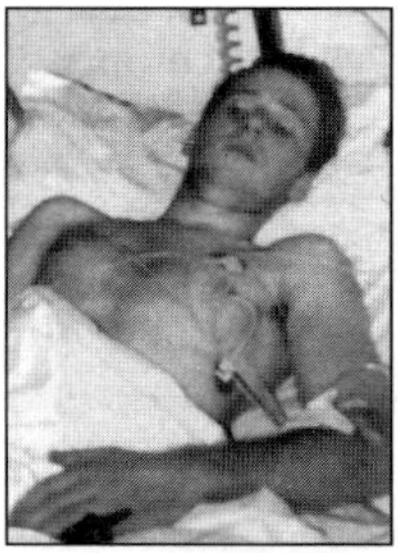

Georg – Über neun Tage lebendig begraben

Millionen von Fernsehzuschauern verfolgten das Drama im österreichischen Lassing. Ein Kohlebergwerk war eingestürzt und hatte elf Bergleute begraben. Fieberhaft suchten die Rettungsmannschaften nach den Vermißten. Ein Tag nach dem anderen verging, und die Lage der Eingeschlossenen wurde immer hoffnungsloser. Neun Tage lang hatten die Einsatzkräfte alle Bergungsmöglichkeiten ausgeschöpft, doch ohne Erfolg. In einem nicht verschütteten Stollen kauert Georg Hainzl und ringt mit dem Tod. Er ist erst fünfundzwanzig Jahre alt und will noch nicht sterben. Immer wieder betet er zu Gott um seine Rettung. Das Gebet gibt ihm Kraft und Hoffnung. Hunger, Durst und stickige Luft haben ihn extrem geschwächt. Seit über neun Tagen wartet und betet er. Sein Flehen und Rufen zu Gott bleibt nicht unerhört.

Gott läßt die Rettungsmannschaft genau an der Stelle bohren, wo sich sein Stollen befindet. Endlich – nach über neun Tagen – hört Georg Geräusche, die sich ihm immer mehr nähern. Dann geschieht das Wunder, mit dem selbst die Experten nicht mehr gerechnet hatten, ein Suchtrupp entdeckt den total erschöpften und entkräfteten Georg Hainzl und befreit ihn aus seinem tödlichen Gefängnis. Nach seiner Rettung erfährt er, daß seine zehn Kumpels die Katastrophe nicht überlebt haben. Als einziger Überlebender berichtet er: „Ich habe viel gebetet, das hat mir den Mut zum Durchhalten gegeben. Ohne meinen Glauben wäre ich gestorben."

Dieser Bericht zeigt, daß selbst in den schrecklichsten und aussichtslosesten Situationen das vertrauende Gebet „Berge versetzen kann", wie es Jesus seinen Jüngern versicherte.

Ich frage mich, wie die Welt aussähe, gäbe es nicht die unschuldigen Menschen, die für uns alle Sühne leisten.
Mutter Teresa

Gianna – Meine Mutter wollte mich töten

Einen tieferschütternden Bericht gibt Gianna aus Kalifornien über ihr Leben: „Meine Mutter war 17 Jahre alt, als sie mit mir schwanger wurde. Man sagte ihr, daß sie zu jung sei und empfahl ihr eine Salzabtreibung. Dabei wurde ihr eine Salzlösung injiziert, die mich im achten Monat innen und außen verbrennen sollte. Nach 18 Stunden wurde ich geboren – lebend!!!"

Was Gianna über die Abtreibung berichtet, ist ein Alarmsignal für unsere heutige Zeit. Sie schildert: „Viele Frauen und Mädchen auf der ganzen Welt haben schon mindestens einmal abgetrieben – in den USA jede zweite! Ebensoviele Frauen und Mädchen sind deshalb verletzt. Aber niemand spricht darüber. Abtreibung ist wie ein Krebs, der uns am lebendigen Leib auffrißt. Wir müssen darüber sprechen. Wir können nicht so tun, als wäre da nichts. Das Problem ist, daß wir verlernt haben, selbst zu denken. Es wird uns gesagt: So mußt du sein. So mußt du dich kleiden. So mußt du denken. Es ist nicht mehr modern, an Gott zu glauben und ihn mit unserem Leben zu ehren. Wenn wir nicht mehr glauben, daß es Gott gibt, wozu leben wir dann? Wir dürfen den Glauben nicht vom Leben in der Welt trennen. Vieles dringt täglich in uns ein. Dabei müssen wir lernen zu unterscheiden, was wahr und was ein Irrtum ist. Wir müssen die Kraft haben aufzustehen und für die Wahrheit eintreten, ohne dabei Angst zu haben, was die anderen denken könnten. Auch mir fällt es manchmal schwer. Wen kümmert es, wenn sie mich hassen. Wenigstens habe ich ihnen die Wahrheit gesagt. Und das erfüllt mich mit großer Freude.

Heute heißt es: ‚Mein Bauch gehört mir! Ich habe das Recht zu entscheiden, ob ich das Kind behalte oder nicht!' – Wir haben uns bereits dann entschieden, wenn wir mit einem Mann schlafen. Wir müssen lernen, Verantwortung zu tragen für das, was wir tun. Wir müssen zu uns stehen und uns wie ehrliche Frauen verhalten. Wir müssen selbst eine klare Entscheidung treffen. Wir können eine Abtreibung in keinem Fall akzeptieren. Wir müssen die Frauen, die sich für eine Abtreibung entschieden haben, lieben. Wir müssen ihnen zuhören und versuchen, sie zu verstehen. Wir müssen ihnen helfen und sie begleiten. Wir müssen die Mädchen von heute ermutigen, rein zu bleiben und auf die Ehe zu warten. Damit würde sich das Problem von selbst lösen. Es ist möglich, rein zu bleiben. Es ist möglich zu warten. Ich möchte gerade die jungen Mädchen erreichen. Ich möchte ihnen Hoffnung geben. Ich möchte sie ermuntern, etwas zu tun. Ich diene nicht irgendeiner Sache, ich diene Jesus Christus. Ich erzähle meine Geschichte, weil ich ihn liebe.

So kann ich ein Mädchen sein. So kann ich träumen. So kann ich wachsen. Es geschehen schreckliche Dinge. Wenn du dich nur auf die schrecklichen Dinge konzentrierst, verzweifelst du. Gott ist Gott. Alles ist in seinen Händen. Er weiß alles. Ich nehme alles an. Nur Gott kann die Herzen ändern, deshalb habe ich meiner Mutter wegen meines Glaubens an Jesus Christus vergeben. Nur durch seine Gnade ist es möglich zu verzeihen. Mein Leben wurde mir fast genommen. Der Herr, Jesus Christus, hat jedoch eingegriffen. Ich komme in euer Land im Namen Jesu, denn ich wurde abgetrieben – und bin doch nicht gestorben."

Die Liebe erträgt alles, glaubt alles,
hofft alles, hält allem stand.
1 Korinther 13, 7

Ginny – Bei Gott gibt es keine Finsternis

Ginny Owens ist seit dem zweiten Lebensjahr blind, trotzdem ist sie sehr aktiv. Obgleich sie nichts sehen kann, versucht sie den Menschen die Liebe Gottes zu zeigen. Sie schildert: „Auf meiner Tagesordnung steht: den Menschen über das gewaltigste Geschenk oder den gewaltigsten Frieden, den man sich nur vorstellen kann, und der aus der Beziehung zu Christus resultiert, zu erzählen. Dieser Friede, diese Hoffnung und der Sinn, den ich für mein Leben sehe, kommt aus der Freundschaft mit Christus." Mit ihren Liedern und Hits erreicht sie die Herzen ihrer jungen Zuhörer und gibt ihnen das Gefühl, daß alle von Gott geliebt sind. Gerade durch ihre Erblindung und ihr mutiges Glaubensbekenntnis zeigt sie jungen Menschen den Weg aus der Finsternis und Kälte.

Herz Jesu, ich will dich lieben
und mithelfen, daß auch andere dich lieben.
Papst Benedikt XV.

Faustino – Wir sterben glücklich und zufrieden

Zwei Tage vor seiner Hinrichtung schrieb Faustino an seine Mitbrüder: „Vorgestern, am 11. August, sind mit dem Großmut, mit dem Märtyrer sterben, sechs von unseren Mitbrüdern gestorben; heute, am 13. August, haben zwanzig die Krone des Martyriums erlangt, und morgen, am 14. August, erwarten wir, daß wir restlichen einundzwanzig sterben werden. Ehre sei Gott! Wir verbringen den Tag damit, uns zum Martyrium zu ermutigen und für unsere Feinde und unsere geliebte Ordensgemeinschaft zu beten. Morgen werden wir übrigens dran sein, und wir haben schon die Parole ausgegeben, dem Herzen unserer Mutter, Christus, dem König der katholischen Kirche zuzujubeln, selbst wenn die Schüsse krachen. Wir sterben alle glücklich und zufrieden, ohne daß jemand Verzagen oder Bedauern spürt. Hoch lebe Christus, der König! Wir gehen in den Himmel, um für euch zu beten. Behüt Euch Gott!"

Zwei Tage nach Verfassen dieses Briefes wurde Faustino mit zwanzig weiteren Mitbrüdern von Soldaten erschossen. Ohne zu zögern starben sie, um ihrem Glauben an Gott treu zu bleiben. Diese jungen Märtyrer sind ein Garant dafür, daß es ein Weiterleben nach dem Tode gibt.

Jesus, keiner macht so selig wie er, der die ewige Freude ist.
Erwähle ihn, stelle dein Leben unter seinen Willen,
seine Herrschaft – und du wirst glücklich.
Mutter Basilea Schlink

Thomas – Durch meinen Glauben fand ich den Weg aus der Drogenhölle

Mit bewegten Worten berichtet Thomas über seine sinnlose Vergangenheit und die entscheidende Wende in seinem Leben: „Ich bin mir nicht sicher, ob ich heute noch am Leben wäre. Wobei sich die Frage stellt, ob ich überhaupt gelebt habe, bevor ich Gott kannte und Jesus in mein Leben kam. Zumindest wäre ich heute wahrscheinlich in einer Suchtklinik, Psychiatrie oder im Gefängnis. Vielleicht wäre ich auch an einer Überdosis Heroin gestorben. Ich war von Drogen und Alkohol abhängig. Sechs Jahre lang nahm ich Heroin, und zehn Jahre trank ich große Mengen Alkohol. Ich habe in diesen Jahren so ziemlich alles ausprobiert, was auf dem Markt war, von LSD über Stechapfel bis zu Kokain. Ohne daß ich es wahrhaben wollte, befand ich mich auf einem Schiff, das zum Untergehen verurteilt war.

Mein Vater starb, als ich zwölf Jahre alt war. Innerlich blutete mein Herz, da war so viel Schmerz. In der neunten Klasse lernte ich einen Jungen aus dem Nachbarort kennen. Er hatte daheim so ziemlich alle Freiheiten. Bei ihm traf sich dann regelmäßig jedes Wochenende die Clique, und der Alkohol floß in Strömen. Wir hatten immer viel Spaß und erlebten viele verrückte Dinge. Doch wenn ich unter der Woche zu Hause war, fühlte ich mich leer und einsam. Natürlich war mir bewußt, daß ich mit fünfzehn Jahren schon sehr viel Alkohol trank und Zigaretten rauchte. Damals war mir das alles egal.

Ich begann eine Lehre als Maler und Lackierer, und ich muß sagen, daß mir das einen Sinn und ein Ziel gab, ich hatte echt Freude dabei. Mittlerweile rauchte ich Hasch, und es wurde immer schwieriger, Lehrling und

Drogenfreak zu sein. Ich sah, daß die meisten älteren Arbeitskollegen total unglücklich aussahen, obwohl sie doch ziemlich alles hatten. So merkte ich, daß es gar keinen Sinn hat, bis zur Rente zu arbeiten und am Ende doch todunglücklich zu sein. Ich machte noch meine Lehre fertig, doch dann schmiß ich den Job hin. Bald spritzten sich alle Mitglieder unserer Clique Heroin, auch meine Freundin setzte sich den ersten Schuß Heroin, sie war damals sechzehn Jahre. Ich hatte mittlerweile körperliche Entzüge und wurde immer aggressiver. Der Druck, Geld und Drogen zu beschaffen und immer wieder von der Polizei festgenommen zu werden, kostete mich immer mehr Kraft, von der ich aber immer weniger hatte. Meine Freundin und ich entschlossen uns zu einer Langzeittherapie, doch nach acht Monaten flogen wir wieder raus.

Nun bat ich Gott, mir doch wieder zu einem Arbeitsplatz zu verhelfen, und er erhörte mein Gebet. Eines Abends stieg ich aus dem Bus aus und traf Ali. Ich erzählte ihm sofort von meinem Erlebnis. Ich sagte ihm, daß ich jetzt an Gott glaube, und daß ich seitdem frei von Drogen sei. Er schenkte mir seine Bibel. Ich begann sofort, dieses Buch zu lesen, denn ich wollte diesen Gott, der mir in so einer Liebe und Kraft begegnet war, nun auch kennenlernen. Dieses Buch wurde für mich zu einer Schatztruhe voller Perlen, Gold und Juwelen. Auch einige meiner Freunde fanden zu Jesus und wurden frei von Alkohol und Drogen."

Die Macht deiner Liebe erweise sich noch einmal stärker
als das Böse, das uns bedroht.
Papst Johannes Paul II.

Rebecca – Ich möchte in meinen Songs Gott verherrlichen

Die erfolgreiche Sängerin Rebecca St. James ist für viele Suchende ein markanter Wegweiser geworden und zeigt den jungen Menschen sehr konkret, wie man aus der Finsternis zum Licht gelangen kann. Als sie gefragt wurde, woher sie ihre Inspirationen habe, antwortete sie: „Ich nehme sie aus der Bibel, aus Erlebnissen in meinem Leben und aus dem Gebet. Ich bete viel über meine Songs, weil ich wirklich von Gott hören will, was und worüber ich schreiben soll. Ich möchte den Menschen mehr mitgeben als nur Unterhaltung. Wenn andere sagen: „Sei aggressiv!", möchte ich sagen: „Sei gütig, liebe die anderen Menschen!" Wenn andere sagen: „Schlaf mit jedem!", dann sage ich: „Warte bis zur Ehe! Sei ehrlich zu deinem/r Zukünftigen!" Bei meinen Konzerten spreche ich darüber, daß ich mit dem Sex bis zur Ehe warten will. Überall stoße ich auf offene Ohren, auch in Deutschland, Holland und in der Schweiz. Ich glaube, daß die Leute tief in ihrem Inneren wissen, daß Sex für die Ehe gemacht ist, obwohl viele einen anderen Weg gehen. Ich möchte die Leute dazu ermutigen, es auszuprobieren. Dafür muß man Gott um Kraft bitten, denn der Druck von außen ist ziemlich groß. Ohne Gott schafft man das nicht. Wenn ich die Bibel aufschlage, so finde ich oft einen Vers, der gerade absolut perfekt für mich passt. In der Art, wie ich mich anziehe, möchte ich Gott verherrlichen und nicht die Menschen von ihm abwenden, indem ich mich kaum bekleide. Ich möchte den Menschen sagen: Lebt radikal für Gott, ohne Kompromisse! Denn es gibt eine Sache, die die Welt heute braucht: Christen, die es mit ihrem Glauben ernst meinen! Wir sollen Gottes Liebe ausstrahlen!"

Viele junge Menschen haben durch Rebeccas Lieder wieder den Sinn des Lebens gefunden und kamen aus der Finsternis zum Licht des Glaubens.

Heiliger Geist,
gib unserem Apostolat Begeisterung,
damit es alle Menschen und Völker erreicht.
Papst Johannes XXIII.

26 Jahre

Sabino – Der geplante Selbstmord

Sehr anschaulich und offen berichtete mir Sabino aus Turin von seiner traurigen Vergangenheit: „Das Verhältnis zu meinen Eltern war nicht gut, es fehlte die Wärme und die Geborgenheit, deshalb verließ ich das Elternhaus. Sehr schnell machte ich Bekanntschaft mit Drogen. Als ich Rauschgift nahm, glaubte ich, eine neue Welt entdeckt zu haben. Die Drogen wurden immer härter, schließlich nahm ich Heroin. Von meinem 18. bis zu meinem 26. Lebensjahr war ich von der Droge Heroin abhängig. In diesen acht Jahren habe ich alles verloren: mein Elternhaus, meine Arbeitsstätte, meine Wohnung, mein Auto und meinen Glauben. Als ich erkannte, daß ich alles verloren hatte, sah ich in meinem Leben keinen Sinn mehr und wollte mich töten."

Als ich Sabino fragte, wie es bei ihm zur Wende kam, antwortete er: „Vorher bat ich noch in Güte meinen Vater um Hilfe. Ich fühlte mich wie der verlorene Sohn im Evangelium. Jetzt merkte ich, daß ich noch ein Elternhaus hatte. Mein Vater nannte mir eine Gemeinschaft, an die ich mich wenden sollte. So kam ich zu der Comunita Cenacolo, die von Schwester Elvira Petrozzi gegründet wurde. In dieser Gemeinschaft mit anderen Drogensüchtigen wurde mir immer mehr bewußt, daß Gott existiert. Durch Schwester Elvira bekam ich viel Kraft zum Durchhalten. Ihre Liebe zu den Drogenabhängigen ist sehr groß.

Unsere Gemeinschaft hat in Medjugorje ein Haus. Dieses Haus hier an diesem Gnadenort ist die Quelle für alle anderen Häuser, die wir haben. Wir leben die Botschaften, die uns die Gottesmutter gibt. Wir kennen die Seher. Die größten Fortschritte habe ich hier in Medjugorje gemacht. Ich fühle hier den inneren Frieden und akzeptiere mich, wie ich bin. Täglich bete ich zu Gott und bitte Maria, sie möge mich innerlich erneuern. Früher wollte ich mir nicht eingestehen, daß ich ein Sünder bin. Heute glaube ich an die Wahrheit des Evangeliums. Die Droge ist das Ende vom Leben. Hier in Medjugorje findet man den Weg aus den Drogen."

Als ich Sabino fragte, ob ihm die Mutter Gottes hier in Medjugorje geholfen habe, erwiderte er: „Ja sicherlich. Durch sie erkenne ich die Wichtigkeit des christlichen Lebens und den Abscheu vor der Sünde, durch sie habe ich ein reines Gewissen bekommen. Ich gehe zur Beichte, sie macht mich frei und gibt mir die Kraft, wieder neu zu beginnen. Ich bin fest davon überzeugt, daß Maria mich liebt. Nun sehe ich Jesus in meinen Brüdern, besonders in den Armen und Notleidenden. Ihnen möchte ich gerne helfen."

Auf meine Frage, wie er sich fühle, antwortete er: „Ich fühle mich lebendig, ich war fast tot und nun lebe ich wieder. Darüber bin ich sehr glücklich." Dieses Glück konnte ich Sabino wirklich ansehen. Nichts erinnerte mich daran, daß mein Gesprächspartner über acht Jahre Heroin konsumiert hatte.

Droben wohnt mein Erlöser, der Macht hat, mich zu erretten
vom ewigen Fluche. Nicht verloren bin ich: In ihm ist mir Leben
geblieben und Heil für die Ewigkeit.
Francesco Petrarca (italienischer Dichter)

Petra – Christus hat mich berührt

Aus der Justizvollzugsanstalt schrieb Petra über ihre Ängste und über ihre neue Hoffnung: „Ich spüre, wie Christus mich berührt hat. Manchmal ist es fast nicht auszuhalten, diese Gnade und Liebe zu ertragen. Ich erfahre, daß er mich immer wieder herausholt aus den Tiefs, den Zweifeln und den Gewissensbissen. Hier merke ich besonders, wie erbärmlich ich doch bin. Durch seinen Kreuzweg hat er mir Mut gemacht, immer wieder aufzustehen. Ich weiß aber auch und spüre, wie sehr ich mich auf ihn verlassen kann, wenn ich ihm mein Leben übergebe und jeden Augenblick ihm überlasse. Sobald ich es aber selber in die Hand nehmen will, sieht Gottes Gegner seine Chance. In solchen Augenblicken bin ich schwach, so sehr, daß ich mein Versprechen gegenüber Gott nicht mehr halten kann. Gerade dann verliere ich die Kontrolle und fühle mich hundeelend. ‚Mache Nägel mit Köpfen, steh auf und geh. Hör auf dein Herz und laß alles hinter dir!' So höre ich ihn sagen. Schon seit geraumer Zeit spüre ich, daß ich in Emmaus Fuß fassen kann und bereit bin, diesen Weg mit Jesus zu gehen, wo immer er mich einsetzen will. Nachdem mir mein Drittel der Haft abgelehnt wurde, weiß ich nun, daß Gott mich noch diese restlichen Monate hier haben will und ich diese Zeit nutzen werde, um auf seinen Willen zu hören. Ich weiß, ich kann hier noch einiges für Emmaus und für den Glauben tun."

Es gibt nicht nur den Hunger nach Brot.
Es gibt auch den Hunger nach Liebe.
Mutter Teresa

Martina – So konnte ich nicht weiterleben

Martina berichtete mir im Sommer 2001 von ihren Ängsten und Nöten, die sie durchlebte: „Ich bin in einer evangelischen Familie aufgewachsen, doch der Glaube spielte keine Rolle. Nur meine Oma erzählte mir einiges von Gott, und sie ging regelmäßig in die Kirche und betete. Ich wurde sehr streng erzogen, bei Ungehorsam wurde ich geschlagen oder in ein dunkles Zimmer eingesperrt. Da ich in der Grundschule gute Leistungen hatte, gewann ich die Anerkennung meiner Mutter. Doch mit dem Gymnasium änderte sich das schlagartig. Ich war plötzlich keine gute Schülerin mehr, ich wurde immer unsicherer und ich fühlte mich in der Klasse nicht angenommen. Aus Angst meldete ich mich nicht mehr und sprach nur noch sehr leise. Wenn ich falsche Beiträge brachte, machten die Lehrer häßliche Bemerkungen und die Mitschüler lachten. Oft hatte ich Angst, in die Schule zu gehen und konnte mich nicht annehmen.

Als ich sechzehn Jahre alt war, verstarb mein Vater ganz plötzlich im Sommerurlaub. Ich konnte es nicht begreifen. Es war ein schöner Urlaub und ich war glücklich, und dann passierte das. Als ich sah, wie stark meine Mutter im Leid war, verdrängte ich meine Trauer. Ich fragte mich nur: Wo ist jetzt mein Vater? So ging ich mit einer katholischen Freundin zu einem Priester und stellte ihm diese Frage, doch ich bekam keine zufriedenstellende Antwort. Von jetzt an ging ich regelmäßig mit dieser Freundin in eine Kolping-Jugendgruppe. Mit Maria, den Heiligen und dem Papst konnte ich nichts anfangen, aber ich sagte mir: Hauptsache Jesus ist da! Aber auch in dieser Gruppe fand ich nicht Geborgenheit und das Angenommensein. Ich wurde ständig kritisiert, und man machte sich über mich lustig.

In dieser Gruppe lernte ich meinen Mann kennen. Nach dem Abitur zogen wir zusammen, denn ich glaubte, die Gebote der Kirche seien veraltet. So suchte ich nun die Sehnsucht nach Liebe und Geborgenheit, die ich zu Hause auch nicht richtig erfahren hatte, in der Partnerschaft. Da ich einen gemeinsamen Glauben für richtig hielt, konvertierte ich vor unserer Hochzeit. Nach der Trauung kehrte ein wenig Ruhe ein. Wir waren glücklich und finanziell gut gestellt, doch die Kirche klammerten wir aus. Wir gingen selten sonntags zum Gottesdienst und vernachlässigten das religiöse Leben. Ich war nicht offen für das Leben, und so stellten sich bald Depressionen ein. Als unser erstes Kind kam, hörte ich als Krankenschwester auf und widmete mich der Familie. Tief in meinem Inneren war ich nicht glücklich, obwohl wir alles hatten. Es kamen weitere Kinder, und immer spielte ich mit dem Gedanken, daß ich dadurch glücklicher werden könnte. Aber meine Kräfte ließen immer mehr nach.

Die Kinder zu erziehen und zu versorgen, dem war ich überhaupt nicht gewachsen, da ich total unsicher und mit mir selbst unzufrieden war. Ich hatte durch mein dominantes und herrschsüchtiges Verhalten meinem Mann schwer zugesetzt. Es gab viel Streit und Unfrieden. Es ging immer mehr abwärts. Meine Unfähigkeit in der Kindererziehung bekam ich nun von allen Seiten zu spüren. Doch ich stand alleine da und niemand half mir. Ich wurde innerlich so verletzt, daß ich an meinen Fähigkeiten zu zweifeln begann. Bald war ich nicht mehr belastbar. Ich hatte häufig Magenschmerzen, konnte schlecht essen, war ständig müde, gereizt und genervt und hatte Depressionen. Von der Erziehungsberatung wurde ich in ein Kurheim geschickt, das von salesianischen Schwestern betreut wurde. In diesem Haus war jeden Abend eine Meßfeier, zu der ich mich hingezogen fühlte, auch die Morgenandacht besuchte ich gerne. In der Stille dachte ich über mein religiöses Leben nach, dann war ich schockiert. Zuerst ging ich zur Beichte, danach fühlte ich mich frei wie noch nie in meinem Leben. Gott hatte behutsam mein trauriges Herz geöffnet. In dieser Zeit mußte ich viel weinen. Als ich dann wieder zu Hause war, ging das Chaos weiter, und ich fühlte mich immer schlechter."

Ich wollte wissen, wie sie aus dieser schwierigen Situation wieder herauskam. Sie berichtet: „Ich saß vor einem Scherbenhaufen und wußte nicht weiter. Schließlich meldete ich mich zu einer Wallfahrt nach Medjugorje an und besuchte regelmäßig einen Gebetskreis. So saß ich dann im März 1998 im Bus mit Mitgliedern der Gemeinschaft Totus Tuus und fuhr nach Medjugorje. Auf dem Weg dorthin mußte ich bei jedem Lobpreislied weinen, doch ich wußte nicht warum. Ich hatte keine Ahnung vom Reiseprogramm und keine Vorstellung, was mich dort erwartete. Am Ankunftstag gingen wir auf den Erscheinungsberg. Dort machte ich meine erste Gotteserfahrung an einem Kreuz. Ich nahm an dem Programm teil, obwohl mir das Beten total schwerfiel. Schließlich erkannte ich, daß Jesus wirklich in der Hostie gegenwärtig ist. Während der eucharistischen Anbetung berührte Jesus mein Herz, und ich mußte bitterlich weinen. Da ich mich in meiner Kindheit nicht von meiner Mutter angenommen fühlte, durfte ich hier Maria als meine Mutter annehmen. Sie tröstete mich auf wunderbare Weise und senkte einen tiefen Frieden in mein verwundetes Herz, einen Frieden, den ich noch nie so intensiv verspürt hatte. Zum Schluß gab es noch den Lobpreis im Pavillon, dabei schauten mich plötzlich die Augen des barmherzigen Jesus an, ich spürte seine große Liebe und Sehnsucht nach mir.

Es gab hier viele Situationen, die mein Herz tief berührten, und so beschloß ich, die Botschaften der Gottesmutter zu leben. Zu Hause angekommen, wollte ich natürlich jeden bekehren, meinen Mann, meine Kinder und meine Freunde. Aber das war sehr schwierig. Ich mußte selbst erst umkehren. Durch das Gebet und die Beichte wurde vieles aufgedeckt. Mit Hilfe meiner himmlischen Mutter, den Mitgliedern eines Gebetskreises und meiner Freundin wurde ich aus einem tiefen Loch herausgeholt. Indem ich die Botschaften lebte, veränderte sich auch mein Leben. Ich erkannte immer mehr, wie sehr meine Sünden das ganze Familienleben beeinflußt hatten. Der Friede zog wieder in unsere Familie ein. Heute gehen wir wieder gemeinsam jeden Sonntag zum Gottesdienst. Ich erkenne jetzt, wie schön es ist, eine Frau und Mutter zu sein. Gott hat alles wieder gut gemacht."

Ich liebe dich, o mein Gott, und mein einziger Wunsch ist,
dich zu lieben bis zum letzten Seufzer meines Lebens.
Johannes Maria Vianney, Pfarrer von Ars

Klaus – Gott entriß mich dem Drogensumpf

Sehr detailliert berichtete Klaus, wie er im Drogensumpf versank und den Weg zu Gott fand: „Von meinem 18. bis 23. Lebensjahr hatte ich nur eines im Kopf: ‚Drogen nehmen und Steine gegen arme hilflose Polizisten werfen.' Meine Schwester führte zu diesem Zeitpunkt wahrscheinlich kein besseres Leben. In meinem 23. Lebensjahr war ich so weit unten im Drogensumpf angekommen, daß ich in meinem Leben keinen Sinn mehr sah und mich selber aufgab. Aber gerade zu diesem Zeitpunkt berührte Gott mein Herz. Ich lernte eine katholische Gemeinschaft am Bodensee kennen. Dort durfte ich bleiben und die Liebe Gottes im Herzen immer tiefer erfahren. Im Gebet fragte ich Jesus, wo meine Berufung lag. Tief im Herzen spürte ich, daß es mich auf die Szene zurückzieht, um den Geschwistern dort mitzuteilen, was ich durch die Gnade Jesu erfahren durfte. Und siehe da, ich lernte zwei Emmausleute kennen. Das war der entscheidende Knackpunkt. Ich traf auch eine Schwester, sie war cool und stand tief im katholischen Glauben. Mit ihr und zwei anderen Emmausleuten planten wir dann eine Medjugorjewallfahrt zu unserer Mama Maria. Durch viel Gebet und Gespräche mit meiner eigenen Schwester stellte sich dann heraus, daß wir das gleiche im Herzen spürten, Bruder und Schwester auf der Szene zu sein und das zu leben, was uns Jesus im Herzen offenbarte. Durch viele Angriffe und Anfechtungen aus den eigenen Reihen bahnte uns Gott den Weg bis heute, wo wir leben dürfen, was Gott uns aufgetragen hat. Durch die Jüngergemeinschaft in Emmaus bekamen wir dann noch eine zweite Heimat. Wir durften auf den Jüngertreffen durch Gebet und einfaches geschwisterliches Zusammensein erfahren, daß es egal ist, ob man schwach oder stark ist. Man ist einfach akzeptiert und aufgenommen, wie bei den Jüngern zu Jesu Zeiten. Bei der Jüngergemeinschaft ist jeder willkommen."

Gott liebte uns so sehr, daß er an einem Kreuz starb!
Mutter Teresa

Stefan –
Wer auch immer Du bist, ich will Dich finden

Mit erschütternden Worten beschreibt Stefan die Sinnlosigkeit seines Lebens und wie er in dieser Not den Weg zu Gott fand: „Über die aggressiven Baßtöne aus ihrem Keller wehrten sich meine Eltern nicht mehr. Über meine wilden Aggressionen fast auch nicht. In meinem Zimmer dort unten wimmelten ziemliche Mengen von lebendigen und toten Kellerasseln. Ich wußte nicht, warum ich keinen Sinn in allem sah. Wenigstens wußte ich, daß mir alles Bürgerliche leer und sinnlos vorkam. Ich suchte Anderes und Besseres. Ich weiß nicht, warum ich mich daran erinnere: In einer recht intensiven depressiven Phase kniete ich mich nieder und sagte in die Dunkelheit zu einem Du: ‚Wer auch immer Du bist, ich will Dich finden.'

In dieser Zeit war ich doch ziemlich von der Drogenszene fasziniert und begann, meinen bisherigen Bekanntenkreis zu vernachlässigen und neue Freunde in den Drogenkneipen zu suchen. Ein Mitglied der

Emmaus-Gemeinde erzählte mir immer wieder von Jesus. Ich nahm ihn ernst, aber ich hatte Schwierigkeiten mit dem Kreuz. Wie sollte das gehen, daß alle Schuld sich auf Jesus entladen hat, bloß weil er am Kreuz gestorben ist? In mir war ein Loch. Ein unangenehmes, dunkles Loch. Ich war immer wieder begeistert von irgendwelchen esoterischen oder psychologischen Lebenshilfebüchern. Aber nichts griff. Irgendwann ging ich mit ein paar Leuten für ein paar Tage nach Berlin in eine recht heruntergekommene Wohngemeinschaft. Ich lernte Speed kennen, fand es genial, verliebte mich, wollte dort hinziehen. Als ich wieder zurückkam, erwartete mich eine Einladung ins Kloster Maria Bronnen.

Eckhard hatte sich bekehrt, war clean geworden. Erst sagte ich, das ist nichts für mich. Ich finde es gut für dich, kannst ja ein bißchen für mich beten. Aber losgelassen hat es mich trotzdem nicht. Als er dann an Ostern wieder ins Kloster ging, war ich dabei. Jesus hatte ein persönliches Ostern für mich geplant, aber das wußte ich nicht. Es war die Kapelle dieser Brüder und Schwestern. Ich saß allein da, dachte an Eckhard, der es geschafft hatte, an mich, der ich es nicht geschafft hatte. Vor meinem geistigen Auge zogen Bilder aus meinem Leben vorüber. Natürlich war vieles schön gewesen. Aber Aggression, Enttäuschung, Dunkelheit – und eben seit einiger Zeit auch Drogen – hatten zugenommen. Ein Scherbenhaufen. Wie hat Eckhard das gemacht?

Vor mir lag das katholische Gesangbuch, das Gotteslob. Ich blätterte darin, fand ein Gebet. Ich las es. Als ich fertig war, war ich von den Socken. Genau das will ich! Es war ein Hingabegebet. Ich betete es. Wieder sprach ich zu diesem Du. Manchmal versuche ich, es Leuten zu erklären, aber es geht nicht. Ich wußte, daß nun alles okay war. Es war in Ordnung. Ich wußte, Jesus war bei mir. Hier in dieser kleinen Kapelle. Und im Moment war er nur Frieden. Großer, beruhigender, reinigender Frieden. Er sollte noch mehr werden. Viel mehr. Zu Hause sagten alle: Der Stefan ist ein Anderer geworden. Wenn ich heute Leuten von früher erzähle, merke ich, daß manche immer wieder denken, ich übertreibe. Meine Augen sind anders geworden, meine Sprache, mein Herz, meine Gedanken. Man kann es sich wirklich nicht mehr vorstellen. Ich aber weiß, warum ich Gott gegenüber eine riesige Dankbarkeit empfinde."

Dich zu lieben will ich leben, mich für dich ganz zu verzehren,
Wunsch und Wille sei dir gegeben, ich will dich allein nur ehren.
Mutter Basilea Schlink

27 Jahre

Andre – Ich wollte nicht mehr weiterleben

Andre glaubte weder an Gott noch an den Teufel. Er war von seinem jungen und sinnlosen Leben so enttäuscht, daß er beschloß, sich zu töten. Eines Tages fuhr er ins Gebirge. Er suchte sich vor einer Haarnadelkurve eine ziemlich lange und gerade Strecke aus, um den Wagen extrem beschleunigen zu können. Andre hatte die Absicht, mit Höchstgeschwindigkeit geradeaus zu fahren, um so in die Tiefe zu stürzen. Es war ein perfekt geplanter Selbstmord. Der junge Belgier berichtete: „Ich erinnere mich noch genau an diese Augenblicke. Vor dem Abgrund waren noch zehn Meter Straße, ich raste mit Höchstgeschwindigkeit auf die Kurve zu. Ich dachte: ‚Jetzt ist es aus!' In diesem Moment bedauerte ich nichts, ich hatte keine Angst und keine Furcht.

Plötzlich hörte ich eine Stimme, die sagte: ‚Das hier, das ist für mich!' Im gleichen Augenblick spürte ich, wie sich zwei Hände über meine legten. Diese Hände hatten eine unendliche Kraft, aber sie gaben mir nicht das Gefühl, sich besonders anstrengen zu müssen. Die Pedalen wurden betätigt, um so rasch wie möglich das Auto zu verlangsamen. Ich kann mich nicht erinnern, die Gänge geschaltet zu haben. Der Wagen wurde nach links in die Kurve gesteuert und blieb am Rande des Abgrunds mit einer unbeschreiblichen Sanftheit stehen. Die folgenden Augenblicke kamen mir wie eine Ewigkeit vor. Wie von selbst öffnete sich die Tür zu meiner Linken. Als ich ausstieg, sah ich die fast senkrechte Felswand. Die beiden Vorderräder meines Fahrzeuges berührten die Felskante, ein geplatzter Reifen qualmte. Deutlich hörte ich die Worte meines unsichtbaren Beschützers: ‚Hast du jetzt verstanden?'

Ich blieb wie angewurzelt stehen, meine Beine zitterten, mich erfaßte eine große Furcht. Als ich mich beruhigt und den Wagen in Ordnung gebracht hatte, fuhr ich wieder nach Hause. Durch die barmherzige Gnade Gottes bin ich meinem Engel begegnet. Gott hatte mein Leben diesem unsichtbaren Beschützer anvertraut, an den ich früher nie geglaubt hatte. Er hatte ihn auf meinen Weg geschickt und ihm erlaubt, in mein Leben einzugreifen."

Einer umgibt mich mit zartester Lieb,
einer, er sieht es, wenn ich betrübt, Jesus, die ewige Liebe.
Mutter Basilea Schlink

Jacques – Vor seiner Hinrichtung fand er das Erbarmen Gottes

Jacques erlebte keine Geborgenheit in seiner Kindheit. Sein Vater ist ein Atheist und Zyniker und die Mutter begegnet ihm und seinen beiden Schwestern mit Zurückhaltung. Die Eltern verstehen sich nicht und gehen getrennte Wege. Er heiratet mit einundzwanzig Jahren, doch dann trennt sich das junge Paar. Als Jacques vierundzwanzig Jahre ist, erwacht in ihm der Wunsch nach einem Segelboot. Da er dafür viel Geld benötigt, bittet er seinen Vater um Unterstützung. Doch dieser lehnt ab. So beschließt Jacques mit zwei Freunden einen Überfall, um an das Geld zu kommen. Bei dem Raubüberfall schlägt er brutal mit der Pistole auf den Kopf seines Opfers ein, dabei löst sich ein Schuß und verletzt ihn selbst am Finger. Bei der anschließenden Verfolgung durch die Polizei schießt er mit der verletzten Hand auf einen Beamten, er trifft den Polizisten mitten ins Herz. Jacques wird verhaftet. Sein Prozeß findet erst drei Jahre später statt. Die Stimmung ist eindeutig: Todesstrafe für einen Polizistenmörder. Die Anklage lautet auf Mord und bewaffneten Raubüberfall. Mit großer Überzeugungskraft gelingt es Jacques, seine beiden Komplizen reinzuwaschen. Er nimmt alle Schuld auf sich.

Der Gefängnisaufenthalt und das Todesurteil vor Augen machen ihn nachdenklich. Von nun an versucht er bis zu seinem Tod, seinen Mithäftlingen mit Liebe und Verständnis zu begegnen. Er findet Trost im Glauben, den er jetzt erst entdeckt, und ist bemüht, allen Menschen, die ihm begegnen, von der Liebe Gottes zu erzählen. Einige Bekehrungen erlebt er noch selbst, manches wird erst nach seinem Tod in Bewegung kommen. Am meisten leidet Jacques darunter, daß er von seiner kleinen Tochter getrennt ist. Er bereitet sich langsam auf seine Hinrichtung vor. Jacques beichtet und kommuniziert, dann werden ihm die Hände gefesselt. Er bittet den Priester um das Kreuz, küßt es lange und bedankt sich bei allen. Seinem Gefängnisseelsorger vertraut er an, daß er sein Leben für die Bekehrung seiner Familie und aller Menschen, die ihm nahe standen, als Opfer bewußt hingeben möchte.

Erschütternd ist seine Aufzeichnung über die Entdeckung seines Glaubens: „Es war an einem Abend in meiner Zelle, das ist nun gut drei Jahre her. Trotz der vielen Katastrophen, die sich über meinem Haupt zusammengebraut hatten, war ich überzeugter Atheist geblieben und versuchte sogar, meinen Verteidiger von der Nichtexistenz jedes Geisteslebens außerhalb des Körpers zu überzeugen. An diesem Abend lag ich mit offenen Augen im Bett und litt zum ersten Mal wirklich mit einer seltenen Intensität wegen verschiedener Dinge, die ich im Zusammenhang mit meinen Familienangelegenheiten erfahren hatte. Plötzlich entrang sich meiner Brust ein Schrei, ein Hilfeschrei: ‚Mein Gott', und unmittelbar, wie ein heftiger Wind, der vorüberstreicht, ohne zu wissen woher, erfaßte mich der Geist Gottes am Hals. Das ist kein Bild, man hat wirklich den Eindruck, daß sich der Hals verengt und daß ein Geist in einem Einzug hält, zu mächtig für die Hülle, die ihn empfängt. Es ist ein Eindruck von unendlicher Kraft und Sanftheit, den man nicht lange ertragen würde. Und von diesem Moment an habe ich geglaubt, mit einer unerschütterlichen Sicherheit, die mich seither nicht mehr verlassen hat. Ich habe begonnen, zu beten und meine Schritte auf den Herrn hin zu lenken, ausgestattet mit einem Willen, der von mächtigen Gnaden unterstützt wurde. Alles erschien mir wie Leichtigkeit, Wärme und Licht. Sechs Monate hindurch habe ich den Herrn gesucht, indem ich mir ständig lange Gebetszeiten und alle Augenblicke Meditationen auferlegte. Je weiter ich fortschritt, um so mehr wurde ich vom Geist mit Gaben überhäuft. Doch dann kam die Zeit der relativen Dürre. Alles wurde schwer, dunkel und unerreichbar. In diesem Zustand bin ich bis zu dieser Woche geblieben. Aber nun ... Sieg! Die Zeit ist kurz und die Arbeit, die mir zu tun bleibt, noch groß. Also nur Mut! Ich erkenne, wie sanft der Herr ist."

Jacques Fesch wurde in der Nähe von Paris wegen Mord an einem Polizisten und wegen bewaffnetem Raubüberfall – nachdem das Gnadengesuch abgelehnt worden war – hingerichtet. Sein Leben und sein Ende erinnern mich an den reumütigen Schächer am Kreuz, zu dem Jesus die verheißungsvollen Worte sprach: „Wahrlich, ich sage dir, heute noch wirst du mit mir im Paradiese sein" (Lk 23, 43). Wer vor Gott seine Sünden aufrichtig bekennt und bereut, wird immer die Barmherzigkeit Gottes erlangen. Jeder Zweifel an dieser Tatsache wäre eine Beleidigung Gottes!

Bleibe bei uns, wenn über uns kommt die Nacht der Trübsal und Angst, die Nacht des Zweifels und der Anfechtung, die Nacht des bitteren Todes.
Gebet der Kirche

JERRY – IM KNAST ERKANNTE ICH MEINE SCHULD

Sehr anschaulich schildert Jerry seinen Wandel in der Justizvollzugsanstalt: „Seit einem Jahr bin ich im Gefängnis. Ich bekam zweieinhalb

Jahre wegen Drogenverkaufs. Bis zur Einlieferung in den Knast habe ich wirklich nicht gewußt, was ich mache; daß es ein großer Fehler war, Drogen zu verkaufen, aber ich habe es wie die meisten durch den harten Weg, den ich jetzt gehe, erst lernen müssen. Hier im Gefängnis habe ich eine Wut auf alles gehabt, auf meine Familie, auf meine Freunde und sogar auf Gott. Ich habe ihm die Schuld zugeschoben, daß ich hier sein mußte. Doch hier lernte ich jemanden kennen, der mir vieles klarmachte. Nicht die anderen traf die Schuld, sondern sie lag bei mir. Ich habe mich immer wieder gefragt, warum muß ich hier sein. Mein Freund sagte mir: ‚Ich glaube, daß Gott dir noch eine Chance gibt. Ich glaube, daß Gott dir öfter verschiedene Zeichen gegeben hat, nur hast du sie ignoriert, so war es vielleicht nötig, dich durch deinen Aufenthalt im Gefängnis zum Nachdenken zu bringen, dein Leben umzukrempeln und auf seine Zeichen zu hören.‘

Ich muß ehrlich zugeben, es hat geholfen. Es ist zwar eine harte Zeit für mich, aber ich weiß ganz bestimmt, wenn ich hier herauskomme, werde ich ein richtiger Mann und ein guter Christ sein. Ich möchte euch, liebe Brüder, sagen, nutzt die Zeit der Ruhe zum Nachdenken. Gott gibt euch Kraft, Mut, Stärke und eine neue Chance, nutzt diese Chance gut! Wenn ihr aus dem Knast kommt, dann geht einen neuen Weg. Gott wird bei euch sein und euch immer begleiten, er ist immer für euch da!“

Das Kind in der Krippe strahlt aus, was die Welt heute braucht:
Frieden, Freundlichkeit, Licht und Hoffnung.
Kardinal Lehmann

Andreas – Durch meinen Glauben überlebte ich alle Krisen meines Lebens

Es ist ein erschütternder Bericht, den Andreas über sein Leben gibt. Er schildert: „Gott hat mich in schwerer Krankheit in die dunkelsten Winkel dieser Welt geführt. Ich erlebte schwere Psychosen mit rasender und ständiger Furcht vor allem und jedem. Momente tiefster Einsamkeit und Hilflosigkeit bestimmten meinen Alltag. Je tiefer ich jedoch fiel, je dunkler meine Seelenwelt und je furchtsamer es für mich wurde, desto fester, tiefer und selbstverständlicher entwickelte sich mein Glaube. Bei einem Pfingsttreffen 1997 brachte ein Sänger eine große Fürbitte für alle psychisch Kranken vor den Herrn. Das ging bei mir auf krasse Art tief in mein Herz und ich spürte große Hoffnung für viele dieser kranken Menschen. Heute, aber auch schon während meiner Krankheit, ist mir klar, daß Gott mir diese Krankheit schickte, um mich zu schulen, um mir klarzumachen, daß alles, auch diese Pein, einen Sinn ergeben muß, denn alles hat einen Sinn. Bereits im Jahre 1985 habe ich eine besondere Beziehung zur Heiligen Dreifaltigkeit gefunden. Ein Jahr danach begann das Unglück mit meiner Psychose. Hätte ich zu diesem Zeitpunkt meinen Glauben noch nicht gehabt, so hätte ich mich umgebracht. Der Herr hat mir jedoch immer kleine Zeichen und Worte gegeben, die mich irgendwie über Wasser gehalten haben. Die ersten sieben oder acht Jahre habe ich allein mit meiner Hoffnung und meinem Glauben gelebt, bis ich durch einen ehemaligen Häftling mit Bruder Jan und der Emmaus-Gemeinschaft in Kontakt kam.

Ich werde nie vergessen, wie bei einem Schweigeseminar Wilma – ein Mitglieder dieser Gruppe – während einer Anbetung kniend einfach meine Hand nahm und sie hielt. Die Bedeutung dieser Handlung wird mir jetzt nach Jahren erst langsam bewußt. Wenn ich auch anfangs so meine Schwierigkeiten mit der Kirche und der Gemeinde hatte, bin ich doch immer wieder im Frieden aufgenommen worden. Ich bin Gott dankbar, daß ich solche Leute wie Bruder Kamillo, Schwester Angelika, Schwester Waltraud und andere kennenlernen durfte. Ich kann diese Menschen nur bewundern, die alles, was sie haben, Jesus Christus aufopfern. Manchmal sehen oder spüren wir, wie wenige wir doch sind, und was ich da noch alles tun könnte."

Wenn es eine Tugend gibt, die dem Teufel Angst beibringt,
so sind es Demut und Mitgefühl.
Mutter Teresa

Isabell – Ein bedeutendes und unvergeßliches Erlebnis

Befragt über das Weltjugendtreffen in Rom antwortete Isabell: „Der Weltjugendtag in Rom war für mich ein bedeutendes und unvergeßliches Erlebnis in meinem Leben! In der Meinung, ein guter Christ und Katholik zu sein, fuhr ich los. Zurück fuhr ich in der Erkenntnis und mit der Freude, daß Katholischsein viel mehr bedeutet und viel mehr Geschenke hat, als ich bisher dachte bzw. mit dem Herzen begreifen konnte. Jetzt weiß ich, daß ich genau in dieser katholischen Kirche richtig bin und daß hier mein Platz ist. Ich denke, daß sich die Strapazen voll und ganz gelohnt haben. Für mich in jeder Hinsicht!"

Der Menschensohn ist gekommen,
um zu suchen und zu retten, was verloren ist.
Lukas 19, 10

Gabriel – Von der Droge zum Ordensleben

Gabriel berichtet über seine Vergangenheit und sein großes Ziel, einmal Priester zu werden: „Mit meinem Zeugnis möchte ich Gott ehren und mich für seine unendliche Barmherzigkeit bedanken, die er mir geschenkt hat. Bis zu meinem 16. Lebensjahr hatte ich alles, was Eltern ihrem Sohn an Gutem geben können. Trotzdem blieb in der Tiefe meines Herzens eine Leere zurück, eine Leere der Einsamkeit, des Verborgenseins, der Ängstlichkeit, ja der Angst. Diese große Leere versuchte ich mit Heroin auszufüllen. Ich belog mich selbst und gab vor, so das Paradies auf Erden zu finden. Der Schritt zu einer psycho-physischen Abhängigkeit war klein, und plötzlich fand ich mich in einem Abgrund aus Finsternis und Tod."

Auf die Frage, wie er sich aus dieser Bedrohung befreien konnte, erwidert er: „Genau in der Zeit, als ich mich in diesem Abgrund befand, erreichte mich die Barmherzigkeit des Vaters, und zwar durch eine Gemeinschaft, die sich zum Ziel gesetzt hat, Drogenabhängige zu retten. Durch die Rückführung zu Gott, dem Ursprung und Geber des Lebens, will diese Gemeinschaft den Menschen eine ‚neue Geburt' schenken. Hier begann ich, eine mir bisher unbekannte Luft zu atmen, die meine Verletzungen pflegte und die Schmerzen milderte, die meine Vorbehalte gegenüber Menschen ausräumte und meine Ängste beschwichtigte. Diese neue Luft schenkte meinem Herzen wieder den Frieden. Es war das Gebet, das mir Ruhe und Sicherheit schenkte und mich veranlaßte, mich ganz den anderen hinzugeben. Dadurch wurde auch mein Leben immer stabiler. Immer mehr begriff ich, daß man alles Heil nur in Gott finden kann.

Während der drei Jahre, die ich in dieser Gemeinschaft verbrachte, hatte ich die Gnade, viermal nach Medjugorje zu fahren. Und dort spürte ich immer deutlicher und klarer den Ruf nach einer Ganzhingabe, einer Hingabe an den Dienst Gottes; zum Dienst an jenen, die – wie ich es war

– auf der Suche nach Licht, Wahrheit und Leben sind. In dieser ‚Oase des Friedens' von Medjugorje, in der mein Geist durch Gebet, Opfer und die Sakramente genährt und gestärkt wurde, reiften immer mehr der Wunsch und die Überzeugung heran, Jesus Christus nachzuahmen, den Spender der Liebe des Vaters für seine Geschöpfe. Jetzt hoffe ich, bald Priester zu werden, ein heiliger Priester zur Ehre Gottes des Vaters."

Immer sollte in uns die Stille sein,
die nach der Ewigkeit hin offen steht und horcht.
Romano Guardini (Theologe)

Anselm – Das war wirklich ein Vorgeschmack des Himmels

Von Anselm bekam ich einen beeindruckenden Bericht über seine Erfahrungen bei einem Prayerfestival. Er schildert: „Das besondere Geschenk war für mich das der Gemeinschaft. Zu beten, nicht nur für sich selbst, sondern für die ganze Gemeinschaft und die Welt. Ich wollte mich bedanken, daß es das Prayerfestival überhaupt gibt. Ich bin das zweite Mal hier und es wird mit jedem Mal schöner. Ich will mir gar nicht vorstellen, wie es wäre, wenn es keinen Gott gäbe, dann wären wir gar nicht hier.

Diesesmal bin ich beichten gegangen, und danach habe ich mich sehr frei gefühlt. Beim ersten Besuch des Prayerfestivals ging ich nicht zur Beichte. Ich hätte gehen können, aber ich habe mich nicht getraut, deshalb habe ich mich nicht so frei gefühlt. Hier macht es mir viel mehr Spaß als in der Kirche, weil hier mehr junge Leute da sind. Auch sind hier alle sehr nett. Ich freue mich schon auf das nächste Mal. Ich finde, auf dem Prayerfestival kann man sich viel besser mit Gott verständigen, weil man eben von morgens bis abends bei Gott ist und es trotzdem nicht langweilig wird. Nachts kann man dann nochmals eine bis zwei Stunden alleine mit Jesus sein. Ich habe ihm all meine Probleme anvertrauen können. Jesus versteht uns alle. Für mich waren die drei Tage und zwei Nächte bei dem Prayerfestival um den eucharistischen Jesus wie eine reale Vision. Ich sah Jesus, der als Brot des Lebens erneut unter seinen Schülern wohnte und sie um sich versammelte. Das war wirklich ein Vorgeschmack des Himmels. Halleluja!"

Eher könnte die Welt ohne Sonne bestehen,
als ohne das heilige Meßopfer.
Pater Pio, stigmatisierter Ordenspriester

28 Jahre

Anonym – Ein Terrorist schildert seine Bekehrung

Als ich meine Fragen an einen ehemaligen Terroristen stellte, war ich über seine Offenheit überrascht. Zum Zeitpunkt des Interviews könnte er etwa achtundzwanzig Jahre alt gewesen sein. Bereitwillig schilderte er seine gefährliche Vergangenheit: „Ich wurde Mitglied der Irischen Republikanischen Befreiungsarmee. In der IRA wurden wir mit Waffen versorgt und gut ausgebildet. Es wurde uns eingeschärft,von Herzen zu töten'! Meine Gruppe hatte den speziellen Auftrag, britische Soldaten und Polizisten hinterrücks zu ermorden. Bei einer Hausbesetzung nahmen wir alle Personen als Geiseln fest. Wir versuchten, zwei britische Soldaten, die bei ihrem Fahrzeug standen, zu erschießen. Kurz darauf wurden wir von einer Armee-Patrouille festgenommen. Ich wurde zu zwölf Jahren Gefängnis verurteilt."

Als ich ihn fragte, wodurch seine Gesinnungsänderung gekommen war, erwiderte er: „Im Gefängnis predigte ein Pater über den Ort Medjugorje. Er berichtete von Personen, die dort waren und große Heilungen erlebten. Der Bericht über die Botschaften von Medjugorje erregte meine Aufmerksamkeit. Der Pater sprach von den Sehern, von Frieden, Bekehrung, Buße und Fasten. Mit seinen Ausführungen über die Barmherzigkeit Gottes wollte er beweisen, daß auch ein Mörder nicht von der Liebe Gottes ausgeschlossen sei. Zunächst war ich äußerst skeptisch, doch ich spürte bald, daß der Bericht der Same für meinen Glauben wurde.

In der Stille meiner Gefängniszelle erfuhr ich einen Gott, der vergibt und mich liebt. Deutlich erkannte ich, daß das Kreuz ein machtvolles Symbol der Liebe Gottes ist. Ich spürte allmählich den Ruf zur Umkehr. In meinem Herzen regte sich der Wunsch, in die Welt zu gehen, um anderen Menschen von der Liebe und der Vergebung Gottes zu berichten, die ich in meiner Zelle erleben und erfahren durfte. Ich habe die wunderbare Vergebung meiner Sünden und die unendliche Liebe Jesu erfahren, deshalb glaube ich auch, daß wir mit der Hilfe Jesu und des Heiligen Geistes die Botschaft dieser wunderbaren Vergebung überall den Menschen, die ein gebrochenes oder verwundetes Herz haben, verkünden können. Wir können ihnen die Botschaft bringen, daß Jesus das Leben, der Sinn unseres Daseins und unsere Hoffnung ist. Wir müssen ihnen erklären, daß Gott die Menschen liebt, ihnen die Sünden vergibt und ihre kranken Herzen heilt. – Als ich begnadigt und aus dem Gefängnis entlassen wurde, fuhr ich sofort nach Medjugorje."

Ich wollte in Erfahrung bringen, was er dort erlebt hatte. Er schilderte: „Ich erfuhr in Medjugorje einen wunderbaren Frieden, eine große Liebe und ein Wachsen im Glauben. Dort erlebte ich einen Gott, der mir nahe war, und ich spürte die Macht Jesu in der heiligen Messe und im ausgesetzten Altarsakrament. Es war für mich eine wunderbare Offenbarung der Güte und Barmherzigkeit Gottes. In Medjugorje begegnete ich einem britischen Soldaten. Die Botschaft der Mutter Gottes hatte uns zusammengeführt. Wir umarmten uns wie Brüder, nicht wie Feinde. Die Bitten Mariens hatten uns beide dazu veranlaßt, uns zu bekehren. In einer Vision sehe ich Jesus als meine Zukunft, das erfüllt mich mit Hoffnung und Liebe und gibt meinem Leben einen Sinn. Ich glaube, daß Jesus die einzige Antwort ist auf die Zerrissenheit der Menschen, die einen Ersatz in Alkohol, in der Gewalt und in sexuellen Ausschweifungen suchen."

Als ich mich nach seinen Zukunftsplänen erkundigte, berichtete er: „Im Augenblick gebe ich für junge Studenten Religionsunterricht im Süden von D. An Wochenenden ziehe ich mich zurück. Während der Woche arbeite ich mit jugendlichen Gebetsgruppen überall in Irland. Ich studiere, um mein Diplom für Erziehungswissenschaften zu erwerben. Vor allem möchte ich mit meiner Erziehungsarbeit dazu beitragen, daß die jungen Menschen in den Gebetsgruppen erkennen, wer Jesus ist. Ich möchte ihnen durch meine Arbeit klarmachen, daß Jesus die Antwort auf ihre Fragen, auf ihre Zerrissenheit und ihre Suche nach dem Sinn des Lebens ist."

Man muß sich die fast unglaubliche Situation noch einmal vergegenwärtigen: Ein IRA-Terrorist begegnet einem britischen Soldaten. Zwei Menschen, die sich einmal als Todfeinde betrachteten, umarmen sich wie Brüder, weil sie die Botschaft der Gottesmutter von Medjugorje in ihrem Herzen verwirklichen.

Gehen wir getrost zu unserem Herrn Jesus Christus, unserem Erlöser!
Wir werden dort hingehen,
wo der Herr seinen Knechten eine Wohnung bereitet hat.
Ambrosius von Mailand, Kirchenlehrer

Sascha – Mein Fundament ist Gott

Wie wunderbar Gott auch hinter Gefängnismauern wirken kann, erfährt man aus Saschas Bericht. Er schildert: „Täglich merke ich, wie ich Gott hier erleben darf. Das Einzige, was er von mir verlangt, ist, daß ich mich ihm hingebe, so wie ich bin. Gott ist ein wunderbarer Vater, ein wahrer Freund und ein treuer Begleiter. Ja, Gott hilft jedem, der ihn darum bittet. Das steht schon in der Bibel. Für ihn ist nichts unmöglich! Jeder Mensch ist bei ihm gleich. Bei ihm gilt kein Ansehen der Person. Ob Knacki, ob normaler Bürger oder Bundeskanzler. Er macht hier absolut keinen Unterschied. Jeder hat die Chance, mit Gott ein neues Leben anzufangen und aufzubauen. Die können wir allerdings nur erlangen, wenn wir an ihn glauben mit all unserer Kraft. Ja, dann bekommen wir ewiges Leben und Gemeinschaft mit Gott. Jeder Mensch kann, wenn er will, Gottes Kind werden. Jedem, der an ihn glaubt, gibt er die Kraft, die Macht und das Vorrecht, Gottes Kind zu werden. Es ist immer eine Genugtuung für mich und ein Erlebnis, zu sehen und zu spüren, wie Gott in mir wächst und in mir wirkt. Gepriesen sei der Herr!

Seit ich die Bibel lese, gehe ich mit meinen Alltagsproblemen und mit den anfallenden Vollzugsproblemen ganz anders um und bewältige sie auch viel schneller und leichter. Vor etwa einem halben Jahr schrieb ich noch eine Beschwerde nach der anderen. Und jetzt lese ich die Bibel. Ich bin vom Weg des Beschwerdeschreibens abgekommen und versuche, meine Probleme mit Gott zu regeln. Meine eigenen Bedürfnisse und meinen Egoismus, die Gesellschaftskrankheit, habe ich zurückgeschraubt und abgelegt. Somit habe ich mehr Platz und mehr Raum gewonnen, daß sich Gottes Liebe und Gnade ungehindert in mir ausbreiten kann. Ein Haus, das auf einem Berg steht, kann den Sturm nur überstehen, wenn es ein gutes Fundament hat. Mein Fundament ist Gott! Schlichte Demut vor Gott wird oft von den Menschen als Schwäche und Naivität belächelt. Dies stimmt jedoch nicht. Nach meiner Meinung ist es gerade umgekehrt. Die meisten Menschen sind nämlich viel zu schwach, um von ihren Gewohnheiten, dem alten Ich-Menschen, loszukommen. Viele Menschen wollen auch gar nicht von ihren alten Gewohnheiten ablassen, da es für sie viel leichter und einfacher ist, das Alte beizubehalten, als etwas Neues anzunehmen. Sie sind schlichtweg faul! Sie wollen einfach ihren Körper und ihren Geist nicht ausmisten, um somit neuen Platz und Raum für die

Liebe Gottes zu schaffen und um die Freiheit mit Gott zu genießen. Jesus verändert uns und schafft uns neu. Wir müssen nur ja zu ihm sagen. Gleichzeitig ist der Glaube auch ein Wachstumsprozeß, der oftmals viel Geduld und Vertrauen fordert. Das Schönste aber ist, daß man dann nicht mehr aus eigener Kraft leben muß, sondern daß wir alle unsere Nöte, Sorgen, Probleme, Laster und all unser Versagen an Jesus abgeben und vorbringen dürfen."

Je mehr wir uns Gott überlassen,
desto mehr kann er mit uns machen.
Pater Daniel Considine SJ

Thomas – Medjugorje war für mich die letzte Rettung

Als ich Thomas im Ausland traf, war er etwa achtundzwanzig Jahre alt. Er berichtete: „Meine Eltern erzogen mich in der Lehre der Zeugen Jehovas. Schon als Kind lernte ich die Furcht vor einem schrecklich strafenden Gott kennen, der Schlimmes über die Menschen bringt, wenn sie ihm nicht wie Marionetten gehorchen. Ich hörte im Elternhaus und in den Zusammenkünften der Zeugen Jehovas immer wieder die Stellen aus dem Alten Testament, wo Jehova die Menschen wegen ihres Ungehorsams bestraft, ich hörte aber auch die Stellen aus der Apokalypse, in der schreckliche Katastrophen angekündigt werden sowie deren Auslegung durch die Zeugen-Jehovas-Literatur. Es wurde zwar auch immer wieder vom liebenden Gott gesprochen, aber das erschien mir als Phrase angesichts dessen, wie schrecklich er geschildert wurde, und da nur die paar Zeugen Jehovas überleben sollten. Ich stand unter einem gewaltigen Druck. Es gab für mich auch keine Chance, mich der regelmäßigen Gehirnwäsche zu entziehen. Jeder Kontakt mit der Welt, das heißt Vergnügungen, war streng verboten, denn er zog das Strafgericht Gottes nach sich. Ich fühlte mich unter Druck und hatte schreckliche Angst. Es gibt so viele Menschen, die durch diese Sekte zugrunde gehen, weil sie sich aus Verzweiflung das Leben nehmen.

Ich wartete nur noch auf meinen 18. Geburtstag, um selbständig zu werden. Leider konnte ich wegen Wohnraummangel nicht aus meinem Elternhaus ausziehen. Ich merkte aber auch, daß ich die Prägung durch die Zeugen Jehovas nicht abschütteln konnte. Ich war immer auf der Suche nach Freude, Liebe, Geborgenheit, Glück und Frieden. So lebte ich in einem Zwiespalt, weil ich die Gebote und Verbote nicht vergessen konnte. Der innere Druck blieb. Es gab Menschen, die meine Not erkannten und ihre Hilfe anboten, aber niemand vermochte die inneren Wunden zu heilen. Ich lebte in Unfrieden mit mir und meinen Eltern. Schließlich bedurfte ich psychotherapeutischer Behandlungen. Sie brachten nur vorübergehenden Erfolg, aber bald war ich in der gleichen Lage wie vorher. Ich hatte einen ausgezeichneten Psychiater, er war Chefarzt einer Klinik. Nach drei Jahren gestand er mir, daß er mit seiner Therapie am Ende sei, weil sich die Konflikte bei mir nicht lösten. Ich hatte damals schwere Depressionen und Selbstmordgedanken."

Als ich meinen Gesprächspartner fragte, wie er aus diesem Teufelskreis entrinnen konnte, erwiderte er: „Jemand schenkte mir ein Buch über positives Denken. Der Autor war christlich orientiert und schilderte Heilungen durch den Glauben. Für mich war das Buch ein Hoffnungsschimmer. Es führte mich zur Lektüre der Bibel. Jetzt suchte ich christliche Gemeinschaften auf, um die Gegenwart Christi zu erfahren. So besuchte ich gelegentlich einen evangelischen Gottesdienst. Ich fand dort nur einen Teil von dem, was ich suchte. Eines Tages fand ich einen Prospekt über ein Buch, das von den Erscheinungen in Medjugorje berichtete. Sofort bestellte ich das Buch. Als ich dann das Buch las, spürte ich einen starken Drang, dorthin zu fahren. Etwa acht Wochen später besuchte ich diesen Ort. Hier fand ich Menschen, die sich mit großer Liebe meiner annahmen. Mit der Zeit fühlte ich mich hier geborgen und fand einen tiefen Herzensfrieden. Es war etwas Besonderes an diesem Ort zu spüren, ich fühlte die Nähe Gottes und manchmal auch die Nähe der Mutter Jesu."

Als ich ihn fragte, ob Medjugorje zu seiner Konversion beigetragen habe, antwortete er: „Ganz wesentlich. Ich erlebte viele Menschen, die mich durch ihren festen Glauben stark beeindruckten. Die Liebe, die mir die Menschen hier entgegenbrachten, schöpften sie nach meiner Überzeugung aus ihrem Glauben. Das war genau das, wonach ich mein Leben lang gesucht hatte. In Medjugorje bekam ich endlich die Antwort auf meine Fragen in Bezug auf die Bibel. Es erwachte in mir der Wunsch, getauft zu werden, um Gott näher zu kommen. Bald nahm ich Konvertitenunterricht, um in die katholische Kirche aufgenommen zu werden. In einer Osternacht wurde ich im Beisein der ganzen Pfarrgemeinde getauft und gefirmt."

Als ich mich nach seinem neugewonnenen Glauben erkundigte, gestand er: „Für mich bedeutet der katholische Glaube ein großes Geschenk und eine unverdiente Gnade. Ich empfinde eine große Dankbarkeit für dieses Gnadengeschenk. Ich versuche, die Botschaften der Mutter Gottes, die sie uns in Medjugorje gegeben hat, auch zu leben. Ich besuche mehrmals in der Woche den Gottesdienst. Das Rosenkranzgebet bedeutet mir heute sehr viel, weil ich dabei Ruhe und Frieden finde. Durch dieses Gebet spüre ich die Gnade, die Gott mir durch Maria schenkt. Wenn ich jetzt Probleme habe, so bete ich, und die Schwierigkeiten lösen sich auf. Ich bin glücklich, daß ich den Weg nach Medjugorje fand und dadurch katholisch werden durfte. Zurückblickend kann ich sagen, daß ich mein Leben bereits aufgegeben hatte. Für mich persönlich war Medjugorje die letzte Rettung. Gott ist die Liebe, das sagt mir jetzt mein Herz. Ich möchte mich mit aller Kraft dafür einsetzen, damit auch die anderen die Liebe Gottes erfahren."

Alles vergeht, Gott allein bleibt und das,
was wir aus Liebe zu ihm geopfert haben.
Franz von Sales

Harald – Gottes Liebe hat mich in seine Bahnen aufgenommen

Für einige Tage durfte Harald die Justizvollzugsanstalt im sogenannten Knasturlaub verlassen und Erfahrungen in der Emmaus-Gemeinschaft sammeln. Er berichtete: „Es ist jetzt schon wieder eine Woche her, daß wir uns auf dem Treffen gesehen haben. Es hat mir unheimlich gut gefallen, und es hat einiges in mir bewegt. Meine Eindrücke kann ich kaum in Worten ausdrücken, denn Worte würden es nur kleiner machen. Als ich befragt wurde, wie es dort war, konnte ich nur sagen: unbeschreiblich schön. Ich habe mir in den letzten Tagen sehr viele Gedanken gemacht, wie es mit mir weitergehen soll. Ich bin fest überzeugt, daß mich die Liebe Gottes in ihre Bahnen aufgenommen hat und nicht mehr so einfach wieder losläßt, egal wie stark ich dagegen ankämpfen würde. Eigentlich möchte ich ja auch gar nicht dagegen ankämpfen, denn jedes Stück, das ich Gott näher komme, bewegt in mir wahnsinnig schöne Gefühle. Und ich fühle mich wohler und glücklicher. Es kehrt in mir immer mehr Ruhe ein. Und wieso soll ich jetzt dagegen ankämpfen, wenn es doch nur positive Seiten hat?“

Herr, du bist uns näher als alles. Und du bist größer als alles.
Herr, du bist Anfang und Ende unseres Lebens und seine Ewigkeit.
M. Gertrudis Schinle

29 Jahre

Norbert – Gott nahm mir meine Zweifel

Die Schilderung, die mir Norbert gab, zeigt sehr deutlich, wie schwer es für junge Menschen ist, den Weg zum Glauben zu finden. Sehr nüchtern beschreibt er die Suche nach Gott: „Meine Eltern versuchten, mich gut katholisch zu erziehen, was sicherlich auch Früchte getragen hat. Ich war einige Jahre Ministrant in meiner Heimatgemeinde, hörte dann aber in meiner Jugendzeit damit auf. Dann kam eine Zeit, in der ich nur noch durch Zwang der Eltern sonntags die heilige Messe besuchte. Aber erfindungsreich wie ich war, fand ich auch da Möglichkeiten, daß meinen Eltern das Schwänzen der Messe nicht auffiel. Gott verschwand zu diesem Zeitpunkt für mich ganz aus meinem Leben.

Eine kleine Wiederbelebung der Gottesbeziehung erfuhr ich, als der Leiter unserer ehemaligen Briefmarkengruppe einen Gesprächskreis über Gott und die Welt mit meiner damaligen Freundin, jetzt Ehefrau, und ein paar Bekannten gründen wollte. Da ich den Glauben an die Existenz Gottes nie ganz verloren hatte, nahmen wir daran teil und trafen uns alle zwei bis drei Wochen sonntags. Aber meine Zweifel an der tatsächlichen Existenz von Gott Vater, Gott Sohn und Heiligem Geist verlor ich nicht. Irgendwann erzählte uns dieser Leiter des Gesprächskreises von dem Ort Medjugorje in Bosnien-Herzegowina, an dem angeblich die Mutter Gottes täglich sechs Jugendlichen erscheine, mit ihnen spreche und bete. Seine Frau sei schon einmal dort gewesen und glaube auch an die Erscheinungen.

Das traf mich damals ins Herz. Ich wollte so schnell wie möglich dorthin fahren und mir das persönlich anschauen, denn wenn Maria, die Mutter Jesu, dort täglich erscheint, dann kann ich auch nicht mehr an Gott zweifeln. Warum ich in meiner Naivität damals glaubte, durch eine Wallfahrt an diesen Ort meine Glaubenszweifel zu verlieren, weiß ich bis heute noch nicht, das wird wohl ein Geheimnis Gottes bleiben. Aber so weit kam es damals auch gar nicht, da zu dieser Zeit rund um Medjugorje der Krieg tobte. Dann schliefen die Gedanken an Medjugorje wieder ein und meine Glaubenszweifel blieben nach wie vor bestehen. Einige Jahre später wurde von dem Gebetskreisleiter dieser Ort wieder einmal erwähnt, denn er hatte erfahren, daß nur noch drei der Seherkinder täglich Erscheinungen hatten. Das fachte in mir urplötzlich das Feuer und die damalige Sehnsucht, dort hinzufahren, wieder an, denn ich wollte mir diese Chance dieses Mal nicht entgehen lassen. Über viele Ecken lernten wir dann Leute kennen, die schon öfters dort gewesen waren, erhielten genügend Lesematerial über die Erscheinungen und lernten die Gruppe Totus Tuus kennen. Nach einer halben Stunde Gespräch mit einem Totus-Tuus-Mitglied entschied ich mich, mit diesen Leuten bei der nächsten Wallfahrt nach Medjugorje mitzufahren.

Dort angekommen, war ich anfangs sehr enttäuscht, da ich an dem Ort und an der Kirche nichts Außergewöhnliches fand und in mir auch keine besonderen Gefühle aufkamen. Das erste Abendprogramm in der Kirche war für mich ziemlich abschreckend, aber ich hatte ja den festen Willen, mich hier für oder gegen Gott zu entscheiden, das heißt für ihn, wenn ich erfahren würde, daß es ihn gibt, oder gegen ihn, wenn ich feststellte, daß das alles Schwindel ist. So hatte ich mich am zweiten Tag entschieden, mich ganz für das Wirken Gottes zu öffnen und ihn bedingungslos an mich heranzulassen. Als wir dann am schwarzen Kreuz auf dem Erscheinungsberg gemeinsam Lobpreis machten und jeder an das Kreuz vortreten durfte, um dort eine Weile im Gebet zu verbringen, schenkte mir Gott seine ganze Liebe und einen festen Glauben. Nach diesem Empfinden stellte ich mich ein bißchen abseits und betete intensiv. In diesem Gebet habe ich mein Leben Gott, meinem Schöpfer, zurückgegeben. Ich versprach Jesus, mein Leben unter seinen Willen zu stellen und bat ihn gleich um alles, was ich dazu brauche, um dies auch leben zu können. Seit dieser Erfahrung und diesem Gebet hatte ich keine Glaubenszweifel mehr. Mein Leben hat sich seitdem radikal zum Positiven gewendet."

Wie dies konkret aussieht, wollte ich von dem jungen Mann wissen. Er erklärt: „Ich versuche nun, Gott in meinem Leben immer an den ersten Platz zu stellen, im Gebet seinen Willen zu erkunden und mein Leben ganz nach ihm auszurichten. Seit dieser Umkehr habe ich Gottes Wirken in meinem Leben immer mehr erkennen dürfen und wachse stetig in der Liebe zu Jesus und Maria. Natürlich wirkt sich das auch auf das Leben mit den Mitmenschen aus, denen ich dann ganz anders begegnen kann. Jesus in den Mitmenschen zu erkennen und ihn in diesen Menschen zu lieben, ist eine Aufgabe, die mich ein Leben lang begleiten wird. Auch meine Ehe ist dadurch ganz anders geworden. Das gemeinsame Gebet, der regelmäßige Besuch der heiligen Messe und die Einbindung der Sakramente in unser Leben hat den Umgang miteinander spürbar verbessert. Wir sind sehr glücklich, Gott bewußt in unser Leben eingelassen zu haben und es mit ihm zu teilen. In Maria haben wir durch Medjugorje eine perfekte Lehrerin und Fürsprecherin gefunden, der wir uns ganz anvertrauen. Ich danke Gott von Herzen, daß er durch seine unendliche Gnade mich vom Dunkel ins Licht geführt hat, aus dem ich niemals mehr heraustreten möchte."

Großes Glück strömt in unser Leben ein,
wenn wir es von Jesus beherrschen lassen.
Mutter Basilea Schlink

Sandra – Durch meinen Glauben fand ich Frieden

Von Sandra erfuhr ich, wie sie durch den Glauben ihr Glück fand. Sie schildert: „Ich stamme aus einem konfessionsverschiedenen Elternhaus. Meine Mutter ist evangelisch und mein Vater katholisch, aber beide haben mit der Kirche nichts zu tun. Ich wurde evangelisch getauft und gehörte somit zur evangelischen Kirche. In unserer Familie wurde nie gemeinsam gebetet, und damit war mir das Gebet sehr fremd. Mit zwölf Jahren ging ich zum Konfirmandenunterricht und wurde zwei Jahre später konfirmiert. In diesen zwei Jahren hatte ich eine enge Beziehung zu Gott und der evangelischen Kirche. Ich ging jeden Sonntag zur Kirche und war stolz darauf, evangelisch zu sein. Den katholischen Glauben fand ich altmodisch. Allein schon das Hinknien beim Beten sah ich als erniedrigend an. Als evangelischer Christ brauchte ich mich vor Gott nicht niederzuknien, und irgendwie war das auch unter meiner Würde. Die durch das Knien erbrachte Gottesehrfurcht habe ich damals nicht erkannt. Nach meiner Konfirmation war es mit den Kirchenbesuchen vorbei. Ich fing an, auf Feten zu gehen, harte Musik zu hören und Alkohol zu trinken. Mit sechzehn Jahren lernte ich meinen heutigen Mann kennen, er war katholisch. Wir trafen uns oft mit Freunden, hörten Heavy-Metal und tranken Alkohol. Mein Zimmer war von oben bis unten mit Heavy Metal-Postern tapeziert, überall waren Totenköpfe und komische Fratzen. Oft hatte ich einen heftigen Streit mit meinem Freund, und ich war auch öfters frech zu meinen Eltern. Meine Eltern nahmen meinen Lebensstil einfach so hin, wahrscheinlich weil sie dachten, das sei im Jugendalter normal. Über mehrere Jahre hinweg besuchte ich über vierzig Heavy-Metal-Konzerte, bei denen es ganz schön derb abging. Ich war damals der festen Überzeugung, daß mich die Musik mit ihren gewaltverherrlichenden und oftmals satanischen Texten überhaupt nicht beeinflussen würde. Aber ich wurde immer aggressiver und depressiver. Mein Freund und ich hatten uns durch den vielen Streit schon ziemlich weit auseinandergelebt, und wir hatten uns eigentlich gar nichts mehr zu sagen. Dazu kam, daß mein Freund im Jahre 1993 anfing, sich zu bekehren, und wieder zur Kirche ging, während ich mein altes Leben weiterführte. In der ganzen Zeit hatte ich aber immer das Gefühl, daß mein Leben total in Ordnung sei. Ich hatte keine Probleme und fühlte mich als guter Christ.

Mein Freund erzählte mir 1997 zum ersten Mal von Medjugorje, und ohne groß darüber nachzudenken, sagte ich, daß ich auch einmal dort hinfahren wolle. Darüber war er sehr überrascht, und dann fuhren wir 1998 zum ersten Mal mit der Gemeinschaft Totus Tuus nach Medjugorje. Ich war einfach nur neugierig, ob etwas an den Marienerscheinungen dran sei. Ich dachte, vielleicht würde ich die Gottesmutter auch mal sehen. Als evangelischer Christ hatte ich keinen Bezug zu Maria und betete auch keinen Rosenkranz. Die ersten Tage in Medjugorje waren sehr seltsam. Oft wurde ich von der Lobpreismusik innerlich sehr angesprochen, aber ich konnte mich absolut nicht öffnen. Irgendwie hatte ich Angst, meinem Glauben nicht treu zu bleiben.“

Ich wollte in Erfahrung bringen, ob sich an dieser inneren Einstellung etwas änderte. Sie berichtet: „Als wir den Erscheinungsberg bestiegen und am schwarzen Kreuz stehen blieben, machte ich eine ganz tiefe Gotteserfahrung. Ich hatte für kurze Zeit ein Gefühl, als hätte ich einen Durchblick in meinem Leben, als könnte ich auf einmal alles ganz klar sehen und verstehen. Mir stiegen die Tränen in die Augen, weil ich erkannte, was in meinem Leben alles falsch gelaufen war. Ich erkannte, daß ich stolz und eitel war und viele Menschen durch meine egoistische, selbstsichere Dickköpfigkeit verletzt hatte. Mir wurde auch bewußt, wie viele Wunden ich mir selbst zugefügt hatte. Von diesem Augenblick an wußte ich, daß die Gottesmutter hier in Medjugorje erscheint und Botschaften gibt, die uns zu Gott führen. Ich fühlte in mir einen großen Widerspruch, denn als evangelischer Christ konnte ich die erkannte Wahrheit nicht richtig annehmen. Ich hatte Angst davor, mich auf Maria einzulassen und nahm für mich nur einen Teil der Botschaften an, die ich mit meinem evangelischen Glauben in Einklang bringen konnte. Mir wurde plötzlich so richtig bewußt, daß ich mein Leben ändern mußte. Als ich wieder zu Hause war, entschied ich mich für das Fasten. Ich war von meiner Gotteserfahrung, die ich in Medjugorje gemacht hatte, so begeistert, daß ich wieder jeden Sonntag in die evangelische Kirche ging. In meiner Gemeinde wurde ich richtig aktiv und übernahm auch die Aufgabe, für die Diakonie Geld zu sammeln, zur Freude meines Pastors. Das Fasten stärkte mich im Glauben, da ich wußte, daß es Gott gefällt.

Vier Monate nach dem ersten Besuch in Medjugorje fuhren mein Freund und ich erneut zu diesem Wallfahrtsort. Ich hatte eine große Sehnsucht, dorthin zu kommen. Auch bei dieser Fahrt hatte ich ähnliche Erlebnisse wie beim ersten Mal. Meine Empfindungen veranlaßten mich dazu, mich mit meinem Glauben und der katholischen Kirche auseinanderzusetzen. Ich mußte mir endlich klar darüber werden, was ich eigentlich glaubte, was ich für Erfahrungen gemacht hatte, und ob der evangelische Glaube für mich der richtige ist. Als ich wieder zu Hause war, besuchte ich nicht mehr die evangelische Kirche, weil ich mich dort nicht mehr wohl fühlte. Ich konnte nicht die Botschaften und die Gottesmutter annehmen und gleichzeitig weiter in die evangelische Kirche gehen. So kam es, daß ich ein halbes Jahr überhaupt nicht mehr zur Kirche ging. In dieser Zeit habe ich viel über die beiden Konfessionen nachgedacht, aber die Gottesmutter ließ mich nicht mehr los. Ich begann, den Rosenkranz zu beten. Am Anfang hatte ich ein schlechtes Gewissen, weil ich irgendwie ein Schuldgefühl aufbaute. Aber als ich den Rosenkranz in den Händen hielt, wurde er ganz warm. Das war ein seltsames Gefühl und für mich ein Zeichen, den Rosenkranz weiterhin zu beten. Ich spürte auch, daß die Gottesmutter mich bei sich haben wollte. Später stellte sich heraus, daß mein Freund genau zu dieser Zeit für mich eine Novene gebetet hatte. Durch das Fasten und das Rosenkranzbeten hat sich mein Leben total verändert.

Im Januar 1999 erzählte ich unserem Pfarrer alles, was passiert war, und stellte den Antrag, in die katholische Kirche aufgenommen zu werden. Im April 1999 wurde ich feierlich in die katholische Kirche aufgenommen und empfing die Erstkommunion und die Firmung. Vorher ging ich zum ersten Mal zur Beichte, um ganz offen für Jesus zu sein. Ich war dabei sehr nervös, und es war für mich eine unbeschreibliche Überwindung, aber es ist überhaupt nicht in Worte zu fassen, welchen tiefen Frieden ich durch die persönliche Begegnung mit Jesus in der Beichte erlebte. An diesem Tag wurde ich so sehr mit Gnaden beschenkt, daß ich mich richtig geliebt und angenommen fühlte. Heute bin ich verheiratet und habe eine kleine Tochter. Ich versuche jeden Tag, neu umzukehren und mit Hilfe der Gottesmutter den Glauben im Alltag zu leben."

Gelobt, geliebt und dankbar gepriesen sei das heilige Herz Jesu!
Papst Benedikt XV.

Frank – Von der Bühne zum Altar

Für Frank aus der Normandie in Frankreich waren Applaus, Publikum und Rampenlicht etwas Alltägliches. Das Leben als Künstler empfand er spannend und überwältigend. Auf seinem Programm als Ballett-Tänzer standen die Klassiker wie Tschaikowskis »Nußknacker« oder »Schwanensee«. Frank stammt aus einer katholischen Familie, die ihren Glauben kaum praktizierte. Es kam die Zeit, wo er den Papst und die Kirche in Frage stellte. Bei seinen Tourneen lernte er Armut und soziale Ungerechtigkeit kennen.

Frank berichtet über seine bewegte Vergangenheit: „Unsere Truppe tanzte sehr oft für die Regierenden. Wir wohnten in den großen Hotels und wurden in Botschaften empfangen. Der Kontrast zwischen unserem Luxusleben und dem, was die Einheimischen zu leiden hatten, war unerträglich."

Als er an der Oper in Düsseldorf tanzte, hatte er mehr Zeit, um über sein Leben nachzudenken. Der ehemalige Tänzer erinnert sich: „Im Anschluß an eine Probe, die nicht sehr gut verlaufen war, hatte ich das Bedürfnis, Bilanz zu ziehen und über mein Leben nachzudenken. An diesem Tag habe ich einen langen Spaziergang unternommen. Ich hatte drei wichtige Fragen in den Mittelpunkt gestellt: Was ist Glück? Was ist ein gelungenes Leben? Was muß ich tun, damit ich am Ende meines Lebens sagen kann: Mein Leben war erfolgreich? In einem solchen Moment denkt man unweigerlich an die Zukunft: Das Tanzen wird einmal ein Ende finden, das Scheinwerferlicht wird bloß noch Erinnerung sein. Und meine Gewißheit war, daß das einzige feste und unwandelbare Glück allein in Gott zu finden sei. Von diesem Tag an nahm das Gebet mehr und mehr Platz in meinem Leben ein."

Frank löste sich von seinem Künstlerberuf und trat in das Priesterseminar in der Nähe von Paris ein. Im Juni 2000 wurde er zum Priester geweiht. Nun betreut der ehemalige Ballett-Tänzer als Pfarrer eine Gemeinde in Frankreich. Hätte er nicht beide Berufe ausüben können? Frank gibt zu bedenken: „Man kann sich immer sagen, daß man für Gott tanzt, und daß alles, was man tut, für Gott ist. In Wirklichkeit aber tanzt ein Tänzer für seinen eigenen Ruhm."

Herr, ich weiß, daß ich nur eines weiß: daß es gut ist, dir nachzufolgen,
und daß es böse ist, dich zu beleidigen.
Blaise Pascal
(französischer Naturwissenschaftler und Philosoph)

Michael – Gott heilte mich von Drogensucht, Krankheit und Unglauben

Aus dem Gefängnis schrieb Michael diesen beeindruckenden Brief: „Ich mag den Paulus sehr. Als Apostel durfte er in der Liebe zu Jesus Christus durch Wort und Tat mit einer Kraft dienen, die wie eine Quelle aus ihm hervorsprudelte. Und wenn man bedenkt, was für ein Christenhasser er war! Ja, auch ich bin eine Mißgeburt, wie Paulus es von sich selbst sagte. Ich habe zwar nicht die Christen verfolgt, doch habe ich in meiner Drogenzeit in der Kirche Gottes Geld gestohlen. Überall bin ich eingebrochen, war gewalttätig – auch in Worten zu Menschen, die mir in meiner Sucht helfen wollten. Viermal bin ich im Maßregelvollzug ausgebrochen. Meine letzte Flucht war vor acht Monaten, als ich in F. im Gefängnis war.

Ja, Gott hat mich am Leben erhalten. Durch Gottes Gnade bin ich, was ich bin, und sein gnädiges Handeln an mir ist nicht ohne Wirkung geblieben. Seit vier Monaten nehme ich keine Tabletten gegen diese Anfälle. Ich habe sie ohne ärztlichen Rat einfach weggelassen und habe seitdem keine Anfälle mehr. Und mein Blut, das durch die Benutzung fremder Nadeln mit dem Hepatitis-C-Virus verseucht war, ist vollständig geheilt. Immer wieder hatten mir viele Ärzte gesagt, daß ich bis in den Tod Träger des Virus sein werde. Zweimal wurde ich wegen des Blutbildes untersucht. Da war nichts zu erkennen, was auf Krankheit hingedeutet hätte."

Michael hatte einen unglaublichen Wandel durch die Hilfe Gottes und die Emmaus-Gemeinschaft erfahren. Er bemüht sich fieberhaft, einer drogensüchtigen und verzweifelten Frau zu helfen. Er schrieb ihr Briefe, um ihr mitzuteilen, daß nur in der Liebe Jesu Christi der Weg zur Heilung sei. Mit betendem Herzen hoffte er, daß auch sie diese Gnade empfange. Tief bewegt schildert er: „Ihr Herz blieb verschlossen. Ihre Augen sagten mir, daß sie an alles andere glaubte, aber nicht an das Heil durch Jesus Christus. Das Leid war sicher groß in ihr, doch sie fand hinter ihrer Menschenstirn nicht den Weg zum Herzen. Sie konnte nicht verstehen, welch wunderbare Kraft im Glauben verankert ist. So vergiftete sie sich immer mehr mit Drogen. Es tat weh!"

Jesus lieben ist die Voraussetzung,
einst in der Gottesstadt wohnen zu dürfen.
Mutter Basilea Schlink

Scott – Den Tod vor Augen

Am 2. Juni 1995 wurde Kapitän Scott O'Grady mit seiner F 16 über Bosnien abgeschossen. Der amerikanische Pilot konnte sich zunächst mit dem Schleudersitz und dem Fallschirm retten. Sofort nach der Landung flüchtete er sich in dichtes Unterholz, doch der schwebende Fallschirm war nicht unbemerkt geblieben. Bald kamen zwei Männer auf sein Versteck zu, sie standen nur wenige Meter von ihm entfernt. Scott berichtet: „Ich weiß nicht, warum sie mich nicht fanden, ich kann es mir nicht erklären, außer daß Gott mich vor ihnen verbarg." Fünf Minuten später wurde der Pilot von etwa fünfzehn Männern eingekreist. Die Lage für ihn schien hoffnungslos. Er schildert seine Ausweglosigkeit: „Ich konnte nur noch beten. Ich rief Jesus, Maria, alle Heiligen und die Apostel an, ich war noch nicht bereit zu sterben, aber wenn ich sterben mußte, bitte, lieber Gott, vergib mir meine Sünden und laß mich in den Himmel kommen. Lieber Gott, ich bin nicht würdig, aber sprich nur ein Wort, so wird meine Seele gesund. Als ich den ersten Gewehrschuß hörte, erinnerte ich mich an das Vaterunser." Während er das Vaterunser betete, hörte er Stimmen und Schüsse. Scott erinnert sich: „Ich hörte ein halbes Dutzend Gewehrschüsse an diesem Nachmittag, die Männer liefen zwei Stunden lang an mir vorüber. Es ist ein Wunder, daß keiner von ihnen mich entdeckte."

Millionen erfuhren durch Presse, Rundfunk und Fernsehen vom Abschuß der amerikanischen Maschine über Bosnien. Sechs Tage und Nächte blieb Kapitän Scott O'Grady verschollen. Immer wieder versuchte er Kontakt aufzunehmen, um seinen Standort anzugeben, aber alle Versuche waren vergebens. Hunger und Durst quälten ihn, aber er betete und war nicht allein. Über seine Lage berichtet er: „Ich hatte eingestimmt in einen riesigen Chor; ich konnte die Gebete für mich von der ganzen Welt hören, von meiner Familie und von den entfernten, unbekannten Fremden. Es existierten keine religiösen, politischen oder sprachlichen Schranken. Es gab nur eine Einheit, eine Fürsorge und einen Glauben."

Immer mehr kam ihm zum Bewußtsein, daß sein Überleben nicht nur eine physische, sondern auch eine geistige Herausforderung war. Scott erinnert sich: „Eines Tages besuchte ich zwei Freunde meiner Mutter, sie hießen Nick und Anita Sinaly. Unsere Unterhaltung ging um Bosnien, dabei stellte sich heraus, daß Anita schon einmal dort gewesen war. Sie besuchte im südlichen Teil des Landes den Ort Medjugorje, wo die Mutter Gottes erschienen sein soll ... Am Nachmittag meines dritten Tages in Bosnien begann ich, zur Mutter Gottes von Medjugorje zu beten. Bald spürte ich ihre Gegenwart. Sie wurde intensiver und lebendiger, bis ich sie in meinem Geist erkennen konnte. Es ist schwierig, diesen Vorgang in Worte zu fassen, aber durch mein Empfinden sah ich diese Vision. Es war ein warmes und angenehmes Empfinden. Die internationale Beterschar stimmte ein, um für meine sichere Rückkehr zu beten. Ich kann ihnen nicht sagen, wie bedeutend diese Vision für mich war. Sie gab mir das Durchhaltevermögen zum Weiterleben."

Inzwischen nahmen mehr als vierzig Flugzeuge und Helikopter und etwa einhundert Elitesoldaten die Suche nach dem vermissten Nato-Piloten auf. Die Vision, die Scott O'Grady hatte, gab ihm die Kraft, in den schwierigsten Augenblicken durchzuhalten. Mit seinem Buch veröffentlichte der amerikanische Pilot die Behauptung, daß durch die Vision der Gottesmutter von Medjugorje seine glückliche Rückkehr ermöglicht wurde. Seine Rettung wurde in den Vereinigten Staaten in einem grandiosen Triumphzug mit den höchsten Vertretern aus Politik und Militär gefeiert.

Liebe Jesus und du wirst erfahren: Die Liebe zu Jesus ist die stärkste Macht, durch sie kannst du alles Schwere überwinden.
Mutter Basilea Schlink

Olaf – Gott schenkte mir seine Kraft, Liebe und Barmherzigkeit

Für viele ehemalige Gefangene beginnen nach der Entlassung neue schwerwiegende Probleme. Das mußte auch Olaf erfahren. Er schreibt über diese Zeit: „Als ich im Jahre 1994 aus dem Knast entlassen wurde, dachte ich, Gott hätte mir meinen Weg gezeigt und die Weichen in die Zukunft gestellt. Doch ich mußte feststellen, daß ich mich geirrt hatte. Mein Leben als Mensch blieb auf der Strecke. Ich lebte gottlos, wurde wieder straffällig und seit einem Jahr habe ich bereits meinen Bewährungswiderruf zu Hause liegen.

Bald lernte ich Schwester Angelika von der Emmaus-Gemeinschaft kennen. Als ich mich mit ihr unterhielt, merkte ich, wie gut mir dieses Gespräch tat. Sie sagte mir, daß es einige Leute in der Gemeinschaft gibt, die eine Gruppe ‚Draußen' gründen möchten. Sie lud mich zu einem Emmaus-Treffen in Bayern ein. Ich sagte zu, weil ich eine solche Gruppe am Niederrhein ins Leben rufen wollte. Das Treffen war nicht nur Anschauungsunterricht, sondern auch praxisnahes Leben in der Gemeinschaft mit Gott. Ich brauchte zwar einige Zeit, um ihn voll anzunehmen, doch die Kraft, die er in mir freisetzte, ist unvorstellbar schön. Ich konnte vor lauter Freude über seine Gaben nur noch weinen. Diese Erkenntnis hat mich zu einem richtigen Christen gemacht. Heute weiß ich, daß ich mir ein Leben ohne Gott nicht mehr vorstellen kann. Ich kann heute ohne ihn nicht mehr leben. Teilweise bin ich über mich selbst erschrocken, doch ich weiß jetzt, wer mich aus diesem Sumpf herausgeholt hat, und es ist nicht schwer, Gottes Hilfe anzunehmen. Ich erlebe heute Gottes Kraft, Liebe und Barmherzigkeit."

Ganz sicher werden durch die Gruppe „Draußen", die Olaf gründete, viele Ehemalige eine Heimat und einen Weg zu Gott finden. Es ist eine wunderbare Verwandlung, daß ein ehemaliger Strafgefangener sich heute seiner verstoßenen Mitbrüder aus dem Gefängnis annimmt und sie im Glauben unterweist.

Du deckst mir den Tisch vor den Augen meiner Feinde.
Du salbst mein Haupt mit Öl, du füllst mir reichlich den Becher.
Lauter Güte und Huld werden mir folgen mein Leben lang,
und im Haus des Herrn darf ich wohnen für lange Zeit.
Psalm 23

Thomas – Gott ist es, den ich suchte

Als ich im Februar 2002 mit Thomas sprach, erzählte er, wie er Gott gesucht hatte: „Ich wurde als Kind christlich erzogen und wir gingen sonntags zur Kirche. Meine Eltern waren keine überzeugten Kirchgänger, und bei uns zu Hause wurde auch nicht gebetet. Heute glaube ich, daß ich meine Bekehrung nur meiner Großmutter zu verdanken habe, die jahrelang für mich betete. Mit 16 Jahren entfernte ich mich immer mehr von Gott und der Kirche. Da ich mit niemandem ernsthaft über Glaube und Kirche reden konnte, stellte ich eigene Gebote auf, die immer oberflächlicher wurden. Schließlich war es in meinen Augen nur noch falsch, jemanden ernsthaft zu verletzen oder zu töten. Alles andere hielt ich für legitim.

Eines Tages berichtete mein Freund von einem Ort, wo Maria jungen Menschen erscheine. Ich glaubte ihm natürlich kein Wort und hielt ihn für naiv. Als ich mit meiner Freundin in Streit geriet, beschloß ich, an Silvester doch zu diesem Ort zu fahren. Ich dachte mir: ‚Du kannst machen, was du willst, ich fahre allein nach Medjugorje! Da kenne ich niemanden, da habe ich endlich Ruhe und die anderen können ja in die Kirche gehen und beten, ich kann mich ja da heraushalten.'

Zwei Wochen vor Weihnachten fuhr ich mit meinem Freund und anderen Jugendlichen nach Medjugorje. Ich stellte fest, daß alle sehr nett und fromm waren. Nach zwei Tagen Aufenthalt sagte ich zu einer Bekannten: ‚Du, ich passe gar nicht hierher, alle sind so gut und so gläubig, ich bin das gar nicht, ich gehöre nicht hierher.' Sie sagte sehr bestimmt: ‚Es ist keiner hier, den Maria nicht gerufen hat!' Ich war durch diese Worte beeindruckt! Mich kann Maria doch nicht brauchen, wozu ruft sie mich, ich habe das doch gar nicht verdient. Ich dachte die ganze Nacht darüber nach und am nächsten Tag wurde ich innerlich gedrängt, zur Beichte zu gehen. Ich hatte große Bedenken und große Angst davor. Dann habe ich mir alles von der Seele geredet. Ich habe geweint, aber auch der Priester hatte Tränen in den Augen. Als ich den Beichtstuhl verließ, hatte ich das Gefühl, einen Meter über dem Boden zu schweben. Ich kann mich nicht erinnern, mich jemals vorher so gut gefühlt zu haben.

Am nächsten Tag habe ich den ganzen Tag geweint wie ein kleines Kind, ich versuchte immer wieder, die Tränen vor den anderen zu verbergen. Dann erfuhr ich von anderen Bekehrten, daß das ganz normal ist – es muß einfach alles heraus. Mein ganzes Leben lang war ich auf der Suche gewesen, hatte alles Mögliche und Unmögliche ausprobiert und war doch nie auf Dauer glücklich gewesen. Immer weiter trieb es mich auf der Suche nach innerer Ruhe, nach Glück. Jetzt weiß ich, es ist ganz einfach – Gott ist es, den ich suchte! Er war direkt vor mir, ja um mich, er hat mich erwartet, aber ich wollte ihn nicht erkennen, nicht sehen. Jetzt möchte ich es hinausschreien: ‚Ihr Menschen, es ist ganz einfach, ihr braucht euch nicht so anzustrengen, so zu verrenken, um glücklich zu werden. Geht einfach in die Kirche, bei Gott findet ihr alles, was ihr sucht!' Aber ich merkte schnell, daß die Menschen mir nicht glaubten und mich für einen Spinner hielten, so wurde ich immer leiser."

Ich hatte erfahren, daß mein Gesprächspartner sich sehr für junge Menschen einsetzt, deshalb fragte ich ihn, warum er dies tue. Darauf antwortete er: „Durch den Glauben an Gott wurde ich reich beschenkt. Ich war immer auf der Suche und wußte nicht nach was. Ich probierte alles aus, aber ich war nie zufrieden und glücklich. Mein Glück und meine Zufriedenheit fand ich nur in Gott, und Gott fand ich durch meine Reise nach Medjugorje. Dort hatte ich mit jungen Menschen eine gemeinsame Gotteserfahrung erleben dürfen. Nun fühle ich mich verpflichtet, Pilgerreisen zu organisieren und zu leiten, um den jungen Menschen die Möglichkeit zu geben, die gleiche Gotteserfahrung zu machen. Ich fühle mich berufen, mich für die Jugend einzusetzen, weil mein Leben viel besser verlaufen wäre, wenn ich früher Kontakt zu Gott und zum Glauben gefunden hätte."

Trag oft dein Herz zu Gott
und sei glücklich, daß du ihm gehörst.
Bischof Franz von Sales

Zwischen 25 und 30 Jahren

Brigitte – Nur ein Leben mit Gott führt zum wahren Glück

Als Kind war Brigitte offen für das Gebet, doch in ihrer Jugend ließ das Beten immer mehr nach. Sie nahm sich kaum mehr Zeit für Gott. Schwester Brigitte berichtet: „Ich glaubte, glücklich zu werden, wenn ich das Leben genoß. Deshalb war mein Leben vor allem auf Unterhaltung ausgerichtet. Ich besuchte häufig Discos, machte große Reisen und legte Wert auf schöne Kleidung, aber mein Leben war nicht ausgefüllt. Folglich war ich oft traurig und unzufrieden.“ Bei einer Pilgerreise nach Medjugorje geschah die Wende in ihrem jungen Leben. Sie schildert: „Schon seit längerer Zeit hatte ich Probleme. So betete ich in Medjugorje aus ganzem Herzen vor einem Kreuz: ‚Jesus, ich weiß, daß du mich liebst, aber ich spüre deine Liebe nicht. Laß mich deine Liebe auch fühlen.‘ “

Nach diesem Flehruf kam ein Priester auf sie zu und sagte: „Jesus liebt dich, liebe du auch ihn!“ Für Brigitte wurde es eine Gewißheit, daß dieser

Pater ein Bote Jesu war. Dieses Erlebnis veranlaßte sie dazu, die Botschaften der Mutter Gottes von Medjugorje in ihrem Leben zu verwirklichen.

Als sie erfuhr, daß in ihrer Nähe eine Gebetsgruppe war, wollte sie auch gerne dabei sein. Schwester Brigitte schildert: „Monate später erfuhr ich von einer Gebetsgruppe, die von einer Frau geleitet wurde. Gerne wäre ich auch dabei gewesen. Aber ich dachte mir, wenn Gott will, dann werde ich wohl eingeladen werden. Bald darauf fragte mich diese Frau, ob ich auch zur Gebetsstunde kommen möchte. Ich war voller Freude, daß Jesus mein Gebet erhört hatte. So trafen wir uns nun regelmäßig zu einer Gebetsstunde, sangen, beteten und meditierten gemeinsam Bibeltexte." Bald bemerkte sie, wie einige aus der Gebetsgruppe sich für den Ordensberuf entschieden. Sie bekam Angst bei dem Gedanken, daß Gott auch sie in eine Ordensgemeinschaft rufen könnte. Sie verdrängte dieses Problem, aber der Ruf Gottes wurde immer stärker. Schließlich vertraute sie sich einem Ordenspriester an. Dieser gab ihr den Rat: „Wenn du dich berufen fühlst, so solltest du es nicht hinausschieben, sondern gleich die Entscheidung treffen." Sollte sie wirklich ihren Beruf als Verkäuferin aufgeben? War das wirklich der Wille Gottes? Sie betete innig in diesem Anliegen und schlug ein Buch auf, in der Hoffnung, von Gott eine Antwort zu erhalten. Sie berichtet: „Ich traute meinen Augen nicht: Auf der aufgeschlagenen Seite stand unter anderem, daß derjenige, den Jesus ruft, gleich gehorchen solle. Nun wußte ich: Es ist sein Wille, aber er läßt mir die Freiheit. So entschloß ich mich, Ordensschwester zu werden."

Auf die Frage, ob sie diesen Schritt schon einmal bedauert habe, antwortete sie: „Nach zehn Jahren Ordensleben kann ich sagen, daß es mich nicht reut, diesen Entschluß gefaßt zu haben, im Gegenteil: Ich bin der Überzeugung, daß dies der richtige Weg für mich ist. Außerdem konnte ich feststellen, daß nur ein Leben mit Gott zum wahren Glück und zur echten Freude und Freiheit führt. Durch das Gebet habe ich erfahren, daß Gott jeden Menschen sehr ernst nimmt und uns persönlich begegnen und beschenken möchte. Gott hat mir die Menschen geschickt, die mir auf meinem Weg geholfen haben."

Heute hungern die Menschen mehr denn je zuvor nach Jesus –
und er ist die einzige Antwort,
wenn wir wirklich Frieden wollen in dieser Welt.
Mutter Teresa

Anonym –
Ein erschütterndes Gottesbekenntnis

Der junge Soldat – er könnte zwischen fünfundzwanzig und dreißig Jahren sein – lag tot auf dem Schlachtfeld. Er war ein Angehöriger der Roten Armee, der wie viele Tausende sein Leben für einen sinnlosen Krieg geopfert hatte. Ein Seelsorger fand bei ihm einen Brief, den der junge Soldat kurz vor seinem Tod geschrieben hatte. Der Inhalt ist erschütternd und zugleich ermutigend: „Gott, hörst Du mich! Niemals im Leben habe ich zu Dir gesprochen. Aber heute möchte ich Dich grüßen. Du weißt, seit meiner frühesten Kindheit hat man mir gesagt, daß Du nicht existierst. Und ich war so dumm, es zu glauben. Niemals habe ich gewußt, wie schön Deine Schöpfung ist. Heute aber sehe ich plötzlich die Tiefe der Unendlichkeit und den Sternenhimmel über mir. Die Augen gingen mir auf. Staunend habe ich das Licht gesehen. Wie hat man mich so grausam betrügen können? Ich weiß nicht, Herr, ob Du mir die Hand hinstreckst, aber ich vertraue Dir dieses Wunder an, und Du wirst es verstehen: Auf dem Grunde der Hölle ist das Licht aufgegangen – und ich habe Dich gesehen. Nicht mehr kann ich Dir sagen als die Freude, Dich zu erkennen. Um Mitternacht gehen wir zum Angriff über. Aber ich habe keine Angst, denn Du siehst auf mich. Da – hörst Du das Signal? Was tun? Es war so gut, bei Dir zu sein. Ich möchte nur noch dieses sagen: Du weißt, daß es hart hergehen wird. Vielleicht werde ich heute Nacht schon bei Dir klopfen. Ich bin niemals Dein Freund gewesen, und doch wirst Du mich eintreten lassen, wenn ich komme. Nein, ich weine. Du siehst ja, was mit mir geschehen ist. Die Augen sind mir aufgegangen. Verzeih mir, Herr, ich gehe. Und sicher komme ich nicht wieder. Aber welch ein Wunder: ich habe keine Angst mehr vor dem Tod!“

Nimm hin mein Herz, damit deine Liebe, o Jesus,
darin herrsche und darin ruhe!
Schwester Maria von der Dreifaltigkeit

Anonym –
Die Bluthunde konnten ihn nicht töten

Ein junger Mann wurde als Gefangener in ein Bergwerk westlich der Stadt Workuta in Rußland eingeliefert. Obgleich er ein ganz einfacher Mensch war, ging von seinem Glauben ein starker Einfluß aus. Kein

Lagerkommandant wollte ihn behalten, weil er sich trotz Schläge weigerte, als Christ sonntags zu arbeiten. Ein brutaler Aufseher dachte sich eine besondere Grausamkeit aus. Er befahl dem jungen Christen, das Lager zu verlassen und in die Tundra zu gehen. Es war der Befehl zur Flucht, um später sagen zu können, der Gefangene sei beim Versuch zu flüchten ums Leben gekommen.

Der junge Mann ging ganz ruhig aus dem Lager, er hatte seine Mütze abgenommen und betete. Nachdem er etwa sechzig Meter zurückgelegt hatte, hetzte der Lagerkommandant sechs Bluthunde auf ihn. Die meisten Mithäftlinge, die zusehen mußten, bedeckten ihre Augen mit den Händen, denn sie wußten genau, was jetzt geschehen würde. Der junge Christ kreuzte die Hände über der Brust, blickte zum Himmel und betete, als er die herannahenden Tiere sah. Als die sechs Bluthunde, die auf Menschen abgerichtet waren, ihn fast erreicht hatten, hielten sie an und liefen verwirrt herum. Das gefährliche Bellen und Knurren ging allmählich in ein freundliches Winseln über. Die Hunde krochen zu Füßen des jungen Mannes, wedelten mit dem Schwanz und leckten an ihm. Nachdem die sechs Bluthunde sich beruhigt hatten, konnten die Mitgefangenen deutlich hören, wie der junge Christ mit einem Lied Gott lobte und ihm für die wunderbare Rettung vor dem Zerfleischtwerden dankte. Viele der Mithäftlinge weinten vor Ergriffenheit, denn sie hatten konkret erleben dürfen, wie Gott auf vertrauendes Gebet reagiert.

Ich will dich rühmen, Herr, meine Stärke, Herr, du mein Fels, meine Burg, mein Retter, mein Gott, meine Feste, in der ich mich berge, mein Schild und sicheres Heil, meine Zuflucht.
Psalm 18, 2-3

Günter – Aus der Finsternis fand ich den Weg zum Licht

Erschütternd ist Günters Bericht aus der Justizvollzugsanstalt über seine Erlebnisse: „Mir ging es immer schlechter: Entzug, Gift, Drogen, Alkohol. Ich spürte auch schon die ersten Tage, daß mich meine Frau verläßt, ich hatte noch mehr Angst, und diese Angst trieb mich. In mir rumorte es wie in einem Vulkan, ich wußte nicht was – Träume jagten mich zum Horror, bis ich Leonard meine Sünden anvertraute. Ja, er konnte mich ein wenig leiten und halten. Und doch griff ich zu einem Kabel, ich wollte für immer fortgehen. Und dann wurde es immer schlimmer. Ich kam nach L. in die Justizvollzugsanstalt und traf dort die ersten „Emmäuse“ (Mitglieder der Emmaus Gemeinschaft, die Gefangene betreuen). Einer von ihnen erzählte viel von Verzeihen und Loslassen. Ich verstand zu dieser Zeit nur wenig.

Es war spät in der Nacht, und da passierte etwas, das kann ich nicht schreiben. Das will ich irgendwann erzählen und Zeugnis geben. Mein Weg zu Gott Vater wurde immer intensiver, meine Seele ist bis heute noch krank, doch aus meiner finsteren Grube hob mich unser Erlöser Jesus Christus heraus. Ich kann nur von Herzen sagen, ihr Menschenkinder, im Knast und draußen: Laßt euch nur ein bißchen auf das Wort Gottes ein und macht Ohren und Augen auf und auch eure Herzen. So habe ich meine Wege und mein Leben Gott Vater übergeben. Und wenn jemand den Psalm eins liest und darüber nachdenkt, oh, da gehen viele Lichter auf! Ich will niemandem etwas einreden. Nein, das steht mir nicht zu. Ich fing bei mir selbst an, mich zu ändern und zu meinem Erlöser umzukehren – es hat sich alles verändert in mir, in meinem Geist, in meinen Gefühlen, im Herzen und in meiner Seele.“

Komm, Herr Jesus, komm zur Erde, stoß das Böse aus der Welt,
daß die Liebe sichtbar werde, die uns schuf und uns erhält!
Georg Thurmair

Anonym –
Gott verhindert einen geplanten Selbstmord

Aus der Justizvollzugsanstalt berichtet ein junger Häftling: „Von Montag bis Mittwoch war ich dermaßen schräg drauf, daß ich beschloß, alles zu regeln, was es bei mir zu regeln gibt und dann einfach Schluß zu machen. Am Mittwoch besorgte ich mir noch alles für die endgültige Überdosis. Aber wenn schon Ultimo, dann mit Stil und Feier! Es kam alles anders: um dreiviertel Fünf – fünfzehn Minuten vor Einschluß – bekomme ich einen Brief vom Staatsanwalt. Jetzt kommt das Schärfste: Ab 18. Oktober 1999 bin ich vom Knast weg und auf der 64er Therapie! Die verbleibenden Reststrafen werden vorgemerkt, aber man geht davon aus, daß ich aufgrund des Persönlichkeitswandels nach erfolgreicher 64er auf Bewährung in die Freiheit entlassen werden kann!

Hey, wenn das kein Zeichen von Ihm (Gott) ist, was dann? Mit Ultimo war es vorbei und ich hatte den Streß, die Leihgaben zurückzubringen. Aber es geht noch weiter: Vor circa drei oder vier Wochen war ich zuletzt beim Bluttest, fragte aber danach die Werte nicht ab, fühlte mich in der Hinsicht ja wohl. Letzten Donnerstag ging ich dann zu Frau Doc (Doktor) und fragte nach. Ergebnis: Normalwerte, kein Hepatitis-C-Virus mehr feststellbar! Die Ärztin ist ratlos, schreibt dies aber ihrer Behandlung zu – haha! Ich lasse sie in dem Glauben. Denn wenn ich ihr sage, daß es deinem Segen und Gebet (es handelt sich um eine Mitarbeiterin der Emmaus-Gemeinschaft), Gottes Hilfe und Wirken zu verdanken ist, verlegt sie mich in die Psychoabteilung! Das war echt eine Hammerwoche für mich, aber im positiven Sinne."

Wir verkündigen, was kein Auge gesehen und kein Ohr gehört hat,
was keinem Menschen in den Sinn gekommen ist:
Das Große, das Gott denen bereitet hat, die ihn lieben.
1 Korinther, 2, 9

Peter – Ich habe Jesus im Gefängnis gefunden

Aus der Justizvollzugsanstalt schildert Peter über seine neugewonnenen Erfahrungen mit Gott: „Seit den Exerzitien (geistliche Übungen) ist Jesus mir wieder ganz nah und führt mich. Dafür danke ich ihm und kann nun auch wieder richtig beten. Ohne Mühe den Rosenkranz zu beten, war vor Wochen noch sehr schwer; ich bekam es kaum zustande. Jetzt dürstet es mich geradezu danach, mindestens einen Rosenkranz täglich zu beten und aus seinem Wort zu lesen. Das bleibt hoffentlich so, denn ich kann für viele Drogenabhängige usw. beten, was mich richtig mit Freude, Hoffnung und Liebe erfüllt. Gott will mir große Gnaden schenken, wurde mir schon wieder gesagt; und ich erlebe mein Beten und die Hingabe wie eine Vorbereitung dafür. Ich bete auch für alle Emmäuse (Mitglieder der Emmaus-Gemeinschaft, die Gefangene betreuen), daß sie wachsen sollen über alle Grenzen und Mauern hinaus und daß viele Menschen Heimat finden wie ich.

Ich warte, bis mir Jesus zeigt, wo er mich braucht. Alles erwarte ich von ihm, meinem besten Freund und Heiland. Er ist vorangegangen, und ich folge ihm nach bis ans Kreuz. Er wollte von mir diese Entscheidung, die ich unter schweren inneren Kämpfen und Schmerzen gefällt habe. Jesus ist es, der mir immer wieder auf die Beine hilft, wenn ich gefallen bin. Er wischt meine Tränen ab, er tröstet mich, er trägt mich, er beschenkt mich überreich mit seiner Liebe und gibt mir Kraft. So will ich anderen auf die Beine helfen, ihre Tränen abwischen, sie in den Arm nehmen, ihnen Mut machen, einfach da sein, ansprechbar und begleitend. Jesus nimmt mir auch meine Bindungen an Codein und Nikotin. Dazu muß ich ganz loslassen von meinen Versuchen, frei zu werden. Denn dann könnte ich immer sagen, denken, es ist mein eigenes Verdienst, daß ich frei bin. Ich soll aufhören, gegen meine Sucht zu kämpfen, und mich ganz auf ihn verlassen.

Ich selbst bin ein kranker, schußgeiler Fixer und zu schwach, aus eigener Kraft clean zu werden. Jesus macht mich frei, wann und wie er will, und ich weiß, daß es gut ist für mich. Ganz auf Jesus soll ich mich verlassen, oder besser: vertrauen! Jesus will mich heilen, nur er kann mich heilen; und ich dachte immer, ich müsse einen starken Willen und mehr Vernunft haben. Mit Gottes Segen wird es klappen. Nein, so nicht, wurde mir gesagt, ein Kranker kann sich nicht selber gesund machen. Ein Arzt muß mich behandeln. Und ich muß ihm ganz vertrauen. Jesus ist dieser Arzt für mich und für alle, und er kann uns nur behandeln, wenn wir selbst aufhören mit Versuchen, uns selbst zu heilen. Wir müssen ihm unsere Krankheit sagen, bringen und ihm ganz vertrauen, ihn behandeln lassen und nicht selber herumdoktern. Ist das verständlich ausgedrückt von mir? So waren die Exerzitien wie ein Medikament für mich; eine Behandlung, die zur Therapie meines Arztes gehört. Und die Behandlung geht weiter."

Ich bin ein Gast auf Erden und hab hier keinen Stand;
der Himmel soll mir werden, da ist mein Vaterland.
Paul Gerhardt

Marcus –
Im Knast begegnete ich der Liebe Gottes

Der Brief, den Marcus aus der Justizvollzugsanstalt schrieb, kann vielen jungen Menschen Hoffnung geben. Ich möchte ihn etwas gekürzt wiedergeben:

„Hey Ihr da! Meine Freundin verließ mich, und meine Familie glaubte nicht daran, daß ich mich ändern würde. Für mich bedeutete das: Deckel drauf und tschüß. Also tat ich etwas, was ich nicht für möglich hielt, ich betete zu Jesus. Ob ich an Gott glaube? Ich denke irgendwie ja, denn ich habe ja gebetet. Es war tatsächlich so, daß ich mich nach jedem Gebet besser fühlte. Ich betete für den richtigen Weg, den Weg des Glaubens und der Liebe. Doch am nächsten Morgen habe ich erst einmal geraucht, einen Beamten beschimpft und einen Mitgefangenen getreten. Da war auf einmal nichts mit Liebe. Ich hatte drei Gebote gebrochen: Du sollst nicht fluchen, du sollst deinem Körper nichts Schlechtes tun und du sollst deinen Nächsten lieben wie dich selbst. Ich wollte ein besserer Mensch werden, aber es war nichts. Ich fragte mich, wie lange es wohl dauern würde, bis ein Mensch einen Neuanfang schafft?!

Da kam ein Flugzettel mit der Ankündigung einer Besinnungswoche. Ich unterschrieb und nahm an der Veranstaltung teil. Ich dachte, ich bin im falschen Film. Da waren zwei Frauen und strahlten eine wahnsinnige Energie aus. Sie erzählten vorab ihre eigene, teils kriminelle, Geschichte. Ja, sie waren ebenso auf der Suche wie ich und einige meiner Mitgefangenen. Die einen von uns wollten mit Jesus gehen und die anderen wollten nur sozial klarkommen. Also wurden Gruppen gebildet. Diese Betreuer boten auch Einzelgespräche an. Natürlich wollte ich mein Herz ausschütten. Meine Gesprächspartnerin hörte zu und antwortete mit eigenen Erlebnissen und Erfahrungen. Ich fühlte mich wohl und ich fühlte mich verstanden. Mehr noch: Ich fühlte mich geliebt. Sie schloß mich in die Arme und tröstete mich, sie betete für mich und machte mir Mut.

Da kam der Punkt! Hey, sie hat so viel Kraft, so viel Energie und Liebe, ich dachte, sie muß jemanden haben, der ihr zur Seite steht und sie wieder auftankt. Ja, da war ich mir sicher, ihre Tankstelle war Jesus Christus. Ich wollte ihn auch anzapfen. Mal tat ich es im Gebet und mal gab es für mich einen Tiefpunkt. Ich zweifelte wieder an mir und meinem Glauben. Meine Gesprächspartnerin kam, merkte, wie ich unterwegs war, nahm mich in den Arm und drückte mich. Sie wird es bei mir tun und auch bei allen anderen. Sie hilft mit einer Herzenswärme, wie ich sie nie kannte, sie und alle Mitarbeiter von ‚Emmaus' sind im Auftrag der Liebe gekommen. Genau das ist für mich der Rettungsanker, den ich für meine Zukunft auswerfen will. Denn diese Liebe, dieses Miteinander und Füreinander, gibt mir die Kraft zu leben. Eine Chance, ohne Haß und Angst in die Zukunft zu gehen. Hier liegt die Energie für Selbstverwirklichung und Menschlichkeit. Im täglichen Leben verliert man oft den Sinn für das wesentliche Ziel. Mein Fazit: Wer heute liebt und morgen haßt, der hat die Lebenserwartung einer Eintagsfliege, kurz und unerfüllt. Wollt ihr eine Eintagsfliege sein? Dies ist mein Gedankengut, das ich euch anvertraue."

Höchster, allmächtiger, guter Herr!
Dein ist der Lobpreis und die Herrlichkeit
und die Ehre und jeglicher Ruhm.
Franziskus von Asissi
(Beginn des Sonnengesangs)

Klaus – Durch Maria fand ich meine Berufung

Am 2. Januar 2001 wurde Klaus mit sechsunddreißig anderen Legionären Christi in Rom zum Priester geweiht. Über seinen Lebensweg: „Ich bin in einem kleinen Dorf im Allgäu mit vier Brüdern aufgewachsen. Glaube und Kirche waren in unserer Familie etwas Selbstverständliches. Mit neun Jahren wurde ich Ministrant und besuchte zwei- oder dreimal in der Woche den Gottesdienst. Leider war meine religiöse Ausbildung in der Schule nicht so klar und einfach, wie sie ein Kind hätte brauchen können. Deshalb gingen die guten Samen, welche in der Familie gesät wurden, nicht auf. Ich ahnte nichts von der echten Gegenwart Christi in der Eucharistie."

Klaus interessierte sich für mehrere Sportarten, dann begann er als Fünfzehnjähriger ein Musikstudium. Es gab drei Dinge, die ihm nun im Leben besonders wichtig waren: die Musik, der Sport und die Freundin. Über diese Zeit berichtet er: „Gott, der eigentlich schon von klein auf einen Platz in meinem Leben hatte, wurde immer mehr ins Abseits verdrängt. Nach Beendigung meiner Ausbildung betätigte ich mich in verschiedenen Bands, Orchestern und Musikgruppen."

Erst bei der Bundeswehr lernte er gezwungenermaßen durch freikirchliche, gegen die katholische Kirche gerichtete Soldaten die Bibel kennen.

Er fand bei Diskussionen mit Freunden, Bekannten und Eltern heraus, daß fast niemand wirklich seinen Glauben kannte, und mit der Bibel konnten die wenigsten etwas anfangen. Er wußte noch nicht, ob sein Weg zu den kritischen Freikirchlern oder zu den Katholiken gehen sollte. In dieser Zeit fand Klaus gläubige Katholiken, die ihm auf den rechten Weg halfen. Er schildert seine damalige Situation: „Eines wurde mir klar: Mit Gott darf ich nicht spielen! Über Umwege kam ich schließlich einige Monate nach Ableisten meines Wehrdienstes nach Medjugorje. Leicht fiel es mir nicht, dorthin zu pilgern, hatten doch die Leute bei der Bundeswehr nicht geringe Zweifel in mir gesät. Maria war für mich ein katholisches Konstrukt, und der Papst war mir ein Dorn im Auge. Endlich gab ich doch der Neugierde und dem echten Interesse nach.

Diese erste von inzwischen acht Fahrten nach Bosnien-Herzegowina wurde zu einem echten Wendepunkt in meinem Leben. Mein stärkstes Erlebnis war die Nacht vor meiner Abreise, die wir auf dem Kreuzberg verbrachten. Es war langsam Morgen geworden, und die meisten ruhten in ihren Schlafsäcken aus oder schliefen. Nur ich saß da und blickte nachdenklich in die Ferne. Ich dachte: ‚Ein neuer Tag in deinem Leben beginnt. Jeder Tag ist ein Geschenk, das Gott dir macht. Du bist nun einundzwanzig Jahre, hast also bereits über 7000 Tage geschenkt bekommen, und was hast du bisher daraus gemacht?‘ Mir fiel es plötzlich wie Schuppen von den Augen. Alles, was ich bisher in meinem Leben getan hatte, war für mich selbst gewesen: der viele Sport – für mich; die Musik – für mich; sogar die Freundin – so oft nur für mich; und die Bequemlichkeit in der Schule – für mich! Eine tiefe Reue stieg in mir hoch, und ich weinte lange. Gleichzeitig fühlte ich eine weite innere Ruhe und Freude, die auf der Gewißheit beruhten: Und doch ist Gott mein Vater! Gottes Güte hatte mich angerührt. Ich entschloß mich, mein Leben von nun an mehr auf Gott auszurichten.“

Als Klaus wieder in der Heimat war, wollte er über seine positiven Erfahrungen in Medjugorje sprechen, doch niemand wollte ihm zuhören. Trotzdem begann er zu beten, zu fasten und die Sakramente zu empfangen. Besonders intensiv durfte er jetzt die Nähe seiner himmlischen Mutter erfahren. Klaus begann, bei „Medjugorje Deutschland“ und Radio Maria in Marienfried zu arbeiten. Er dachte über seine Berufswahl nach. In Beuren und Marienfried lernte er junge, frohe Priester kennen. Nun hatte er das Umfeld gefunden, in dem eine Berufung gedeihen konnte. Klaus berichtet über diese Phase seines Lebens: „Schließlich war in mir eine so große Sehnsucht, Priester zu werden, daß ich nicht anders als ja sagen konnte. Die Entscheidung war gefallen. Ich wußte, daß ich eine Gemeinschaft brauchte. Bei einem Einkehrtag lernte ich die Legionäre Christi kennen. Bald bekam ich eine Einladung, die Gemeinschaft in Italien zu besuchen. Bei diesem Besuch war ich begeistert von der Art dieser jungen Leute. Sie genossen das Meer, die Sonne und das Wasser; und abends fand ich sie kniend, innig betend in der Kapelle vor. Ein neues Priesterbild eröffnete sich mir. Wieder zu Hause arbeitete ich weiter im Radio und begleitete Reisen und Wallfahrten. Ich verlor meine Berufung aus den Augen und stürzte mich in die Arbeit. Aber Gott ließ mich nicht mehr los. Nach einigen Kämpfen war doch letztlich seine Gnade stärker. Ich trat bei den Legionären Christi ein.

Nun sind zehn Jahre vergangen, eine großartige Ausbildung liegt hinter und eine noch spannendere Aufgabe vor mir. Maria hat mich an der Hand genommen, hat mein Herz für sich gewonnen und mich dann zu ihrem Sohn geführt. Wenn ich heute Christus in meinen Händen halte und ihn anschaue, dann schweifen meine Gedanken so manches Mal hinüber zu Maria. An der Pforte zum ewigen Leben wird sie mich dann endgültig in die ewige Umarmung mit ihrem geliebten Sohn entlassen. Darauf arbeite ich hin und darauf warte ich. Die große Sehnsucht meines Lebens, an diesem Tag so viele Menschen wie möglich hinter mir her in den Himmel zu führen, wird sich erfüllen, wenn du mit mir und für mich betest, damit die Gnade Gottes viele Herzen gewinnen kann, die dann auch sagen können: durch Maria zu Christus."

Ihr seid meine Freunde, wenn ihr tut, was ich euch auftrage.
Johannes 15, 14

Gertrud – Gott erbarmt sich der Schwachen und Bedrückten

Gott erbarmt sich besonders der Menschen, die am Rande unserer Gesellschaft leben. Das zeigt das Beispiel von Gertrud. Sie beschreibt ihre Situation: „Ich bin wohl ein Normalo – und auch eine vom Rand. Ich habe sehr lange funktioniert – bis ich nicht mehr konnte und vor vier Jahren zusammengebrochen bin. Seitdem habe ich mehr erfahren über Gott, die Menschen und mich selber als jemals zuvor. Hatte ich schon immer eine große Liebe zu den Armen, so erlebte – erlebe – ich mich jetzt selber als Armer, Kranker und Arbeitsloser. Immer wieder stieß ich auf Unverständnis, Lieblosigkeit, Besserwisserei, Ausbeutung und Ablehnung. Und dies vor allem bei den so genannten Freunden und ‚guten Christen'. Das alles tat sehr weh. Es gab Zeiten, in denen ich nicht mehr leben wollte und der Verzweiflung und Verbitterung nahe war. Alles stellte ich in Frage. Aber ich erfuhr auch neu und tief die erbarmende Liebe Jesu und lernte Menschen kennen, die wirklich – unaufdringlich und zärtlich – diese Liebe Gottes für mich sichtbar und spürbar machten, die mir wieder Würde und Mut zurückgaben.

So bin ich für alle diese Erfahrungen letztendlich dankbar und kann inzwischen auch all denen vergeben, von denen ich mir Verständnis, Hilfe und Liebe erhofft hatte – und alleingelassen wurde. Inzwischen weiß ich, daß ich zwar ein sehr schwacher, zerbrechlicher Mensch bin, ich weiß aber auch, wie geliebt ich bin und daß für Gott nichts unmöglich ist, denn er ist die Kraft in meiner Schwachheit. Darum habe ich auch die kleine heilige Theresia so gern. Sie hat mich so vieles gelehrt. Als ich im Fernsehen die Sendung über Emmaus sah, brannte auch in mir plötzlich das Herz. Vielleicht kann ich bei und mit euch endlich das leben, was ich zutiefst in meinem Herzen als Berufung empfinde. Da ich selber erfahren habe – und noch erfahre –, wie es ist, arm und am Rande zu sein, möchte ich mich gern Gott in den Armen schenken, auf welche Weise auch immer."

Das Reich Gottes ist mitten unter euch.
Lukas 17, 21

Anonym – Ich wollte mich von einem Zug überfahren lassen

Ein junger Mann stammt aus einem streng-katholischen Elternhaus. Durch korrupte Geschäfte ist er für die Familie zu einem Schandfleck geworden, weshalb er Hausverbot erhielt. Bald ist er so tief in Schuld verstrickt, daß er beschließt, sich vor einen Zug zu werfen. Doch vorher will er noch einmal seine Eltern sehen. Spät in der Nacht klingelt er an der Tür. Als der Vater das Fenster öffnet, sieht er seinen abgemagerten und verschmutzen Sohn, und er schlägt wortlos das Fenster wieder zu. Es gibt für den jungen Mann keine Chance. Er geht zu einem Bahngleis, das auf einer Böschung an seinem Dorf vorbeiführt, und steigt die Böschung hinauf. Für ihn gibt es nur noch eines: Schluß mit einem solchen Leben! Als er auf dem Bahndamm ankommt, umgibt ihn plötzlich ein helles Licht.

Er bleibt wie angewurzelt stehen. Dann spricht eine Stimme zu ihm: „Wenn dich auch Vater und Mutter verlassen, ich nehme dich auf!" Dann ist die Erscheinung verschwunden. Doch in diesem Augenblick brennt in dem jungen Mann eine Sonne. Die Freude, die ihn erfüllt, bringt ihn fast um. Er rennt wie ein Verrückter über eine Stunde lang über die Felder. Er ist fassungslos vor Freude und Glück. Als er einem Pfarrer von der Erscheinung berichtet, zeigt dieser ihm ein Bild vom Barmherzigen Jesus. Nach längerem Schweigen erklärt ihm der junge Mann: „Er war es, der zu mir gesprochen hat."

Dieser Barmherzige Jesus sagte einmal zu Schwester Faustyna in Polen: „Die größten Sünder haben ein ganz besonderes Anrecht auf meine Barmherzigkeit. Ich freue mich, wenn sie ihre Zuflucht zu meiner Barmherzigkeit nehmen!"

Eucharistisches Herz Jesu, du Mittelpunkt der Gottesliebe,
schenke der Welt den Frieden.
Papst Pius XI.

Paddy – Der Himmel ist eine Wirklichkeit

Paddy gehört zu der berühmten Kelly-Familie, die mit ihren Songs zu Welterfolg gelangte. Er und seine Geschwister sind zu großen Stars geworden und begeistern mit ihren Liedern ihr Publikum. Vor wenigen Jahren hatte Paddy viele persönliche Probleme und beschäftigte sich mit dem Koran, dem Buddhismus und der Bibel. Durch eine Fernsehsendung über den bekannten Wallfahrtsort Lourdes spürte er den Ruf, dorthin zu fahren. Drei Tage später fuhr er mit zwei seiner Schwestern nach Lourdes. Er berichtete über seine Erfahrungen an diesem Gnadenort:

„Nach der heiligen Messe – während der Anbetung – machte ich eine tiefe persönliche Erfahrung. Von diesem Augenblick an wußte ich, daß es

Maria gibt. Nach diesem persönlichen Erlebnis habe ich zu beten begonnen und daraufhin Jesus kennen gelernt. Das war ein längerer Prozeß, durch den später das Lied »Thanking Blessed Mary« entstand."

Als Paddy erfährt, daß in dem Wallfahrtsort Medjugorje ein Jugendfestival stattfinden soll, entschließt er sich, dorthin zu fahren. Die Botschaften der Königin des Friedens machen auf ihn einen tiefen Eindruck, er gesteht: „Ich versuche, die Botschaften der Mutter Gottes von Medjugorje zu leben. Ich bete den vollen Psalter, also alle 15 Geheimnisse des Rosenkranzes. Täglich lese ich morgens und abends in der Bibel. Wenn wir nicht auf Tour sind, versuche ich, täglich die heilige Messe zu besuchen, ich gehe monatlich zur Beichte und faste zweimal in der Woche. Auch einige meiner Geschwister machen das. Einige von uns haben geistliche Begleiter, und vor den Konzerten beten wir oft zusammen den Rosenkranz."

Auf die Frage, was er jungen Menschen raten würde, die Probleme haben, erwidert er: „Ich würde ihnen raten, zu beten und nach Medjugorje zu kommen. Mit dem Gebet kommt man dann Schritt für Schritt näher zu Gott." Sehr anschaulich beschreibt Paddy seine Bekehrung: „Die Mutter Gottes hat bei mir in Lourdes einen Samen gepflanzt, und wenn man diese Pflanze immer wieder gießt – mit den Sakramenten und mit Gebet – dann kann sie wachsen und aufblühen. Ich habe in Medjugorje gelernt, daß der Himmel keine Theorie oder Legende ist. Er ist eine Wirklichkeit – er ist wahr! Ich glaube, in Medjugorje bekommt man so eine Art Vorgeschmack davon, wie die Ewigkeit sein könnte. Ein Franziskanerpater hat erzählt: Die Vereinten Nationen, die UN, sind nicht in Genf oder in Brüssel – sie sind hier. Hier sind die vereinten Nationen der ganzen Welt – und sie sind im Frieden; nicht durch Politik oder durch Banken und Wirtschaftstechnologie – nein, durch Maria, durch Gott!"

Mein Jesus,
du mein Trost und Licht,
sollst du in Not mir helfen nicht?
Du bist der Sieger,
starker Held,
hast jedes Dämons Macht gefällt.
Mutter Basilea Schlink

Miriam – Jesus ist mein Ein und Alles

Bereitwillig berichtet Schwester Miriam aus der Schweiz über ihr Leben: „Ich habe immer die Wahrheit gesucht, und die Wahrheit hat mich gefunden, denn sie ist Jesus Christus. In ihm habe ich die volle Erfüllung meines Lebens gefunden. Jesus ist mein Ein und Alles. Die Gottesmutter ist für mich Mutter, Schwester und Freundin, und nur mit ihr kann ich bei Gott sein. Meinen Frieden und meine Freude finde ich nur im Willen Gottes, wenn ich mit Maria demütig und gehorsam mein Ja zu allen Fügungen Gottes spreche. Meine Freude liegt im Kreuz Christi. In unserer Gemeinschaft »Oase des Friedens« haben wir das Gnadengeschenk der ewigen Anbetung des Allerheiligsten Altarsakramentes. Jesus ist für uns das Zentrum."

Als ich mich nach Berufungen in ihrer Gemeinschaft erkundigte, erwiderte sie: „Die Gemeinschaft hat in der kurzen Zeit mehr als 100 Mitglieder bekommen. Wir haben sieben Häuser in Italien, ein Haus in Brasilien und ein Haus in Medjugorje. Unser Zentrum ist in Rom. Viele Mitglieder lebten vorher in der Sünde, sie kommen aus der ganzen Welt zu uns. Wir haben Brüder, Schwestern, Laien und Priester gemäß der Urkirche. Fast jede Berufung ist auf Medjugorje zurückzuführen. Bereits mit 18 Jahren habe ich den Ruf gespürt, mein Leben Gott zu weihen. In Medjugorje erlebte ich eine tiefe Begegnung mit der heiligen Eucharistie. Die Gottesmutter hat mich hier sofort zu ihrem göttlichen Sohn geführt und mir die Sehnsucht nach einem kontemplativen Leben geschenkt."

Gottes Menschwerdung ist die große Mitteilung seiner Liebe!
In ihr schaut der Mensch Gott ins Angesicht.
Hildegard von Bingen

Martin – Wir beten vor jedem Konzert

Es ist ausreichend bekannt, daß Beat- und Rockgruppen in ihren Liedtexten Satan und Dämonen verherrlichen und die Jugend dadurch sehr negativ beeinflussen. Von einer ganz anderen Seite zeigt sich die Top-Band »delirious« aus Großbritannien. Zu der neuesten Produktion der erfolgreichen Band gehört »GLO«. Martin Smith – ein Mitglied der Gruppe – erklärt:

„Wir wollen ein Album aufnehmen, das Gott verwenden kann. Aus diesem Grund finden sich auf »GLO« Lieder für den Gottesdienst. Als wir in Neuseeland beim Parachute Festival vor 20 000 Menschen unseren Song »History Maker« präsentierten, sang das Publikum noch immer, als wir schon längst die Bühne verlassen hatten. Damals spürte ich, wie Gott zu mir sagte: ‚Du darfst niemals aufhören, Lieder zu schreiben, die Menschen in der ganzen Welt mitsingen können.' Das haben wir dann auf »GLO« auch gemacht. Wir touren ja nicht, um Geld zu machen, sondern um den Leuten von Jesus zu erzählen. Ich denke, unser wahrer Erfolg ist das Gebet. Wir beten vor jedem Konzert und jeden Tag, den wir auf Tour sind. Ich bin aufgeregt über das, was Gott mit mir in Zukunft vor hat. Unsere Produktion »GLO« heißt auch, ein Licht im Dunkeln zu sein. Versteckt euch und euren Glauben nicht, scheint in die Dunkelheit, geht hinaus in die Welt und seid das, was ihr seid."

Für die erfolgreiche und bekannte Top-Band steht eines fest: „Wir sind durch das Blut Christi gerettet, darum geht es in unseren Liedern", erklärt Martin Smith, der Leadsänger von »delirious«. Diese Band ist eine neue Hoffnung für junge Menschen und wird viel Segen bringen.

Den Teufel überall zu sehen ist ein Irrtum;
ihn aber nirgendwo zu sehen, ist ein noch größerer Fehler.
Bernhard von Clairvaux

Ernest – Wie die Bewegung „Jugend 2000" entstand

Durch eine Vision entsteht ein gewaltiges Werk für die Jugend. Ernest Williams aus England berichtet über das Eingreifen Gottes in sein Leben: „Ich pilgerte 1989 nach Medjugorje und von dort nach Santiago de Compostela in Spanien zum IV. Weltjugendtag mit dem Papst und machte an beiden Plätzen Filmaufnahmen. In Santiago war es eine unbeschreibliche Erfahrung, mehr als eine halbe Million junger Menschen in diesem Hügelgelände zu sehen. Und alle wurden zur Evangelisierung aufgerufen! Als ich Santiago verließ, machte ich einen kurzen Aufenthalt in Fatima (Portugal). Ich betete in Fatima um Erkenntnis, wie ich dem Aufruf des Heiligen Vaters folgen könne, die Welt durch die Jugend neu zu evangelisieren. Während ich betete, sah ich plötzlich geistig ein Bild vor mir: ein riesengroßes Zelt und Tausende von jungen Menschen, die in diesem Zelt beteten, und in der Mitte die heilige Eucharistie. Meine beiden Freunde, mit denen ich dort betete, und ich machten uns Gedanken, welchen Namen wir der ganzen Bewegung geben könnten. Wir entschieden uns für den Namen ‚Jugend 2000' (Englisch: ‚Youth 2000').

Ich erkannte und war mir sicher, daß diese Bewegung beginnen soll, um die Leute über den Weg der Anbetung zu Gott zurückzubringen. Als ich wieder in England war, hatte ich das Problem: Wie soll ich dieses Treffen organisieren; wie soll ich das große Zelt überhaupt finden – ein Zelt, groß genug, um mehrere Tausend Jugendliche aufzunehmen? Und wiederum: Ich hatte kein Geld und wußte deshalb auch gar nicht, was ich tun sollte. Es war dann so, daß ein sehr reicher Mann, der in derselben Straße wie ich lebt, nach Medjugorje pilgerte, und zwar auf den ersten Film hin, den ich gemacht hatte. Und dieser Mann erlebte dort eine Umkehr. Als er zurückkam, rief er bei meinem Vater an und sagte, daß er mit mir sprechen wolle. Er sagte, er wolle mir helfen. Nach unserem Gespräch gab mir dieser Nachbar einen Scheck, einen ziemlich großen, es war der Betrag, den ich noch brauchte, um den Film »Kinder des Lichts« fertigzustellen. Dieses Problem war also gelöst, und ich hatte nur noch das Geld für das große Zelt zu finden.

Nun fingen wir an, das Jugendfestival 1990 in Medjugorje in der ganzen Welt bekanntzumachen. Wir sagten jedem, daß es in einem großen Zelt stattfinden werde; aber ein großes Zelt hatten wir zu jener Zeit noch nicht. Aber egal wie – ich konnte die Leute ja nicht enttäuschen! So fragte ich die Franziskaner von Medjugorje, sie sagten, sie hätten kein Geld dafür. Ich habe dann weiter gebetet, und der gleiche Mann, der mir das Geld für den Film gegeben hatte, ließ mir drei Monate später wieder eine enorme Summe zukommen. Es wäre genug Geld gewesen, um ein großes Zirkuszelt zu kaufen." Gott hatte dafür gesorgt, daß ein großer Gebetsraum vorhanden war, der Tausende von jungen Menschen aufnehmen konnte.

Ernest schildert: „Sieben Tage und Nächte hindurch beteten die Jugendlichen Jesus im Allerheiligsten Sakrament an. Es war eine wunderbare Erfahrung, diese Kraft der heiligen Eucharistie zu erleben. Sogar Medjugorje selbst wurde durch diese Anbetung verändert und regelrecht aufgeladen durch die Kraft der Eucharistie. Es waren einige tausend Jugendliche aus ungefähr 24 Ländern anwesend, aus ganz Europa, aus Asien und Amerika. Ich habe den Eindruck: Wenn es möglich ist, junge Menschen in Anbetung um Jesus zu versammeln, dann wird ein neues Pfingsten in der Kirche stattfinden. Viele Leute, die nach Medjugorje gekommen sind, haben dort die totale Umwandlung erlebt. Junge Leute einer Gruppe aus Frankreich zum Beispiel, die schon seit Jahren der Kirche fern waren, haben dort zu Gott zurückgefunden. Sie haben – so sagten sie – Medjugorje mit dem Gefühl verlassen, daß das wirklich das Großartigste war, was sie bisher erlebt haben und daß es sie wirklich verändert hat. Junge Leute aus Ungarn waren dort, die zurückgefahren sind und angefangen haben, auch zu Hause solche Anbetungstreffen zu organisieren und Gebetsgruppen aufzubauen. Die Samen wurden ausgesät, es beginnt sich etwas zu ereignen. Doch zuerst wird man einmal anfangen, kleinere Gruppen in verschiedenen Ländern der Erde zu formen, Anbetungsgruppen, um Jesus in die Mitte zu bringen."

Nun wendet sich Ernest an die jungen Menschen mit einer Bitte: „Also, wenn ihr jung seid und zu einer Gebetsgruppe gehört, dann könnt ihr dieses Anliegen unterstützen, indem ihr eure Gebetstreffen nicht in irgend einem Raum abhaltet, sondern mit der Gruppe in eine Kirche geht und dort vor Jesus, vor dem Tabernakel betet. Und betet, daß sich immer mehr junge Leute dazu bereit erklären und offen dafür sind, dem Aufruf des Heiligen Vaters zu folgen, umzukehren und dadurch Jesus ein wunderbares Geschenk zu seinem 2000. Geburtstag zu geben. So wird man ein neues Pfingsten in der Kirche haben. Für die jungen Leute wird es dann das Größte sein, daß man Gott in der Mitte hat, daß man mit Jesus vereinigt ist. Die größte Freude wird sein, vor Jesus zu beten, vor seiner Gegenwart im Allerheiligsten Altarsakrament. Das wird nicht eine Freude sein, wie man sie jetzt hat, nämlich die Freude an vergänglichen Dingen, die doch nur im Unglücklichsein mündet. Friede soll sich in den Herzen ausbreiten, wirklicher und wahrer Friede, der nur von Jesus kommen kann. Die Welt wird dann nicht mehr eine Welt der Gewalt und des Hasses und der Freudlosigkeit sein, sondern wieder mehr eine Welt der Liebe."

Im Dezember 2001 durfte ich an einem solchen Prayerfestival dabei sein. Fast drei Tage lang beteten die jungen Menschen Tag und Nacht vor dem ausgesetzten Allerheiligsten. Die Haltung der jungen Beter war beeindruckend und ermutigend; besonders die Freude und der Friede, den die jungen Menschen ausstrahlten, ließen keinen Außenstehenden kalt.

Gib deinen Priestern mit der Wandlungskraft über Brot und Wein
auch die Wandlungskraft über die Herzen.
Therese von Lisieux

Jonathan – Eine Band begeistert Menschen für Gott

Jonathan ist berühmt, doch Ruhm bedeutet ihm nicht viel. Als sein Vater von einem Gehirntumor geheilt wurde, fand Jonathan durch einen Freund zu einem persönlichen Glauben an Christus. Obwohl seine Band »98 Degrees« sehr erfolgreich war, verließ er diese Gruppe. Er berichtet über die damalige Situation: „Ich wußte, es könnte gefährlich sein. So betete ich eine Woche lang und verließ die

Band." Diesen Schritt tat er, um seine Beziehung zu Jesus zu vertiefen. In Nashville suchte er Gleichgesinnte. Er fand sie in Jason, Nathan und Jordan. Mit ihnen begann er, christliche Texte in seine Lieder aufzunehmen. Zusammen haben sie seit dem Jahr 2000 schon vor insgesamt einer Million Menschen gesungen, sie traten in Sportveranstaltungen und Fernsehsendungen auf. Jonathan schildert diese Auftritte: „Wir sind echt begeistert darüber, daß wir unseren Glauben durch die Musik mit einem Publikum teilen können, das vielleicht niemals in die Kirche geht oder nie christliches Radio hört!"

In den Titeln ihrer selbstbenannten CD »True Vibe« singen sie, ohne verlegen zu sein, über ihre Liebe zu Jesus, der für sie Weg, Wahrheit und Leben ist. Einer ihrer Liedtexte lautet:

Unsere Erde dreht und dreht sich.
Manchmal werde ich verwirrt.
Es ist leicht, geschäftig zu sein,
doch ich richte meinen Blick auf Dich.

Du bist der Weg, der durch die Dunkelheit führt.
Du bist die Wahrheit, die mein Herz mit Hoffnung erfüllt.
Du bist der Einzige, der mich am Leben erhält.
Ich glaube daran, daß Du der Weg,
die Wahrheit und das Leben bist.

Und wenn ich die Dunkelheit fürchte,
rufe ich zu Dir.
Du erleuchtest mich wie die Morgensonne.
Du senkst den Frieden in mein Herz.
Du bist der Einzige.

Ich will Dir den ganzen Weg folgen,
den Weg zum Himmel.
Jesus, mein Erlöser und mein Freund.
Du bist der Weg, Du bist das Leben in mir.
Du bist meine Hoffnung, Du bist mein Alles.
Ich will nach Dir rufen.

Das Bekenntnis dieser berühmten Sängergruppe ist ein Hoffnungsträger für junge Menschen. Sie wollen ihnen eine Brücke zu Gott bauen, der sie unendlich liebt.

Nahe ist der Herr den zerbrochenen Herzen,
er hilft denen auf, die zerknirscht sind.
Psalm 34, 19

30 Jahre

Heinrich – Die einzige Lösung schien der Selbstmord

Zum Zeitpunkt der Tat könnte Heinrich 30 Jahre alt gewesen sein. Er schildert aus seiner Zelle: „Nichts ging mehr. Geld mußte her, egal wie! Meine Frau, die Mutter meiner Söhne, lief davon. Gegen den drohenden totalen Ruin konnte mir nur Geld helfen ... Geld bekam ich genug, fast schon zuviel für einen Raubüberfall. Gut 150 000 DM waren es! Jedoch – keine einzige Mark brachte mir auch nur ein wenig Freude. Ganz im Gegenteil: Ein Mensch war tot! Das hatte ich so nie und nimmer gewollt. Aber ich habe selbst alles, was mir lieb war, in einer einzigen Sekunde verspielt: Haus und Hof waren verloren, Familie und Freunde, Kind und Kegel, alle und alles war weg."

Heinrich wurde verhaftet und in eine Gefängniszelle gebracht. Was er dort erlebte, ist für einen Außenstehenden kaum nachvollziehbar. Der Häftling berichtet: „Mörder, so nennt man mich nun, so steht es in allen Zeitungen. Mörder, so steht es glühend in den Augen der Beamten, Polizistenmörder. – Nichts war da, nichts außer grausamer Einsamkeit und Eiseskälte. Die Finsternis war nicht zu beschreiben, denn wer will schon eine Todeszelle beschreiben können ... Heiß soll es in der Hölle sein? Welch ein Blödsinn, denke ich heute. Heiß, viel zu heiß waren da eher meine Alpträume – heiß und kalt zugleich. Alpträume hatte ich Tag und Nacht! Ein einziger Alptraum sollte nun wohl mein ganzes Leben werden. Lebenslänglich, schrie es in mir. Lebenslänglich würde ich nun ein Mörder sein."

Heinrichs Alpträume sind derart erschreckend, daß er beschließt, sich zu töten. Trotz schärfster Bewachung kann er etwa dreißig Tabletten sammeln und eine kleine, scharfkantige Öffnungslasche einer Cola-Dose bei sich verstecken. Die Alpträume treiben ihn fast zum Wahnsinn. Der Häftling berichtet über seine entsetzliche Situation: „Ein solches Leben in so einer Hölle, in der Tag und Nacht der Wahnsinn haust, werde ich nicht weiterleben ... Endlich war es so weit, der Entschluß stand fest. Selbstmord war die einzige Lösung ... Doch war es das wirklich? Gott sei Dank nicht! Was war geschehen, da ich doch den Tod zu Gast hatte, da mich der Teufel holen wollte? Irgendwie kam ich nicht von meiner Pritsche hoch, um die Tabletten und das Cola-Blech zu holen. Wie angeklebt saß ich da und begriff es nicht. Plötzlich sah ich meine Mutter vor mir. Ich hatte ihr so viel Leid und Schande gebracht. ‚Junge', so hatte sie einmal zu mir gesagt, ‚Junge', so fiel es mir nun in die Seele, ‚wenn du im Leben einmal nicht mehr weiter weißt, dann fange an zu beten.' Nun, es war für mich die Nacht der Nächte, und ich begann endlich zu beten. Mir war egal, warum und wofür, denn ich begriff nichts. Wichtig war nur, daß ich begann."

Was geschah nach diesem scheinbar sinnlosen Gebet? Heinrich schildert: „Es wurde die erste Nacht, in der ich fest durchschlief. Auch in anderer Hinsicht änderte sich einiges ... Irgendwie war es jedenfalls wärmer geworden in meiner Einsamkeit. Nach und nach wuchs in mir das Gefühl, doch nicht so ganz allein gelassen zu sein. Indem ich die Worte meiner Mutter instinktiv ernst nahm, hatte ich mein eigenes Gefängnis geöffnet. So durfte ich mein Herz Gott öffnen, und meine Seele erhielt Balsam, den ich seit damals gerne weitergebe. Vor allem möchte ich die Worte meiner Mutter weitergeben: Fang endlich an zu beten. Ein Lebenslänglicher, der nie mehr aufhören will, zu beten."

Die Macht deines Kreuzes,
Christus, erweise sich stärker als der Urheber
der Sünde, der sich Herrscher dieser Welt nennt!
Denn mit deinem Blut und mit deinen Schmerzen
hast du die Welt erlöst.
Papst Johannes Paul II.

Manfred – Gott hat mich aus meinem Elend befreit

Sehr anschaulich berichtete Manfred über seinen Weg zu Gott: „Ich bin in einer katholischen Familie mit drei Geschwistern aufgewachsen. Ich durfte den Glauben durch gemeinsames Gebet, durch regelmäßige Gottesdienstbesuche und durch Wallfahrten nach Kevelaer erleben und erfahren. Besonders meine Mutter legte großen Wert auf eine religiöse Erziehung. Ich ging gern zur heiligen Messe und war fast neun Jahre lang Meßdiener. Durch die Tatsache, daß immer mehr Jugendliche meines Alters nicht mehr zur Kirche gingen, vernachlässigte auch ich immer mehr den sonntäglichen Gottesdienst.

Ich machte Erfahrungen mit Alkohol und traf mich samstags mit befreundeten Jugendlichen. Zu der Musikstilrichtung Heavy Metal hatte ich beim ersten Kontakt eine innere Abneigung, doch war die Faszination dieser Musik und des Okkulten größer, und mein Interesse wuchs mit der Zeit. Es bildete sich schon bald eine Clique, die regelmäßig rauchte und Alkohol trank. Wir gingen auf Feten und zu Konzerten und gründeten eine Band, dessen Sänger ich wurde. Zu dieser Zeit hatte ich meinen Glauben und mein Gebetsleben fast gänzlich vernachlässigt. Zwischen meinen Eltern und mir kam es zu immer häufigeren Streitigkeiten, auch an meiner Arbeitsstelle gab es öfter Probleme. In der Clique war ich der erste, der eine feste Beziehung mit einem Mädchen einging, was verschiedene Freunde nicht recht akzeptierten. Ich stand vor der Entscheidung: entweder meine Freundin oder meine Clique. Sie fiel zugunsten meiner Freundin aus. Doch auch in unserer Freundschaft wurden Unzufriedenheiten häufiger und es gab Streitigkeiten, über einen Zeitraum von drei Monaten sogar täglich.

Musik und Alkohol spielten für mich in dieser Zeit eine wichtige Rolle, weil sie mir halfen, in eine Scheinwelt abzutauchen, in der ich meine Sorgen, wenigstens für eine gewisse Zeit, vergessen konnte. Die Musik, die in ihren Texten häufig gotteslästerlich und gewaltverherrlichend war und auch oft zum Selbstmord animierte, beeinflußte mein Inneres immer stärker, ohne daß ich es bewußt zur Kenntnis nahm. Dadurch wurde ich egoistischer und aggressiver zu den Menschen in meinem Umfeld. Doch fühlte ich mich auch selber oft mißverstanden und trug in meinem Herzen Verletzungen. Mein Leben schien mir aus den Händen zu gleiten, und ich erkannte keinen Sinn mehr. Gedanken an Selbstmord drängten sich mir auf, doch hatte ich keinen Mut dazu. Ich hatte einfach Sehnsucht nach einem zufriedenen und erfüllten Leben, doch ich wußte nicht, wie ich es verwirklichen konnte, und so endete alles in Resignation."

Als ich wissen wollte, wie er aus dieser Sackgasse herausgekommen war, schilderte er: „In diesem Zustand der Gleichgültigkeit verharrte ich einige Wochen, bis ich angeregt durch einen Artikel in unserer Bistumszeitung meinen Rosenkranz herauskramte und anfing zu beten. Am Anfang war es sehr mühselig. Später las ich in einem Katechismus, und das Bewußtsein für die Sünde wurde immer stärker und mir wurde allmählich klar, daß ich sie in der Beichte bekennen mußte oder es würde sich nichts zum Positiven in meinem Leben verändern. Ich ging also – nach über zehn Jahren – wieder zur Beichte und erfuhr ganz persönlich die verzeihende Liebe unseres barmherzigen Gottes. Ich erlebte wieder Freude und nahm mir vor, mein Leben zu ändern und mehr über Gott zu erfahren. Nun las ich täglich in der Bibel, betete häufiger den Rosenkranz und ging regelmäßig zur Sonntagsmesse. In meinem geistlichen Leben lernte ich immer neue Dinge kennen, doch mußte ich von Zeit zu Zeit auch Rückschritte hinnehmen. Ich verzichtete auf die Heavy-Metal-Musik, doch hatte ich noch lange Probleme mit dem Alkohol, den ich nicht sofort abgeben konnte. Ich machte auch Erfahrungen mit dem Fasten, dadurch bekam ich viel Kraft, und es spornte mich weiter an. Die Beziehungen zu meinen Eltern und zu meiner Freundin verbesserten sich nach und nach.

Im Jahre 1995 lernte ich die Botschaft von Fatima kennen und ging daraufhin öfters zur heiligen Kommunion und zur Beichte. Trotz allem kam ich mir als junger Erwachsener, der zur Kirche gehören wollte, recht einsam vor, bis ich auf der Fahrt zum Weltjugendtag nach Paris im Jahre 1997 Jugendliche kennenlernte, die in Medjugorje waren und von ihren Erlebnissen erzählten. Danach besorgte ich mir Kassetten über diesen Ort und fing an, diese Botschaften zu leben. Vieles davon durfte ich durch die Führung Mariens schon im voraus erfahren.

Durch die erste Fahrt im Jahre 1998 nach Medjugorje mit der Gruppe Totus Tuus wurde mein Glauben noch vertieft. Der Zusammenhalt so vieler junger Leute im Glauben hat mich zusätzlich gestärkt. Auf der zweiten Fahrt im gleichen Jahr wurde ich in meiner Entscheidung zur Ehe bestärkt, die ich einige Zeit zuvor als meine Berufung erkannt hatte. Heute versuche ich, gestärkt durch die Sakramente den Glauben im Alltag zu leben und bin mir auch im Leid der Nähe Gottes gewiß. Ich bin seit 1999 verheiratet und habe eine Tochter. Wenn ich auf mein Leben zurückblicke, dann kann ich nur bekennen, daß alles Gnade ist, denn Gott hat mein Leben durch die Führung der Gottesmutter verändert, mir neue Hoffnung gegeben und mich glücklich gemacht."

Euer Herz beunruhige sich nicht und zage nicht.
Johannes 14, 27

Robert – Nach dem Tod meiner Freundin fand ich den Sinn des Lebens

Im Juni 2001 erfuhr ich von Roberts schwerem Schicksalsschlag, er berichtet: „Ich bin als zweites Kind in einer fünfköpfigen Familie groß geworden. Von meinen Eltern wurde ich zwar liebevoll, aber eher mäßig religiös erzogen. Ich wurde mit meinen Brüdern sonntags in die Kirche geschickt, und meine Mutter betete abends mit uns. Ich ging zur heiligen Kommunion und wurde gefirmt. In meinem Innern war die Kirche eher mit Zwang verbunden. Was blieb, war das Gebet. Irgendwann ging ich dann sonntags nicht mehr in die Kirche. Mit sechzehn Jahren begann die Zeit der Ausbildung. Dies war die Zeit, in der meine Freunde und Kumpels eine große Rolle spielten. Da ich eher zurückhaltend war, versuchte ich mich durch die gemeinsamen Trinkgelage zu profilieren. Meine Freuden bestanden eigentlich nur darin, von Wochenende zu Wochenende oder besser von Party zu Party zu leben. Wenn ich diese Zeit im Rückblick betrachte, erinnere ich mich daran, daß ich nach jeder Ernüchterung eigentlich total frustriert war und oft auch ein schlechtes Gewissen hatte. Trotzdem – zu dieser Zeit schien dies mein Lebensinhalt zu sein.

Als ich siebzehn Jahre war, hat der Herr mir dann einen Meilenstein in Form eines Religionslehrers mit auf den Weg gegeben. Durch diesen Religionslehrer in der Berufsschule wurde ich zum ersten Mal von den Glaubenswahrheiten überzeugend berührt. Dieser Mann sprach frei von den Sakramenten der Kirche, der Entscheidung zwischen Gott und Satan, von Leben und Tod, von Sünde in einer so klaren Form, daß sich jedes Wort in mein Herz einprägte. Weiterhin sprach er auch von Lourdes, Fatima, Medjugorje und vielem mehr. So wurde uns gezeigt, wie Gott heute noch ganz konkret unter den Menschen wirkt, und wie sehr er das Heil der Menschen wünscht. Diese Form der Verkündigung machte diesen Mann natürlich zum Gespött des Lehrerkollegiums und einiger Schüler. Man spürte förmlich in jeder Unterrichtsstunde, wie sich die Klasse spaltete, und wo das Wort auf fruchtbaren Boden und wo auf Stein fiel.

Die Frucht dieser gnadenvollen Begegnung war eigentlich das konkrete Gebet. So kam es, daß ich in meinem Zimmer wieder ein Kreuz und ein Herz-Jesu-Bild, das wir im Unterricht bekommen hatten, aufhängte. Wir bekamen auch eine Wundertätige Medaille, die ich von da an immer bei mir trug. Trotzdem ließ ich keine Party ausfallen, und ich ging nur an Hochfesten in die Kirche. Abends betete ich kniend vor dem Kreuz und dem Bild, selbst dann noch, wenn ich betrunken von einer Fete nach Hause kam. Mit achtzehn Jahren lernte ich Bettina kennen. Sie war so alt wie ich und wohnte einige Ortschaften entfernt. Alles schien so, als steuerten wir auf eine Hochzeit hin. Ich betete nach wie vor auf den Knien, bat Gott, uns unsere Sünden zu verzeihen und uns in den Himmel zu holen.

Es ergab sich, daß ich an einem Freitagabend im Sommer 1995 auf einer Fete der Jungschützenabteilung unseres Dorfes war. Wir feierten am Waldrand, das Wetter war gut und die Stimmung ausgelassen. Es kam selten vor, daß Bettina und ich getrennt ausgingen, jedoch befand sie sich zum gleichen Zeitpunkt auf einem Sommerfest ihrer Firma. Der Abend nahm seinen Lauf, es wurde viel getrunken bis in die Frühe. Wir wollten auf den Bänken schlafen, weil wir keine Lust hatten, den langen Weg zu Fuß nach Hause zu gehen. Als wir nach einigen Stunden Hunger bekamen, stiegen wir in ein Auto und fuhren wie die Wahnsinnigen über die Feldwege von Ort zu Ort, um etwas einzukaufen. Es war das erste Mal, daß ich bei Betrunkenen mitfuhr. Ungefähr zur gleichen Zeit, da wir unser Leben riskierten, verunglückte Bettina mit ihrem Wagen tödlich, ohne etwas getrunken zu haben. Sie war am Steuer eingeschlafen und mit unverminderter Geschwindigkeit an einen Baum gefahren. Es war fünf Tage vor ihrem 24. Geburtstag. Die kommenden Wochen waren eine schwere Zeit. Ich entsinne mich, daß ich Gott dies nicht vorgeworfen habe. Ich flüchtete vermehrt vor das Kreuz in meinem Zimmer und durfte eine Tröstung erfahren, wie ich sie bis heute nicht mehr erlebt habe.

Nach einiger Zeit begann ich wieder rauszugehen, und es schien so, als würde der alte Trott wieder weitergehen. Doch Gott hatte einen anderen Plan mit mir. An einem Freitagabend tranken wir Bier in einer Musikkneipe. Im Inneren war ich immer noch schlecht drauf. Eine Bekannte erwähnte, daß sie am nächsten Morgen nach Medjugorje fahren werde. Sie sagte zu mir: ‚Robert, du mußt da mit!‘ Wir hatten uns schon häufiger gut über den Glauben unterhalten, und Medjugorje hatte ich schon vor Jahren als echt angenommen. Man erkannte auch, daß sich an den Bekannten etwas verändert hatte. Vor Jahren hatte sie schon einmal den Versuch unternommen, Bettina und mich mit nach Medjugorje zu nehmen. Leider habe ich es damals verhindert. Ich sagte ihr, daß ich so kurzfristig nicht mitfahren könne. Die Bekannte ging dann gegen elf Uhr. Wir hingegen tranken weiter. Danach ging mir vieles durch den Kopf. Auf einmal war mir klar: Ich muß nach Medjugorje! Ich fuhr mit dem Fahrrad zum Geldautomaten, packte ein paar Sachen ein und stand bald vor der Tür unserer Bekannten. Um vier Uhr morgens fuhren wir los. Ich hatte keinen Urlaub, war angetrunken und fuhr mit dem Rosenkranz in der Hand in das Krisengebiet Ex-Jugoslawien. Ich dachte, ich wäre im falschen Film. Doch Gottes Plan mußte sich erfüllen, er schenkte mir ein offenes Herz.

Der Wallfahrtsort Medjugorje war für mich wie Balsam auf meiner Seele. Ich erlebte, daß Gott es gut mit mir meinte und daß er mir seine Mutter schenkte. Ich spürte, wie er mir sagen wollte, daß das, was ich vor Jahren schon als richtig angenommen hatte, nun zu leben beginnen sollte. Nach fünfzehn Jahren ohne Beichte schenkte er mir seine Vergebung und zeigte mir, wovon er mich befreien wollte. Heute kann ich sagen, daß Medjugorje das wichtigste Erlebnis in meinem Leben ist. Ich danke Gott für seine Geduld mit mir und für alle Gaben, die er mir unablässig schenkt. Seit drei Jahren bin ich nun mit Christiane verheiratet, die ich am Morgen vor der Fahrt nach Medjugorje zum ersten Mal sah. Der Herr schenkte uns bereits zwei Kinder. An einem Herz-Jesu-Freitag führte uns Gott mit meinem früheren Religionslehrer, seiner Frau und seinen sechs Kindern zusammen. Es war ein Austausch der Freude, wo ich noch einmal Gelegenheit hatte, mich bei Gott und ihm zu bedanken."

Du hast uns, o Gott, auf dich hin geschaffen,
und unruhig ist unser Herz bis es ruht in dir.
Kirchenlehrer Augustinus

Birgit – Vom Saufgelage zur Evangelisation

Sehr detailliert schilderte mir Birgit im Sommer 2001 von ihrem dramatischen Leben, das für sie keinen Sinn mehr hatte und dennoch eine einzigartige Wende erfuhr. Sie berichtet: „Ich stamme aus einer katholischen

Familie. Wir waren mehr oder weniger Gewohnheitschristen. Als wir klein waren, beteten unsere Eltern noch mit uns und lasen uns sonntags aus der Bibel vor. Wir gingen zur ersten heiligen Kommunion und später zur Firmung. Zu dieser Zeit beteten wir schon fast nicht mehr. Auch das Tischgebet wurde langsam weggelassen. In der Kirche wurde es mir immer langweiliger. Durch schlechte Filme und Bücher entfernte ich mich immer weiter von Gott. Ich lebte es meinen Brüdern vor, und sie taten es mir nach. Im Alter von fünfzehn Jahren lernte ich Freunde kennen, die mich spöttisch fragten, warum ich überhaupt zur Kirche ginge. Ich schämte mich dafür, außerdem wußte ich es selbst nicht mehr, denn ich hatte schon lange keine Lust mehr, dorthin zu gehen. Ich beichtete auch nicht alles, sondern verheimlichte bestimmte Sünden. Mein ganzes Gewissen stumpfte immer mehr ab, bis ich dann glaubte, ich könnte auch ohne Kirche ein guter Mensch sein. ‚Ich kann ja auch zu Hause beten', dachte ich mir, ‚und wenn ich mal alt bin, dann werde ich schon wieder in die Kirche gehen. Ich werde auch schon so in den Himmel kommen.'

Nach und nach ging niemand mehr von unserer ganzen Familie zur Kirche, und wir beteten auch nicht mehr. So kam ein tiefer Unfriede in die Familie. Wir lebten aneinander vorbei und schrien uns manchmal gegenseitig an. Unsere Mutter ging dann sonntags arbeiten, und wir waren froh, wenn wir die Eltern los waren, denn dann konnten wir tun, was wir wollten. Dann begann ich, immer mehr Alkohol zu trinken. Da ich von Natur aus eher schüchtern war, konnte ich unter Alkoholeinfluß besser auf andere zugehen. Ich gab mich der Sünde hin und dachte, ich würde glücklich, doch das Gegenteil war der Fall. Ich war unzufrieden und aggressiv. Meine Brüder begannen schließlich auch mit Alkohol. So lebten wir nur noch auf das nächste Wochenende hin, um bei der nächsten Saufparty wieder etwas Lustiges zu erleben.

Weil mich das auch nicht ausfüllte, begann ich, in allen Ferien ins Ausland zu fahren, um dort mehr zu erleben und glücklich zu werden. Ich gab mich allen möglichen Lastern hin. Ab und zu erinnerte ich mich wieder an Gott. Dann sagte ich ihm, er solle mich doch endlich glücklich machen. Aber ich hatte kein schlechtes Gewissen mehr. Selbst am Karfreitag saß ich in der Disco und betrank mich. Nach außen hin gab ich mich als lustiger, glücklicher Mensch. Ich wurde immer stolzer und kleidete mich immer unsittlicher, aber im Inneren war ich einsam und leer, meine Seele hungerte nach Liebe. Ich dachte immer, wenn ich den richtigen Freund gefunden habe, dann werden alle meine Sehnsüchte erfüllt.

In meinem tiefsten Herzen aber wußte ich, daß mich niemand wirklich liebte, also um meiner selbst willen, sondern daß alle meine Freundschaften nur Scheinfreundschaften waren. Ich führte ein Scheinleben und sagte mir selbst, daß ich niemals jemandem mein wahres Ich und mein Unglück offenbaren dürfe, damit ich nicht verletzt würde, denn wir waren ja alle hart, lustig und cool! Oft weinte ich zu Hause heimlich, dann betete ich wieder ein bißchen, aber daß ich selbst schlecht war, erkannte ich nicht mehr. Ich haßte auch unseren Pfarrer, beschimpfte ihn sogar und war noch stolz darauf. Ich konnte mich selbst nicht leiden und versteckte mich hinter einer Maske. Ich färbte mir die Haare, schminkte mich sehr stark und nutzte die Menschen aus. Dann kam ich mir vor wie in einem Film.

Als ich gerade achtzehn Jahre alt wurde, lernte ich im Jugoslawienurlaub einen neunzehnjährigen Jungen kennen, mit dem ich hoffte, endlich glücklich zu werden. Aber es wurde alles nur noch schlimmer. Wir waren nur noch betrunken, stahlen, probierten Drogen und Tabletten. Ich fühlte mich sehr unwohl dabei, machte aber mit, um die Anerkennung der anderen zu haben. Ich nahm diesen Jungen nach dem Urlaub mit nach Deutschland. Meine Eltern waren geschockt und erlaubten nicht, daß er bei uns blieb. So brach ich einfach die Schulausbildung ab und ging mit ihm nach Kroatien, um dort zu heiraten. Ich wurde schwanger und wußte nicht, wie es weitergehen sollte. Wir wohnten einige Monate bei seinen Eltern. Er war für Abtreibung, aber auch noch einen Mord auf mich laden, das konnte ich nicht. Ich begann wieder ein bißchen zu beten und dachte dann, daß es bestimmt der Wille Gottes ist, daß wir dieses Kind haben. Wir entschieden uns für das Kind.

Dann bekam ich Heimweh nach meinen Eltern, und so besuchte ich sie. Bei dieser Gelegenheit versöhnten wir uns wieder. Was ich nicht wußte, war, daß mein Vater, der seit über dreißig Jahren krank ist, in der Zwischenzeit wieder zur Kirche ging und Wallfahrten für seine Kinder machte. Er fuhr nachts mit dem Fahrrad zu einem kleinen Wallfahrtsort und betete dort für uns. Am Abend kam er dann wieder, ohne darüber zu sprechen. Nach einigen Monaten heirateten wir standesamtlich in Kroatien und gingen dann zurück nach Deutschland. Mein Mann bekam Arbeit, und nach und nach hatten wir alles, was wir brauchten: Wohnung, Geld und Beschäftigung. Unser Sohn wurde geboren. Nun hatte ich eine Familie und eigentlich alles, was ich mir gewünscht hatte, und war trotzdem nicht glücklich. Wir lebten weiter so oberflächlich dahin, feierten viel und tranken auch wieder mehr Alkohol. Ich konnte keine Stille ertragen. Notgedrungen war ich jetzt öfters allein und dachte über den Sinn des Lebens nach. In mir fühlte ich eine tiefe Leere, obwohl ich doch alles hatte. ‚Eigentlich müßte ich doch glücklich sein', dachte ich mir. Ich begann, wieder mit Gott zu sprechen und bekam irgendwie eine Sehnsucht, mehr über ihn zu erfahren. Ich überlegte, ob ich nicht vielleicht einmal in der Bibel lesen sollte, aber ich dachte mir gleich, daß ich wohl nichts verstehen würde.

Heute bin ich sicher, daß Gott mich damals sofort erhörte, denn schon einige Wochen später sollte ich für meinen Vater Bücher bestellen, und zwar von Anna Katharina Emmerich. Ein Buch hatte den Titel: »Das bittere Leiden unseres Herrn Jesus Christus«. Als ich die Inhaltsangabe las, wurde ich sehr neugierig, denn ich wußte bis dahin nicht, daß es Menschen gab, die die Wundmale Christi tragen oder Visionen haben. Übernatürliches hatte mich schon immer fasziniert, leider aber von der falschen Seite wie z. B. Geisterbeschwörung, Wahrsagerei u.s.w. Aus Neugier begann ich, in diesem Buch zu lesen. Ich war erschüttert und mußte nur noch weinen. Nun begann ich zu begreifen, wie sehr Jesus uns liebt und was er alles für uns getan hat. Ich erkannte meine eigene Schlechtigkeit und wie sehr ich Gott und die Mitmenschen dadurch verletzt hatte. Nun begann ich, wieder täglich mit Gott zu sprechen und öfters zur heiligen Messe zu gehen. Mein Mann verstand das nicht. Ich bat Gott, uns einen Weg zu zeigen. Ich hatte so viele Fragen, also bestellte ich immer mehr christliche Bücher, um noch mehr zu erfahren. Einige Monate später besuchten uns Freunde aus Kroatien. Als wir uns über das Thema Übernatürliches unterhielten, erzählten unsere Besucher, daß in ihrem Land ja schon seit einigen Jahren die Mutter Gottes erscheinen würde. Ich konnte es kaum glauben, aber sie erzählten von den Wundern, die sich dort ereignet hätten, und mich ließ der Gedanke daran nicht mehr los. Wenn dies wirklich stimmte, dann müßte das doch wichtig sein für die Welt, und dann muß ich unbedingt erfahren, warum die Mutter Gottes erscheint, und was sie für Botschaften gibt. Jeden Tag dachte ich daran und wollte unbedingt dorthin fahren. Heute würde ich sagen, es war ein innerer Ruf.

Im Sommer 1989 machten wir wieder Urlaub in Kroatien. Wir fuhren mit einer ganzen Clique zum Saufurlaub ans Meer. Unseren Sohn ließen wir bei den Schwiegereltern. Mir machte das ganze Feiern und Saufen keinen Spaß mehr. Ich dachte nur noch daran, irgendwie nach Medjugorje zu kommen und redete täglich bis zum letzten Urlaubstag auf meinen Mann ein. Er kam um vier Uhr morgens total betrunken aus der Disco. Um sieben Uhr weckte ich ihn, und wir fuhren los. Wir hatten keine Ahnung, wo der Ort genau lag, und mein Mann dachte, daß wir am Abend schon wieder zurück sein würden. Außerdem mußte er erst einmal nüchtern werden. Gegen Abend kamen wir dann endlich in Medjugorje an."

Ich wollte in Erfahrung bringen, was sie dort erlebten, darauf erwiderte sie: „Wir fuhren bis vor die Kirche, und als wir ausstiegen und auf das Gotteshaus zugingen, mußten mein Mann und ich plötzlich weinen. Das war uns irgendwie peinlich. Diese Kirche hatte eine so starke Ausstrahlung, daß ich sofort wußte: ‚Es stimmt! Maria erscheint hier!' Als ich die vielen Menschen sah, die glücklich von der Beichte kamen, und den Frieden, den sie und die Priester ausstrahlten, wußte ich, daß es das war, was ich eigentlich schon immer gesucht hatte. Wir saßen dann beim ganzen Abendprogramm in der Kirche und verstanden nicht, wie diese Menschen so lange beten konnten, aber es beeindruckte uns. Man spürte, daß hier etwas Gutes geschah. Nach dem Besuch der Kirche mußten wir sofort wieder zurückfahren, da schon Freunde auf uns warteten. Ich kaufte noch einige Bücher, und auf dem Rückweg lasen wir nach, was die Gottesmutter denn eigentlich wünschte. Ich war so begeistert und so glücklich, daß ich sofort anfangen wollte, die Botschaften zu leben. Mein Mann wollte auch etwas für Maria tun, und da der nächste Tag ein Freitag war, begannen wir, bei Wasser und Brot zu fasten."

Nach diesem Bericht wollte ich wissen, ob sich ihr Leben danach verändert habe und wie ihre Bekannten und Freunde reagierten. Sie antwortete: „Als wir wieder zu Hause in Deutschland waren, lernte ich das Rosenkranzbeten und versuchte, die fünf Hauptbotschaften im Alltag zu leben. Anstatt abends vor dem Fernseher zu sitzen, betete ich den Rosenkranz. Es fiel mir anfangs sehr schwer, aber ich wollte einfach etwas für Maria tun, um ihr Freude zu machen und ein besserer Mensch zu werden. In meiner Begeisterung erzählte ich überall von meinen Erlebnissen und stieß auf Unverständnis. Selbst meine Mutter meinte, daß ich jetzt übertreiben würde. Später erzählte ich nicht mehr so viel, betete aber für meine Brüder, die sich ganz von der Kirche abgewendet hatten und ein ähnliches Leben führten, wie ich es vorher getan hatte. Die Mutter Gottes hat ja versprochen, daß man durch Gebet und Fasten alles erreichen kann.

Nach etwa neun Monaten fuhren auch meine Eltern nach Medjugorje, und nach einem Jahr einer meiner Brüder. Sie alle machten tiefe Erfahrungen. Es dauerte nicht lange, dann fuhr auch mein anderer Bruder mit. Meine Brüder fanden den Weg zur Kirche zurück und begannen, die Botschaften zu leben. Wir räumten dann unseren Partykeller aus und richteten einen Gebetsraum ein. Dort trafen wir uns einmal wöchentlich zum gemeinsamen Gebet. In der Familie fand eine tiefe Versöhnung statt. Auch mein Mann begann allmählich zu beten und legte eine ehrliche Beichte ab.

Leider trafen wir nie andere Jugendliche, die gläubig waren. In uns erwachte der Wunsch, auch andere junge Menschen für den Glauben zu begeistern. So organisierten wir im Jahre 1994 die erste Fahrt für Jugendliche nach Medjugorje. Obwohl es noch während des Krieges war, wurde ein Doppeldecker-Bus mit siebzig Jugendlichen, die zum größten Teil mit der Kirche nichts mehr zu tun hatten, voll. Alle kamen begeistert zurück. Diese Fahrt war der Auslöser für viele weitere Fahrten, deren Teilnehmerzahlen immer mehr anstiegen. Es entstanden Jugendgebetskreise, und wir organisierten Treffen, wo die einzelnen Teilnehmer sich austauschen, miteinander beten und Gemeinsames unternehmen konnten. Aus diesen Treffen entstand dann ein Freundeskreis, der sich mehr für Gott und die Mutter Gottes einsetzte. Dieser begann dann, die anderen Jugendlichen auf den Medjugorjefahrten zu begleiten. Durch die Fahrten wuchs der Freundeskreis immer weiter. Wir fühlten uns gedrängt, die Botschaften der Mutter Gottes immer weiter zu verbreiten, zuerst dadurch, daß wir sie selbst leben. Dann begannen wir mit einer Straßenevangelisation und gingen regelmäßig ins Jugendgefängnis, um dort die heilige Messe zu gestalten und Zeugnis zu geben. Heute sind wir fast jedes Wochenende unterwegs. Wir haben uns den Namen ‚Totus Tuus' – ganz dein – gegeben, nach dem Wahlspruch des Papstes, um dadurch unserer Verbundenheit mit Maria und dem Papst Ausdruck zu verleihen."

Auf die Frage, was sie heute empfinde, erwiderte sie: „Ich danke Gott von ganzem Herzen für die großen Gnaden, die er mir geschenkt hat. Er hat mir mehr gegeben, als ich mir je hätte erträumen können. Mittlerweile bin ich Mutter von drei Kindern. Ich danke auch besonders meinen Eltern, die für mich gebetet und geopfert haben. Besonders danke ich Gott, daß er uns seine Mutter schickt, und daß sie uns in Medjugorje den Weg der Heiligkeit lehrt. Ohne meine himmlische Mutter hätte ich es nie geschafft."

Nach dieser erschütternden und ermutigenden Schilderung habe auch ich einen Wunsch: Möge dieser Bericht viele junge Menschen, viele Priester und Bischöfe erreichen, damit das Reich Gottes sich rasch ausbreiten kann.

Je mehr du betest, desto einfacher wird es.
Je einfacher es wird, desto mehr wirst du beten.
Mutter Teresa

Bernd – Ohne Gott hätte ich nicht neu beginnen können

Bernd berichtet aus der Justizvollzugsanstalt: „Es war schon immer etwas in mir, was mich irgendwie mit Gott verbunden hat. Meine bisherigen Beziehungen mit Frauen brachten mir nicht das, was ich mir vorgestellt habe, auch nicht die Geburt meines Sohnes mit der Frau, mit der ich so gern ein Kind haben und mit der ich eine Ehe schließen wollte. Es lief halt alles in entgegengesetztem Uhrzeigersinn. Und von da an beschloß ich, einen Weg mit Gott zu finden und zu gehen. Bei einer Veranstaltung wurde mir deutlich, wie nah und doch entfernt Gott sein kann, aber auch, daß er seine schützende Hand immer über uns allen hat. Für mich sind es halt Erfahrungen und Begegnungen mit Gott, denn würde es keinen Gott oder höhere Macht geben, hätte ich nicht die Kraft gehabt, immer wieder einen Neubeginn zu wagen. Bei mir gab es zwar kleine Aussetzer, wo ich mich dem Ganzen entzog. Meine innere Stimme und die Hand Gottes, des Vaters, der uns seinen eingeborenen Sohn Jesus Christus sandte, hat mich aber wieder zur Gemeinde und den Freunden zurückgerufen."

Bleibe bei uns, Herr, denn es will Abend werden,
und der Tag hat sich geneigt.
Gebet der Kirche

Marianne – Ich habe im Gefängnis Jesus gefunden

Mit bewegten Worten schildert Marianne ihren Aufenthalt in der Justizvollzugsanstalt: „Ich befinde mich wieder in Haft und bin seit Juni wieder in BKH, wo ich leider auch schon ein paar Mal war, worauf ich keinesfalls stolz bin. Das einzige, worauf ich stolz bin, ist, daß Jesus mich ausgewählt hat, ihm dienen zu dürfen, worüber ich unheimlich glücklich bin. Man hat zwar meinen Körper eingesperrt, aber mein Geist ist frei, seit ich zu Jesus gefunden habe. Mein Geist ist so gut wie frei von Gewalt, Haß und Depressionen, dafür habe ich Liebe, Friede und Freude bekommen. Früher fühlte ich mich in meiner Zelle allein, jetzt bin ich daheim. Ist das nicht ein wunderbarer Tausch! Das Schlimme am heutigen Tag ist, daß der Stationsarzt mir den Kirchgang verboten hat. Er ist sich ja gar nicht im Klaren darüber, wie weh mir das tut. Es ist wie ein Peitschenhieb – und das am Heiligen Abend.

Ich bin nun dreißig Jahre alt. Und ab meinem dreizehnten Lebensjahr war mein Leben nur von einem bestimmt: Drogen aller Art zu konsumieren. Ich war in einer Welt gefangen, die nur aus Illusionen bestand, völlig realitätsfremd und ohne eine Chance, dem Elend zu entrinnen. Ich wollte auch gar nicht entfliehen. Ich war in meiner Utopie gefangen, freiwillig gefangen, da ich ja irgendwo noch glaubte, nicht unter Zwang zu handeln. Wenn ich früher die Liebe Jesu kennen gelernt hätte, wäre es wohl niemals so weit gekommen."

Bleibe bei uns mit deiner Gnade und Güte,
mit deinem Wort und Sakrament, mit deinem Trost und Segen.
Gebet der Kirche

Roberto – Ein Kind führt einen Terroristen auf den richtigen Weg

Roberto (Name geändert) berichtet über ein Erlebnis, das sein ganzes Leben radikal veränderte: „Ich saß in Florenz als Leiter der Roten Brigade vor einer Kirche. Wir hatten einen Banküberfall geplant. Zwei als Polizisten verkleidete Verbrecher standen am Eingang der Bank, zwei andere sollten in die Bank eindringen und den Kassierer mit Waffen zur Herausgabe des Geldes zwingen. Ein Fluchtauto mit gefälschtem Nummernschild wartete abfahrbereit. Ich saß als Bettler verkleidet auf den Stufen der gegenüberliegenden Kirche, um von dort das Einsatzzeichen für den Banküberfall zu geben. Gerade, als der Überfall beginnen sollte, kam eine Mutter mit ihrem kleinen Mädchen an der Hand die Treppe zur Kirche herauf, um mit dem Kind in der Kirche zu beten. Das Mädchen sah mich an und gab mir mit einem liebevollen Blick ihr Pausenbrot. Verärgert wollte ich das Kind übersehen, aber ihr kindlicher Blick und die barmherzige Geste wirkten auf mich. Ganz tief spürte ich, daß hier ein

Mensch ist, der mich mit den Augen der Liebe betrachtete. Anstatt das Signal zum Raubüberfall zu geben, nahm ich das Brot von dem kleinen lächelnden Kind und ging mit ihm in die Kirche. Mein Verbrecherleben hatte ein Ende gefunden."

Gott benutzt auch heute noch Menschen als Werkzeuge, um andere auf den Weg des Glaubens zu führen. Wir sollten die anderen, auch wenn sie am Rande der Gesellschaft stehen, mit den Augen der Liebe betrachten, dann wird die Welt heller und reicher.

Lebt als Kinder des Lichts! Das Licht bringt
lauter Güte, Gerechtigkeit und Wahrheit hervor.
Epheser 5, 8-9

Jacqueline – Gott ist jetzt wirklich mein Zentrum

Ein bewundernswertes Bekenntnis von ihrem Glauben gibt uns Jacqueline Schneider aus der Schweiz. Sie belegte den 4. Platz bei der Weltmeisterschaft im Wasserspringen im Jahre 1998. Sehr überzeugend berichtet sie über ihre Erfolge und Niederlagen: „Ich kenne das Zusammenspiel von Leistungsorientierung und persönlichem Wohlbefinden sehr gut. Ein Mißerfolg brachte in meinem Inneren jeweils zuviel in Bewegung. Ich kann heute wirklich sagen, daß mein Glück nicht mehr von meiner Leistung abhängt. Ich bin davon losgelöst. Ich bin ein total glücklicher Mensch geworden und habe mich auch verändert, seit ich die Wahrheit, die in der Bibel steht, erkannt habe. Sie erfüllt mich mit totaler Liebe und Zuversicht. Nach einem Mißerfolg mußte ich mich mit der Frage des eigenen Wertes vermehrt auseinandersetzen. Mein Selbstbild veränderte sich, weil ich so gemeint und geliebt bin von Gott, wie ich bin, und es nicht nötig ist, daß mich jeder versteht und begreift. Ich muß nicht von allen geliebt werden. Das war mein Schlüsselerlebnis in Istanbul an der mißlungenen Europameisterschaft.

Anschließend qualifizierte ich mich für Synchronspringen für die Olympiade. In Sydney wurde ich aber krank. Klar war ich enttäuscht und traurig. Aber ich muß ehrlich sagen, ich hatte nie das Gefühl, daß für

mich eine Welt zusammenstürzt oder ich in ein Loch gefallen wäre. Natürlich fragte ich Gott, warum das so sein müßte. Ich denke eher, ich fühle mich so frei wie noch nie. Ich bin unabhängig von Meinungen anderer und nicht mehr gebunden an materiellen Besitz. Gott ist jetzt wirklich im Zentrum, nicht mehr der Sport, Geld oder der Sponsor. Ich möchte Gott wirklich dienen. Es ist gewaltig, welche Power man erhält! Jemand, der das nicht kennt, kann sich gar nicht vorstellen, wie erfüllend es ist. Ich wünsche es allen. Leider besteht immer noch das Klischee, daß nur arme und bemitleidenswerte Menschen Gott nötig hätten. Auch erfolgreiche Menschen brauchen Gott und viele haben genau deshalb Erfolg, weil sie ihm vertrauen und auch demütig sein können. Ich bin von Gott geliebt und akzeptiert mit allen Fehlern, die man gemacht hat oder noch machen wird. Ich wünsche mir, daß mir Gott noch viel mehr sein Wort in den Mund legt und mir Weisheit schenkt."

Freude ist ein Zeichen,
daß man dem Licht nahe ist.
Edith Stein, Opfer der Nazis

Annette – Ich stand bei denen, die schrien: „Kreuzige ihn!"

Als ich Annette besuchte, ahnte ich noch nicht, was mich erwarten würde. Sie hatte einen Höllentrip hinter sich und litt noch sehr an diesen Folgen. Sehr nüchtern berichtet sie: „Meine Eltern ließen mich katholisch taufen, aber mir fehlte der Bezug zu Gott, ganz selten ging ich meinen Eltern zuliebe in die Kirche. Meine Abenteuerlust trieb mich und meinen evangelischen Freund in östliche Länder. Wir fuhren 1500 Kilometer mit dem Motorrad durch Indien. Wir lernten dort Sadhus kennen und waren auf der Suche nach Rauschgift. Mehr als elf Jahre nahm ich Haschisch, Kokain, LSD, Ecstasy und Opium. Als wir wieder zu Hause waren, wurde ich schwanger. Bis auf ganz wenige Ausnahmen verzichtete ich auf Drogen, um nicht das Kind zu gefährden. Als mein Sohn geboren war, griff ich wieder zu Drogen. Meine Eltern machten sich große

Sorgen um uns, deshalb meldeten sie uns zu einem Heilungsgottesdienst an. Weil mein Freund und ich keine Lust dazu hatten, wurde die Reise verschoben. Wir wurden von Freunden zu einem Drogenfestival ins Ausland eingeladen. Mit Rauschgift im Wagen fuhren wir los. An der Grenze wurden wir genauestens von Zollbeamten untersucht. In Kabinen mußten wir uns ausziehen. Jeder Winkel und jedes Polster im Wagen wurde sorgfältig kontrolliert. Ein Beamter tastete die Kopfstützen ab, in denen das Rauschgift versteckt war, aber dann nahm er die Hände wieder weg."

Als ich meine Gesprächspartnerin fragte, was sie in diesen Augenblicken empfunden hatte, antwortete sie: „Ich stand große Ängste aus, denn ich dachte: Wenn sie das Zeug finden, müssen wir im Ausland bleiben und können nicht zu unserem Kind zurück. Diese große Not brachte mich dazu, die Gottesmutter um ihre Hilfe anzuflehen. Im Unterbewußtsein fühlte ich, daß mein Gebet erhört würde. Als wir endlich weiterfahren konnten, war ich beschämt, weil ich Maria um etwas Illegales gebeten hatte. Wir erlebten ein großartiges Drogenfestival. Nachdem wir wieder zu Hause waren, blieb alles beim Alten. Wir nahmen weiter unsere Drogen.

Schließlich nahm ich die Einladung meiner Eltern zu einem Heilungsgottesdienst an. Als der Priester bei der heiligen Wandlung die Hostie zeigte, erkannte ich plötzlich mit einer unaussprechlichen Klarheit meine Sünden und meine Armseligkeit vor Gott. Mir wurde bewußt, wie sehr ich Jesus bisher beleidigt hatte. Ganz deutlich spürte ich, wie Gott mir zum letzten Mal seine Gnaden anbot. Deutlich stand mir die Tatsache vor Augen: ‚Wenn du jetzt nicht umkehrst und dein Leben änderst, obwohl Gott dir mehrmals seine Hand gereicht hat, dann verspielst du die Gnade Gottes und ziehst seinen Zorn auf dich herab.' Sehr drastisch kam mir zum Bewußtsein, daß ich auf dem Weg zur Hölle war. Diese heilsame Erkenntnis führte zu meiner Bekehrung. Ich trennte mich von meinem Freund, mit dem ich so viele Jahre zusammengelebt hatte."

Wie ich erfuhr, war damit das Drama noch nicht beendet, sondern es sollte noch schlimmer kommen. Annette schilderte ihre Situation: „Infolge des jahrelangen Drogenkonsums sah ich im wachen Zustand den Leidensweg Jesu. Ich stand bei denen, die schrien: ‚Kreuzige ihn!' Dieses Erlebnis schockierte mich. Von dieser Stunde an nahm ich nie wieder Drogen."

Im Verlauf des Gesprächs erfuhr ich, daß die junge Mutter nach ihrer Bekehrung schwersten Versuchungen ausgesetzt war und noch immer ausgesetzt ist. Sie ist sich der großen Gefahr bewußt, daß Satan sie wieder haben möchte. Sie gestand: „Ich gehe jetzt täglich zur heiligen Messe. Einmal in der Woche beichte ich. Jeden Monat mache ich eine Wallfahrt, um mir Kraft zu holen und Gott um seine Hilfe zu bitten. Ich bin mir darüber im Klaren, daß viele Menschen für meine Bekehrung gebetet und mich dadurch vor dem Schlimmsten bewahrt haben. Nun ist es meine Aufgabe und Pflicht, für meine früheren Bekannten zu beten, die sich nicht im Geringsten um Gott kümmern und in schwersten Sünden leben. Für sie muß ich beten, damit Gott ihnen die Gnade der Bekehrung schenke. Mir tun meine früheren Bekannten sehr leid, weil sie ihre Freude dort suchen, wo sie nicht zu finden ist. Nur Gott kann die Menschen glücklich machen."

Gott flüstert in unseren Freuden,
er spricht in unserem Gewissen;
in unseren Schmerzen aber ruft er laut.
C. S. Lewis

Über 30 Jahre

Silke – Im Vergeben und Lieben fand ich meinen Frieden

Silke berichtet über ihr bewegtes Leben: „Ich bin katholisch getauft und habe noch zwei ältere Geschwister. In unserer Familie war der Glaube kein Thema. Wir gingen nur zu Ostern und Weihnachten und zu Hochzeiten und Beerdigungen zur heiligen Messe. Es wurde nie gebetet, dennoch wurde ich durch eine Freundin Meßdiener, und so war ich die einzige meiner Familie, die regelmäßig den Gottesdienst besuchte. Allerdings hatte ich trotzdem keine wirkliche Beziehung zu Jesus, der Sinn der Messe blieb mir verborgen.

Im Alter von sechzehn Jahren lernte ich meinen späteren Ehemann kennen. Wir sprachen sehr früh von Heirat, doch wir wollten beide erst unsere Ausbildung beenden. Fünf Jahre später zogen wir in unsere erste gemeinsame Wohnung, und ein Jahr später heirateten wir. In dieser Zeit gingen wir nur noch ab und zu zur Sonntagsmesse, obwohl mein Mann „gut katholisch" erzogen war. Auch er hatte keine wirkliche Beziehung zu Gott, teilweise zweifelte er ganz an dessen Existenz. Jetzt kam die Zeit, in der wir unsere Zukunft planten, der Hausbau wurde begonnen, und so war gar keine Zeit mehr für Gott vorhanden. Der Besuch der heiligen Messe fiel nahezu ganz aus. Mehrere Dinge fielen nun zusammen:

Ein guter Freund von uns bildete einen Gesprächskreis über Gott und die Welt, für uns genau das Richtige, da wir ja eigentlich schon irgendwie Gott suchten. Gleichzeitig stürzte ich in eine ernsthafte Lebenskrise. Das Haus war nahezu fertig, ich hatte einen guten Ehemann, Geld war kein Problem für uns, da wir beide gut verdienten. Ich hatte einen guten und sicheren Arbeitsplatz in einer großen Möbelfirma, nette Kollegen, ich hatte eigentlich alles, um glücklich und zufrieden zu sein, wenn da nicht die vielen Kindheitsprobleme gewesen wären, die ich nicht aufgearbeitet hatte. Meine Eltern hatten nie viel Geld, ich war das dritte Kind, unerwartet dazu. Dennoch waren wir eine gute Familie, meine Schwester jedoch war durch ihre Wutausbrüche nicht immer zu kontrollieren. Mein Vater hatte das gut im Griff, doch meine Mutter drängte meinen Bruder und mich bei Streitigkeiten häufig um des Friedens willen zum Nachgeben. Als Jüngste wurde mir auch am wenigsten zugetraut, oft hörte ich: ‚Das kannst du nicht, da bist du zu klein dazu.' So kam es, daß ich, als ich auszog, im Haushalt tatsächlich alles erst lernen mußte. In der Schule war es damals so, daß ich mich in einer Schulklasse befand, in der fast alle ziemlich viel Geld hatten, und so wurde ich als asozial, dumm und blöd abgestempelt, weil ich keine Markenkleidung tragen konnte. Da ich relativ gut in der Schule war, bezeichneten mich meine Mitschüler als Streberin. Ich wechselte dann in der achten Klasse in die Parallelklasse und so wurde es besser, aber die Verletzungen blieben und machten sich eben jetzt bemerkbar.

In der Familie meines Mannes waren ebenfalls alle ziemlich gut gestellt, meine Schwägerin und ihr Ehemann hatten beide studiert. Also dachte ich mir, ich kann nur geliebt werden, wenn ich allen beweise, daß ich auch etwas leisten kann. Studieren wollte ich nicht. Ich hatte einen sehr guten Vater, dem ich irgendwie nachfolgen wollte, er sollte stolz auf mich sein können. Er unterstützte mich auch, so gut er konnte. Ich wollte eine ähnliche Karriere aufbauen wie er. Er war Einkaufsleiter, also wollte ich das auch werden. So wechselte ich in eine 30-Mann-Firma, und das Chaos begann. Ich hatte Kollegen, die privat sehr wenig mit mir redeten, in der Mittagspause ging jeder seinen Weg. Meinem Chef konnte ich nichts gut genug machen. Innerhalb der drei Monate, die ich dort arbeitete, nahm ich dreizehn Kilo ab, obwohl ich Frustesser bin. Ich weinte beim Aufstehen und weinte beim Schlafengehen, ich weinte auch in der Mittagspause. Wenn ich zur Arbeit fuhr, dachte ich oft, jetzt ziehst du einfach das Lenkrad herum und schaust mal, was danach kommt, hier vermißt dich keiner.

Unser Freund aus dem Gesprächskreis kam auf mich zu. Er erzählte mir auf eine Art und Weise von Jesus, wie ich es noch nie gehört hatte. Er gab mir ein kleines Bildchen, auf dem stand: ‚Liebe mich, so wie du bist.' Es waren gute Worte, Balsam für mein Herz. Da war jemand, der auf meine Liebe wartete. Er liebte mich längst bedingungslos, so wie ich war! Ich mußte nichts leisten, ich brauchte keine Karriere zu machen, ich sollte nur Jesus lieben! Ich begann zu beten und wieder zur Messe zu gehen. Nach drei Monaten war der Spuk vorbei. Ich bekam eine neue Anstellung in einem Steuerbüro, nette Kollegen, mit denen ich mich prima verstand. Es ging mir wieder gut, alles war bestens, ich hatte allen Grund, glücklich zu sein. Allmählich wurde Gott wieder in die Ecke gedrängt, ich brauchte ihn nicht mehr. Der Gottesdienstbesuch war von meiner Zeit und Lust abhängig. Da ich wieder Kraft hatte, begann ich über meine Karriere nachzudenken. Ich muß hinzufügen, daß mir erst in der Rückschau bewußt wurde, daß ich mein Denkmuster keinesfalls geändert hatte und daß ich jetzt genau auf dieselbe Katastrophe zusteuerte wie im Jahre 1995.

Ich begann ein Fernstudium zum Bilanzbuchhalter. Die Ausbildung dauerte zwei Jahre, dann mußte ich eine Prüfung bei der IHK ablegen. Mein Mann unterstützte mich dabei, so gut er konnte, es lief also alles bestens. Dann erzählte unser bereits erwähnter Freund von Medjugorje, wo die Mutter Gottes angeblich täglich erscheinen würde. Seine Frau sei dort gewesen und total verändert nach Hause gekommen. Mein Mann war ganz begeistert und wollte unbedingt dorthin. Wir stießen auf die Gruppe Totus Tuus. Das Problem war jetzt nur noch der Termin. Die Wallfahrt startete genau zwei Wochen vor meinen Abschlußprüfungen! Mir erschien das unmöglich, um diese Zeit zu fahren, doch mein Mann ließ nicht mit sich handeln, notfalls würde er allein fahren. Das wollte ich nun wieder nicht.

Ich stellte Gott auf die Probe. Wenn er mich wegen einer Wallfahrt durch die Prüfung fallen ließe, dann würde ich nicht mehr an ihn glauben. So machten wir die Wallfahrt. Dort angekommen, wurde ich sofort von einer Atmosphäre des Friedens erfaßt. Am dritten Tag hielten wir eucharistische Anbetung in einer kleinen Kapelle. Dort stand ein Kreuz, an dem Jesus in Lebensgröße hing. Er war blutüberströmt, seine Haare verklebt, sein Körper mit Wunden übersät. In dieser Kapelle beteten auch immer zwei Leute von unserer Gruppe für jeden, der es wollte. Schlagartig wurde mir wieder bewußt, wie sehr Jesus mich lieben mußte, daß Er dieses Leid für mich ertragen konnte. Ich erinnerte mich wieder an die Liebe und die Hilfe, die ich vor vier Jahren von ihm erfahren hatte. Darüber mußte ich heftig weinen. Kurze Zeit später sprach die Gruppe bei der Beichtvorbereitung von der Vergebung. Jetzt fiel es mir wie Schuppen von den Augen, daß ich so vieles zu vergeben hatte. Mir wurden meine Verletzungen aus meiner Kindheit wieder bewußt. Endlich konnte ich in der Beichte alles Jesus übergeben. Auf dieser Wallfahrt vergab ich alles aus meiner Kindheit, allerdings nur mit dem Verstand. Ich war klug genug, Jesus zu bitten, mir zu helfen, daß ich auch mit dem Herzen vergeben konnte.

Jesus half mir, die Prüfung zu bestehen. Ich kündigte meine Stelle als Steuerberaterin und machte mich selbständig.

Zwei Jahre später konnte ich sagen: Ja, jetzt ist alles verheilt und ich habe wirklich allen vergeben. Unsere Ehe ist so fest wie nie zuvor. Wir nehmen mehr Rücksicht aufeinander, jeder versucht den anderen glücklich zu machen. Nun steht nicht mehr das Ich im Vordergrund, sondern der Mitmensch. Wenn es doch einmal Streit gibt, so wird er spätestens beim abendlichen gemeinsamen Rosenkranzgebet geschlichtet. Da wir jetzt häufiger den Gottesdienst besuchen, haben wir mehr Verständnis für den Wert der heiligen Messe. Sie ist für uns zum Höhepunkt des Tages geworden."

Peter – Durch die Beichte wurde ich von einer tonnenschweren Last befreit

Einen erschütternden Brief schrieb Peter aus der Justizvollzugsanstalt: „Ich heiße Peter und habe noch dreizehn Jahre Gefängnis vor mir. Nach einem Jahr Haft begab ich mich auf die Suche nach christlichen Gruppen. So lernte ich auch die Emmaus-Gruppe kennen. Langsam entwickelte sich eine Vertrautheit, die ich im Gefängnis nie erwartet hatte. Vor allem freute ich mich über die Unvoreingenommenheit und die Tatsache, als Mensch behandelt zu werden. Ich machte die Erfahrung, daß sich meine neuen ‚Geschwister' nicht von mir entfernten, als sie erfuhren, daß ich einem Menschen das Leben genommen hatte. So faßte ich nach und nach den Mut, eine Beichte bei einem Franziskanermönch abzulegen. Noch nie in meinem Leben fühlte ich mich so befreit. Eine tonnenschwere Last verschwand augenblicklich. Nun bete ich in meiner Zelle zu Jesus. Viele meiner Mitgefangenen belächeln es, aber immer mehr von ihnen beginnen darüber nachzudenken, weshalb ich trotz der so langen Haftstrafe so fröhlich bin. Ich sage jedem, daß es Jesus ist, der mir täglich aufs neue diese Kraft schenkt. Man muß nur den Mut haben, mit Jesus zu leben. So paradox es klingen mag, ich bin froh und glücklich, trotz meiner Situation. Dank Jesus bekam ich ein neues Leben geschenkt. Ich bekam eine Arbeit, die mir Freude bereitet, und Jesus schenkte mir neue Freunde. Nun möchte ich mich noch bei den ehrenamtlichen Mitarbeitern bedanken, die ihre Freizeit opfern, um Gefangenen wie mir Mut und Hoffung zu schenken."

Da er die Seinen, die in der Welt waren, liebte,
erwies er ihnen seine Liebe bis zur Vollendung.
Johannes 13, 1

Gulrahim – Als ich mich töten wollte, griff Gott ein

Der Bericht von Gulrahim über seine Vergangenheit ist erschütternd und zugleich ermutigend: „Ich wurde in eine religiöse moslemische Familie in Afghanistan geboren. Schon als Kind habe ich im Koran gelesen und manchen Tag und auch Nächte in der Moschee verbracht. Mit dreizehn Jahren mußten wir in den Iran, danach nach Saudi-Arabien. Dort war ich jeden Tag in der moslemischen Moschee und habe die islamischen Gebote befolgt. Ich war auf der Suche nach Gott und ich fragte mich: Wie kann ich den wahren Gott finden und seine Verheißungen empfangen? Von Saudi-Arabien kam ich nach Kuwait. Auch dort war ich ein streng gläubiger Moslem.

Dann reiste ich mit meiner Tochter und der jetzt von mir geschiedenen Frau nach Deutschland. Hier verlor ich schnell meinen Glauben. Es begann ein Teufelskreis. So landete ich bald im Gefängnis. Meine Strafe betrug fünf Jahre. Im Gefängnis hatte ich keine Hoffnung mehr, denn ich hatte alle mir wichtigen Menschen verloren. Durch den Bürgerkrieg in Afghanistan verlor ich meine Eltern sowie neun Brüder und vier Schwestern. Sie wurden alle getötet. Auch weiß ich bis heute nicht, wo meine Frau und meine Tochter sind. Durch diese Ereignisse beschloß ich damals im Gefängnis, Selbstmord zu begehen. Satan hatte es also geschafft, daß ich nicht mehr leben wollte.

An dem Abend, an dem ich mich töten wollte, kam ein evangelischer Pastor in meine Zelle. Er schenkte mir ein Neues Testament in englischer Sprache und sagte zu mir: ‚Jesus liebt dich sehr!' Ich habe ihn mit großen Augen angeschaut und keine Antwort gegeben. Dann ging der Pastor wieder. Etwa eine halbe Stunde habe ich über seine Worte nachgedacht und sagte zu mir: ‚Wie kann Jesus mich lieben, da ich sein Feind bin, weil ich in meiner Vergangenheit die Christen gehaßt habe?' Nach einer Weile fing ich an, das Evangelium zu lesen. Es war das erste Mal in meinem Leben als Moslem, daß ich das Evangelium Jesu las. Ich habe das kleine Büchlein des Wortes Gottes in der Mitte aufgeschlagen und dort stand: ‚Jesus Christus spricht: ‚Wenn euch nun der Sohn frei macht, so seid ihr wirklich frei' (Joh 8, 36). Noch oft habe ich über die Worte des Pastors nachgedacht: ‚Jesus liebt dich sehr!' In den nächsten Tagen bekam ich von Jesus große Freude geschenkt, und ich begann, mit den anderen Gefangenen über meinen Glauben zu reden, doch ich stieß auf Unverständnis. Heute weiß ich, daß Jesus mein zerstörtes Leben wegnahm und mir ein neues Leben schenkte. Ich lebe nun nicht mehr für mich, sondern für meinen lieben Herrn und Heiland Jesus Christus."

Liebe Jesus, und du wirst erfahren:
die Liebe zu Jesus ist die stärkste Macht,
durch sie kannst du alles Schweren überwinden.
Mutter Basilea Schlink

Alfred – Gott zog mich aus dem tiefsten Abgrund heraus

Auch Alfred war auf der Suche nach Gott: „Früher machte ich mir keine Sorgen, keinen Druck und keine Gedanken, wie denn wohl das Leben verlaufen wird. Nach Schule und Lehre ging ich zur Bundeswehr. Ich stamme aus Hamburg und kam dort sehr früh mit der Szene im St. Pauli-Milieu in Berührung. Gewalt und immer wieder Gewalt bestimmten meinen Tag. Ganz egal, ob es gegen Dinge oder Menschen ging. Bei einem Überfall erschoß ich einen Polizisten und verletzte einen zweiten schwer. Ich bekam Knast wegen Totschlag, und zwar lebenslänglich. Auch in der Justizvollzugsanstalt konnte ich wieder zuschlagen und mir Beachtung verschaffen. Als ein Missionar zu uns kam und von Gott erzählte, beleidigte ich ihn, griff ihn persönlich an und machte ihn lächerlich. Doch er kam immer wieder, Woche für Woche und dann zum Einzelgespräch viele Stunden lang."

Im Winter hatte Alfred einen Traum, der ihn nicht mehr losließ. Er wurde an einem Bein durch den Wald geschleift, er konnte dabei nichts sehen, sondern spürte nur Schmerzen und Panik. Er träumte von einem Ding, das ihn töten wollte. In diesem Augenblick erwachte er, sprang aus dem Bett und schrie so laut er konnte: „Jesus hilf mir!" Plötzlich kam Ruhe über ihn, dann übergab er Jesus sein Leben. Trotz all seiner Schuld spürte er, wie Jesus ihn führte und ihn als sein Kind aus einer Grube herauszog.

Wie sieht es heute aus? Alfred schildert: „Auch heute sitze ich noch oft da und merke, daß ich einmal mehr von seinem Weg abgekommen bin und im Schlamm sitze. Doch heute weiß ich, daß Gott mir immer seine Hand entgegenstreckt. Und nie mehr hat der Böse mich so im Griff gehabt wie in dieser Nacht, als ich träumte. Gott war gut zu mir. Mich mußte er nicht erst blenden, wie Paulus, sondern machte mich sehend und rettete mein Leben. Heute bete ich, daß auch die anderen in ihrer Hoffnungslosigkeit seinen Lichtschein sehen.“

Das Gebet ist Zufluchtsort für jeden Kummer,
eine Grundlage der Fröhlichkeit, eine Quelle beständigen Glücks,
ein Schutzmantel gegen Traurigkeit und Kleinmut der Seele.
Chrysostomus

Renate – Gott hat mich errettet und zum Leben erweckt

Renate kennt alle Höhen und Tiefen des menschlichen Lebens: „Mit dreizehn Jahren fing ich an zu trinken. Ich bin bei Pflegeeltern groß geworden, wo ich auch keine Liebe fand. Viele Menschen lehnten mich ab, schon im Mutterschoß fing das an. So begann ich, im Alkohol Trost zu suchen, kam ins Milieu und ging der Prostitution nach. Die Familie, Geborgenheit und Liebe, die ich suchte, dachte ich im Milieu gefunden zu haben. Bald kam ich in den Knast. Ich wurde zum Rebell gegen alles Normale und stand bald im Mittelpunkt. So fühlte ich mich akzeptiert. Nach zwei gescheiterten Ehen mit drei Kindern lernte ich Peter kennen, er war mehrfach abhängig. Ich war tief unten, ich wollte dieses Leben nicht mehr. Es war schlimm, was ich meinen Kindern antat: Saufen, teilweise Aggression, ich war zu nichts fähig, zu nichts zu gebrauchen, ein Versager, ein Sünder.

Jesus hat mich gefunden und heimgeholt. Ich wußte erst nicht, was mit mir los war, als ob ich drauf wäre, ohne es zu sein. Peter und ich erkannten es, wir erlebten das Paradies auf Erden, doch für ihn war es zu spät. Wir hatten Pläne: Heiraten, Kinder, weg hier, und dann kam Peters Tod. Da fing mein Leben mit Jesus an. Diese Situation hätte ich niemals lebend überstanden, hätte Jesus mich nicht durchgetragen. Ich wollte auch so sterben wie Peter, Drogen nehmen, ich stand am Abgrund. Nein, Gott hat es nicht zugelassen. Ohne Tropfen, ohne Gift hat er mich auf Händen durchgetragen bis heute. Ich habe einige Prüfungen hinter mir. Jesus sagt: ‚Das Alte ist vergangen, ich mache alles neu.‘ Das durfte ich erleben. Ich habe es wirklich nicht verdient, aber Gott ist gnädig und barmherzig. Er hat mich von meiner Sucht befreit, von Ängsten, Selbstsucht. Er hat mich errettet und zum Leben erweckt.“

Jesus Christus, du Sohn des lebendigen Gottes,
du Licht der Welt, ich bete dich an. Dir lebe und dir sterbe ich.
Papst Pius X.

Rebecca – Gott ist die große Liebe meines Lebens geworden

Die dramatische Wende in Rebeccas Leben kam wie folgt: „Ich bin zwar katholisch getauft und erzogen worden, aber ich hatte nie einen richtigen Zugang zu Gott. Als ich größer war, spielte ich jeden Tag Fußball, musizierte in einer Band und spielte Akkordeon, um die Gäste in unserer Gastwirtschaft zu unterhalten. So war ich immer sehr beschäftigt und hatte keine Zeit mehr zum Beten. Es war keine Zeit mehr für Gott, denn alles andere war für mich wichtiger. Ich war auf der ständigen Suche nach Glück und Erfüllung. So suchte ich dieses Glück im Vergnügen, in der Rockmusik, in nächtelangen Discobesuchen. Ich hatte alles, was man sich als junger Mensch nur wünschen kann, aber ich fand keinen inneren Frieden. Heute weiß ich, daß ich Gott suchte, daß man nur in ihm den wahren Frieden finden kann, und daß man, wenn man in der Sünde lebt, nicht glücklich sein kann.

Mit zweiundzwanzig Jahren schloß ich eine Ausbildung als Fachlehrerin ab. In diesen Jahren trat Gott wieder in mein Leben ein. Im Jahre 1988 hörte ich vom Wallfahrtsort Medjugorje und fuhr mit meiner Schwester dorthin. Während die anderen im Bus beteten, hörte ich Musik und strickte nebenbei. Ich hatte keine ernsten Absichten zu beten. Ich war wohl etwas neugierig und dachte, vielleicht würde ich in Medjugorje etwas Außergewöhnliches sehen, aber ich dachte niemals daran, daß sich nach dieser Pilgerreise mein ganzes Leben verändern würde. Doch Gott hatte einen Plan mit mir, und dieser Plan begann sich zu verwirklichen.

In Medjugorje fand ich Gott. Ich konnte glauben, daß es ihn wirklich gibt, daß er wirklich existiert. An diesem Ort durfte ich einen tiefen inneren Frieden erfahren wie noch nie zuvor in meinem Leben. Nach Jahren ging ich wieder zur Beichte. Ich fühlte mich wie der verlorene Sohn in den Armen des Vaters. In dieser Zeit habe ich viel geweint. Es waren Tränen der Reue und der Freude. Mein Leben hat sich nach dieser Pilgerfahrt wirklich verändert. Ich begann zu beten, regelmäßig zur heiligen Messe zu gehen, ich hatte Hunger und Durst nach Gott. Nichts war mir jetzt wichtiger als Gott. Wochenlang konnte ich nichts anderes denken als an Jesus. Der tägliche Besuch der heiligen Messe wurde die schönste Stunde des Tages für mich. Nach dem Gottesdienst blieb ich noch eine halbe Stunde in der Kirche, um Jesus nahe zu sein. Eines Tages hörte ich eine Stimme im Herzen: ‚Eigentlich könntest du ins Kloster gehen.‘ Und dieser Gedanke, der mein Herz mit Freude erfüllte, ließ mich nicht mehr los. Ich war entschlossen, mein ganzes Leben Jesus zu schenken. Am 18. Oktober 1991 traf ich in meinem Herzen die Entscheidung, in die Gemeinschaft »Oase des Friedens« einzutreten. Im Dezember 1997 – einen Monat vor den ewigen Gelübden – wurde ich nach Medjugorje versetzt, und ich danke Gott für diese übergroße Gnade, daß ich am Ort meiner Bekehrung wirken darf."

Und nun soll es heimgehen ins ewige Leben,
in die Freude des Herrn, ins Königreich.
Joseph Müller
(kurz vor seiner Hinrichtung durch die Nazis)

Rita – Ich versuche, die Botschaften der Mutter Gottes zu leben

Die Amerikanerin Rita Falsetto erlebte Folgendes: „In Amerika arbeitete ich die letzten zehn Jahre als Sozialarbeiterin. Ich kümmerte mich um verwahrloste und alkoholkranke Kinder. Ich arbeitete auch in einem Krankenhaus in Texas. In Amerika gibt es viele obdachlose Menschen, besonders Familien, Mütter mit Kindern, die nicht wissen, wohin sie gehen sollen, die kein Dach über dem Kopf haben. Ich arbeitete als Sozialarbeiterin hauptsächlich mit Müttern und Kindern. Ich habe in den letzten Jahren sehr viel über den Krieg in Kroatien und Bosnien gelesen. Im Jahr 1993 kam ich das erste Mal hierher. Eine Hilfsorganisation aus Texas hatte in Medjugorje eine Niederlassung, um hier Kleidungsstücke, Medikamente und Lebensmittel, die aus allen Teilen Europas kamen, entgegenzunehmen und zu verteilen. Als der Krieg etwas abflaute, wurde die Organisation des Hilfswerks eingestellt.

Jetzt glaubte ich, daß es die Mutter Gottes war, die mir die Richtung zeigte. Ich war einmal verheiratet und hatte große Probleme mit Drogen und Alkohol. Da beschloß ich, etwas dagegen zu unternehmen. Ich glaube, daß meine Mutter, die sehr religiös ist und viel für mich betete, letztlich ausschlaggebend war, daß ich beschloß, einmal nach Medjugorje zu pilgern. Es war Medjugorje, aber auch Afrika, wo ich ebenso einige Zeit mit einer Friedensorganisation verbrachte, die mir den richtigen Weg wiesen. Während dieser Zeit in Afrika begann ich zu beten, und von da an war es nicht mehr weit nach Medjugorje.

Ich ging früher zwar regelmäßig zur heiligen Messe, spürte aber keinerlei Verbundenheit mit Jesus oder mit der Gottesmutter. Seit ich in Medjugorje bin, ist mein geistliches Leben, mein Gebetsleben, meine Beziehung zur Mutter Gottes entscheidend gewachsen. Ich versuche, die Botschaften der Mutter Gottes so zu leben, wie sie es von uns wünscht. Ich glaube, Maria gibt mir die Gnade, daran zu glauben, daß sie hier erscheint. Ich zweifelte nie an ihren Erscheinungen. So viele Leute kommen hierher, und wenn sie nach Hause zurückfahren, sind sie erneuert, voll guter Vorsätze, wieder regelmäßig die heilige Messe zu besuchen, beichten zu gehen. Sie glauben und wissen auf einmal: Gott liebt mich! Ich kann nur schwer beschreiben, was die Mutter Gottes alles für mich getan hat. Sie kümmert sich um jedes noch so kleine Anliegen. Sie ist unsere Mutter, sie liebt uns unendlich. Wenn die Menschen nur begreifen könnten, daß Maria uns alle unendlich liebt! Das ist der Grund, warum sie hierher kommt. Sie liebt uns und möchte, daß wir zu ihrem Sohn zurückkehren. Daß wir so leben, wie Gott es von uns wünscht in einer gewissen Heiligkeit. Es ist schwierig, das in Worte zu fassen."

Sie hat auch einen Rat für die jungen Menschen: „Ich würde jungen Menschen raten, offen zu sein den Eltern gegenüber, und mehr zu beten, für die Kirche zu arbeiten und Jesus zu danken. Wenn sie Musik lieben, können sie Gott auf diese Weise loben. Unser Leben soll ein Gebet sein."

Vertrauensvoll blickt sie in die Zukunft: „Ich weiß nicht, was morgen sein wird. Die Mutter Gottes hat mein Leben in ihrer Hand, und das ist das Beste, das mir passieren kann. Was immer sie mir sagt, was immer ich in meinem Herzen fühle, das ich tun soll, werde ich tun."

Lassen wir uns von Maria führen,
damit wir durch sie Jesus ähnlicher werden.
Das ist der sicherste und vollkommenste Weg.
Pater Maximilian Kolbe, Opfer der Nazis

Schlußwort

Maria Ferri aus Rom schrieb einen Leserbrief an die italienische Tageszeitung »Il giornale« vom 29. August 2001. Ein besseres Schlußwort als dieser Leserbrief hätte ich mir nicht ausdenken können. Sie beschreibt die Situation der jungen Menschen sehr genau: „Es scheint, daß die Journalisten sich nur mit Jugendlichen beschäftigen, wenn diese etwas Böses tun: wenn sie die Eltern umbringen, oder wenn sie auf öffentlichen Plätzen gewalttätig sind. Ich bin 18 Jahre alt, bin ein katholisches Mädchen und soeben von einem wunderschönen Erlebnis zurückgekehrt: vom internationalen Jugendtreffen, das alljährlich in Schio bei Vicenza abgehalten wird. Ich habe in meinem Herzen noch die Emotionen dieses Erlebnisses: die Momente des Gebetes, die Ausführungen des Schriftstellers Carlo Climati, das Konzert mit christlichen Liedermachern und den abschließenden Kreuzweg. Wir waren Tausende, die miteinander diskutierten, über den Frieden sprachen und über eine Welt, in der es möglich ist, sich zu respektieren und einander zu lieben. Es gibt nicht nur die Jugendlichen, von denen die Zeitungen sprechen. Laßt es mich hinausschreien: Es gibt auch uns!“

***

Zum Schluß möchte ich noch einmal auf mein Gnadenerlebnis in der Kirche von Medjugorje zurückkommen. Vor diesem Erlebnis war ich voller Zweifel und in einer großen inneren Not. In dieser schwierigen Situation hatte ich Gott um ein Zeichen gebeten, und Gott hatte mein Gebet erhört. Heute denke ich, was wäre geschehen, wenn Gott geschwiegen hätte? Eines ist sicher, wenn Gott nicht reagiert hätte, dann hätte ich Medjugorje verlassen und mich nicht mehr darum gekümmert. Vielleicht hätte ich auch jedem gesagt, alles dort ist Schwindel und Einbildung. Hätte Gott damals geschwiegen, so wäre ich nie auf den Gedanken gekommen, Bücher zu schreiben. Auch das vorliegende Buch über die jungen Menschen wäre nie entstanden. Gerade weil Gott im richtigen Augenblick antwortete, wurde ich innerlich angeregt, zu seiner Ehre zu schreiben.

Ich denke an ein Gespräch mit einem jungen Mann, den ich vor einigen Jahren kennen lernte. Er gehörte zu einer fanatischen Sekte und litt unter den maßlosen Forderungen dieser Leute. Von ihm erfuhr ich, daß mein erstes Buch der Anlaß für ihn war, nach Medjugorje zu reisen. Der Besuch dort war für ihn so heilsam, daß er zur katholischen Kirche konvertierte.

So hoffe ich, daß auch dieses vierte Buch ein Wegweiser für junge Menschen wird, die es heute so schwer haben, sich zu orientieren. Mein größter Wunsch ist es, daß Gott viele junge Leser zum Glauben motiviert, damit sie mit ihm gemeinsam glücklich werden und ihr Glück anderen mitteilen.

Sicher erinnert sich der Leser noch an den Bericht über die zwölfjährige Regina, vergleiche „Ihr Kind kann auch zu Hause sterben“. Als sie vierdreiviertel Jahre alt war, mußte die linke Niere wegen eines bösartigen Tumors entfernt werden, in der Lunge und in der Leber wucherten Metastasen, ein Höchstmaß an Chemotherapie hatte ihr Herz zerstört. Eine Herztransplantation sollte noch eine Überlebenschance bieten. Die Eltern lehnten den chirurgischen Eingriff ab und nahmen Regina mit nach Hause, damit sie zu Hause sterben könne. In diesem Bericht heißt es auch, daß die Eltern das todkranke Kind zu einem Heilungsgottesdienst nach Würzburg brachten, wo Pfarrer Klaus Müller aus Zella in der Rhön über Regina betete. Heute bin ich fest davon überzeugt, daß Regina nur diesem Gebet dieses Priesters ihr Leben zu verdanken hat. In meinem dritten Buch »Die Macht und Hilfe Gottes« habe ich meine Untersuchungen und Interviews mit geheilten Personen, die bei einem Heilungsgottesdienst mit Pfr. Klaus Müller gesund wurden, wiedergegeben. Danach verschwanden Tumore, Metastasen lösten sich in Nichts auf, Gliedmaßen erreichten die natürliche Länge. In einem Fall, der medizinisch einwandfrei bewiesen ist, war die vorher entfernte Milz wieder vorhanden. Es bestand nicht der geringste Zweifel, daß Gott durch das demütige Gebet von Pfarrer Klaus Müller Menschen heilte, und daß Gott ihm die Erkenntnis schenkte, welche Krankheiten geheilt wurden.

Im November 2001 erreichte mich ein Anruf, daß dieser begnadete Priester, der schwer krank und fast blind war, am 29. November 2001 an einem Herzinfarkt gestorben war. Der Verstorbene war der Pfarrer, bei dem ich damals beichtete und der mir mitten im Beichthören mit einer ungewöhnlichen Bestimmtheit sagte: „Ich spüre ganz deutlich, Sie sollen ein Buch schreiben, um jungen Menschen zu helfen.“ Er war es auch, der mir sagte, ich solle zwischen den Berichten ein Gebet einfügen. Als ich ihm kurz vor seinem Tode mitteilte, daß sich ein Verlag für mein Manuskript interessiere, antwortete er: „Ich habe es damals ganz deutlich gespürt, daß Sie das Buch schreiben sollen.“ Sehr deutlich hörte ich aus seinen Worten, daß Gott mir durch diesen begnadeten Priester diesen Auftrag gab. Hätte mir ein anderer Pfarrer so etwas gesagt, so wäre dieses

Werk nie entstanden. Pfarrer Klaus Müller war ein großer Wohltäter. Viele Menschen verdanken ihm ihre Heilung und Bekehrung. Er tat viel Gutes. Gott und der notleidende Mensch bedeuteten ihm alles. Ein Gedanke tröstet mich besonders: Pfarrer Klaus Müller wird vom Himmel aus noch viel intensiver wirken können als hier auf Erden, und so bin ich voller Hoffnung, daß durch seine Vermittlung dieses Buch viele junge Menschen erreichen und zu Gott führen wird. Vielleicht finden sich unter den jungen Lesern und Leserinnen auch ganz Mutige, die bereit sind, selbst Zeugnis zu geben und ihr Bekenntnis durch den Verlag an den Autor zusenden. Schließlich möchte ich mich bei allen bedanken, die durch ihre Zeugnisse und Bekenntnisse zum Gelingen dieses Werkes beigetragen haben.

Peter Zimmermann

Kontaktadressen:

Hier finden junge Menschen Beratung und Hilfe

AK Prayerfestival
eMail: info@prayerfestival.de
Infos unter: www.prayerfestival.de

DIE BIRKE e. V.
Rohrbacher Str. 22
69115 Heidelberg
Tel. 0 62 21 / 16 74 33
Fax 0 62 21 / 60 09 68
eMail: birke.ev@t-online.de
Der Verein berät Frauen in Schwangerschaftskonflikten.

Emmaus-Gemeinschaft
Ansprechpartnerin der Kerngemeinde:
Wilma Bongartz
Vogteistr. 5
47608 Geldern
Tel. 0 28 31 / 41 57

Emmaus ist eine christliche Gemeinschaft von Gefangenen, Drogenabhängigen und anderen Szene-Leuten und Menschen vom Rande der Gesellschaft, die auf dem Weg des Glaubens und der Liebe einen neuen Anfang gefunden haben.

Der Gründer dieser Gemeinschaft, Bruder Jan Hermanns, hat auch eine Aktion ins Leben gerufen, die sich Quellwasser nennt.

Quellwasser ist eine Initiative für sexuell mißbrauchte und verletzte Menschen, für Opfer und Täter, Sexsüchtige und sexuelle Randgruppen, Homosexuelle und Lesben, Prostituierte und Stricher, Freier und Zuhälter, Pädophile, Exhibitionisten und Fetischisten.

Nach dem Tod von Bruder Jan Hermanns ist die neue Ansprechpartnerin für die Initiative Quellwasser:

Schwester Angelika Lang
Winterzhofen Nr. 11
92334 Bersching
Handy: 01 75 / 1 94 02 95

Gemeinschaft Cenacolo
Kleinfrauenhaid 8
A- 7023 Zemendorf
Tel. und Fax: (0043) (0) 26 26 / 59 63
Die Gemeinschaft kümmert sich um Drogenabhängige.

Medjugorje Deutschland e.V.
Raingasse 5
89284 Pfaffenhofen
Internet: www.medjugorje.de
Dieser Verein gibt Orientierungshilfen für den Glauben und leitet Pilgerfahrten, außerdem werden wichtige Termine für Treffen junger Menschen bekannt gegeben.

Totus Tuus – Evangelisation und mehr
Patricia und Matthias Schulte
Von-Witzleben-Straße 39
48151 Münster
Tel: 02 51 / 8 87 23
Im Internet werden die neuesten Termine unter folgender Adresse angegeben: www.totus-tuus.de.
Die Mitarbeiter dieser Gruppe haben sich in den Dienst der Evangelisation gestellt, sie geben neue Glaubensimpulse für suchende Menschen.

Eine wertvolle Orientierungshilfe für den Glauben gibt die Zeitschrift
YOU! Magazin
A-2041 Maria Roggendorf 18
eMail: office@youmagazin.com
Sie geht auf Fragen und Probleme junger Menschen ein.

Alle genannten Vereine und Gemeinschaften sind bestrebt, den Menschen im Geiste des Evangeliums zu dienen und zu helfen.

Quellennachweis

Anderson, Joan Wester: »Mein Schutzengel hat mich gerettet« Buchgemeinschaft Donauland, Wien

Ange, Daniel: »Die Heiligen des Jahres 2000« Verlag: Gemeinnütziger Verein „Kultur in die Familie“, Linz

Ange, Daniel: »Lust auf Leben« Vier-Türme-Verlag, Münsterschwarzach

Bernall, Misty: »Cassie – Sie sagte Ja« Brunnen Verlag, Gießen – Basel

Carothers, Merlin: »Ich suchte stets das Abenteuer« Johannes Fix Verlag, Schorndorf

Carothers, Merlin: »Leben in neuen Dimensionen« Johannes Fix Verlag, Schorndorf

Carothers, Merlin: »Sagt Dank allezeit« Johannes Fix Verlag, Schorndorf

Chavda, Mahesh: »Nur Liebe kann Wunder wirken« Verlag Gottfried Bernard, Solingen

Dahm, Chrysostomos: »Millionen in Rußland glauben an Gott« Miriam-Verlag, Jestetten

Eastman, Dick: »Wunder sind mir kein Problem« Hänssler-Verlag, Neuhausen-Stuttgart

Harrer, Karl Maria: »Erlebnisse mit der Wunderbaren Medaille heute« Miriam-Verlag, Jestetten

Harrer, Karl Maria: »Die schönsten Mariengeschichten« Miriam-Verlag, Jestetten

Hrgb.Freundeskreis Maria Goretti, München: »Gotteskinder« Band 1 und 2

Irvine, Doreen: »Die Königin der schwarzen Hexen« Schulte und Gerth Verlag, Aßlar

Kourdakov, Sergei: »Vergib mir Natascha« Felsenverlag, Frankfurt/Main

Kühner, Axel: »Überlebensgeschichten für jeden Tag« Aussaat Verlag, Neukirchen - Vluyn

Müller, Siegfried: »Wenn Beter den Himmel stürmen« Missionswerk „Der Weg zur Freude“, Karlsruhe

Mutter Teresa: »Ein Weg zum Lieben« Verlag Neue Stadt, München

O’Grady, Scott: »Return with honor« Harper Paperbacks, New York

Schepping, Johanna: »Laura – das Mädchen aus den Anden« Tyrolia-Verlag, Innsbruck-Wien

Schlink, Basilea: »Die kostbare Perle« Evangelische Marienschwesternschaft, Darmstadt-Eberstadt

Schlink, Basilea: »Jesu kleine Getreue« Evangelische Marienschwesternschaft, Darmstadt-Eberstadt

Stratford, Lauren: »In Satans Griff« Leuchter-Verlag, Erzhausen

Walter, von Reinhold: »Aufrichtige Erzählungen eines russischen Pilgers« Herder-Bücherei, Freiburg im Breisgau

Warnke, Mike: »Der Agent des Satans« Leuchter Verlag, Erzhausen

Weigl, Alfons Maria: »Seine Mutter – Meine Mutter« Verlag St. Grignionhaus, Altötting

Wihler, Albert: »Nichts ist schwer, wenn man Gott lieb hat« Freundeskreis Maria Goretti, München

Zimmermann, Peter: »Die Macht und Hilfe Gottes in unserer Zeit« Miriam-Verlag, Jestetten

Zimmermann, Peter: »Gnadengeschenke« Parvis-Verlag, Hauteville (Schweiz)

Zimmermann, Peter: »Medjugorje – Das Friedensangebot Gottes an die Welt« Parvis-Verlag, Hauteville (Schweiz)

Zeitschriften

»Ave-Kurier«, St. Andrä, Österreich

»Emmaus Rundbriefe«, Bergatreute

»Frau im Spiegel«

»Leben«, Bad Herrenalb

»Maria heute«, Hauteville (Schweiz)

»Medjugorje aktuell«, Beuren

»Medjugorje«, Gebetsaktion, Wien

»Oase des Friedens«, Wien

»YOU! Magazin«, A-2041 Maria Rogendorf 18

»Zeugen für Christus«, Missionsprokura der Claretiner, Würzburg

Ein wichtiger Quellenhinweis:

Die Berichte aus verschiedenen Justizvollzugsanstalten in Deutschland sind Briefe an Bruder Jan Hermanns, den Gründer der Emmaus-Gemeinschaft, und an seine Mitarbeiter. Sie wurden den Emmaus-Rundbriefen entnommen.

Bildnachweis

Seite 34 Anna: Foto aus: »Betendes Gottesvolk«, Wien
Seite 35 Antonio Martinez de la Pedraja: Foto aus: »Gotteskinder« Band 1, Freundeskreis Maria Goretti, München
Seite 39 Hermann Wijns: Foto aus: »Gotteskinder« Band 1, Freundeskreis Maria Goretti, München
Seite 45 Anna von Guigné: Foto aus: »Nichts ist schwer, wenn man Gott lieb hat«, Förderkreis Maria Goretti, München
Seite 48 Kristina: Foto aus: »Medjugorje«, Gebetsaktion Wien
Seite 50 Regina während ihrer Krankheit: privates Foto des Autors
Seite 51 Regina als zwölfjähriges Mädchen: privates Foto des Autors
Seite 53 Shirley nach der Rettung: Foto aus: »Reader's Digest – Das Beste«, Februar 1992
Seite 58 Magdalena: Foto aus: »YOU! Magazin«
Seite 60 Albert Loiseau: Foto aus: »Gotteskinder« Band 1, Freundeskreis Maria Goretti, München
Seite 67 Thomas: Foto aus: »YOU! Magazin«
Seite 73 Isabelle: Foto aus: »YOU! Magazin«
Seite 74 Cassie Bernall: Foto aus: »Sie sagte Ja«, Brunnen-Verlag, Giessen
Seite 76 Rachel Scott: Foto aus: »Betendes Gottesvolk«, Wien
Seite 77 Stacie Joy Orrico: Foto aus: www.stacieorrico.com
Seite 85 Celine Roschek: Foto aus: »YOU! Magazin«
Seite 97 Tatjana: Foto aus: »Oase des Friedens«, Wien
Seite 101 Sarah: Privates Foto des Autors
Seite 106 Stefan: Foto aus: »Medjugorje aktuell«, Beuren
Seite 107 Mahesh Chavda: Foto aus: »Nur Liebe kann Wunder wirken«, Gottfried Bernard Verlag, Solingen
Seite 108 Ivanka: Privates Foto des Autors
Seite 112 Felicitas: Foto aus: »YOU! Magazin«
Seite 120 Sergei Kourdakov: Foto aus: »Vergib mir Natascha«, Felsenverlag, Frankfurt
Seite 122 Tobias: Foto aus: »Medjugorje aktuell«, Beuren
Seite 126 Tchela Apolinario: Foto aus: »YOU! Magazin«
Seite 128 Reiner: Foto aus: »Leben«, Bad Herrenalb
Seite 132 Mike Lee: Foto aus: »YOU! Magazin«
Seite 133 Sarah Brendel: Foto aus: »YOU! Magazin«

Seite 142 Artur: Foto aus: »Medjugorje aktuell«, Beuren
Seite 143 Eva: Foto aus: »Von der Disco zur hl. Messe«, Lins-Verlag, Feldkirch
Seite 156 Georg Hainzls: Foto aus: »Frau im Spiegel«
Seite 157 Gianna: Foto aus: »YOU! Magazin«
Seite 159 Ginny Owens: Foto aus: »YOU! Magazin«
Seite 161 Rebecca: Foto aus: »YOU! Magazin«
Seite 163 Sabino (Links im Bild mit Freund): privates Foto des Autors
Seite 165 Martina: Privates Foto des Autors
Seite 180 Thomas: Privates Foto des Autors
Seite 184 Norbert: Privates Foto des Autors
Seite 186 Sandra: Privates Foto des Autors
Seite 189 Frank: Foto aus: »Betendes Gottesvolk«, Wien
Seite 192 Scott O'Grady: Foto aus: »Return with honor«, Harper Paperbacks, New York
Seite 193 Scott O'Grady: Foto aus: »Return with honor«, Harper Paperbacks, New York
Seite 195 Thomas: Privates Foto des Autors
Seite 197 Schwester Brigitte: Foto aus: »Lebe – Informationsblatt«, Die Bewegung für das Leben, Südtirol
Seite 205 Pater Klaus Einsle LC; Begegnung mit dem Papst: Foto aus: »Medjugorje aktuell«, Beuren
Seite 209 Paddy Kelly: Foto aus: »Medjugorje aktuell«, Beuren
Seite 211 Schwester Miriam: Foto aus: »Medjugorje«, Gebetsaktion Wien
Seite 212 Die Top-Band »delirious«: Foto aus: »YOU! Magazin«
Seite 213 Ernest Williams: Foto aus: »Medjugorje«, Gebetsaktion Wien
Seite 215 Jonathan Lippman: Foto aus: »YOU! Magazin«
Seite 217 Jonathan Lippman und seine Band: Foto aus: »YOU! Magazin«
Seite 219 Manfred: Privates Foto des Autors
Seite 224 Robert als glücklicher Vater: privates Foto des Autors
Seite 232 Jacqueline Schneider: Foto aus: »YOU! Magazin«
Seite 233 Jacqueline Schneider: Foto aus: »YOU! Magazin«
Seite 236 Silke: Privates Foto des Autors
Seite 244 Rita Falsetto: Foto aus: »Medjugorje«, Gebetsaktion Wien

Weitere empfehlenswerte Bücher

Die Macht und Hilfe Gottes in unserer Zeit

Peter Zimmermann

Der Autor hat in diesem spannenden Buch die Machttaten Gottes in unserer Zeit zusammengestellt. Es enthält erstaunliche Berichte über unverweste, heiligmäßige Personen, über Totenerweckungen, Heilungen und das Eingreifen Gottes bei akuter Todesgefahr. Man spürt wieder neu, daß für Gott auch in unserer Zeit nichts unmöglich ist. 288 Seiten, € 15.30

Gnadengeschenke

Peter Zimmermann

Der Autor konzentriert sich in erster Linie auf Bekehrungen, Heilungen und Berufungen. Der Leser erfährt durch die Berichte und Erlebnisse der Interviewpartner von den gewaltigen Gnadenschätzen, die durch die Gottesmutter in Medjugorje ausgeteilt werden. 176 Seiten, € 10.—

Das Friedensangebot Gottes an die Welt

Peter Zimmermann

Das aktuelle Buch veranschaulicht in eindrucksvoller Weise durch zahlreiche Interviews mit den Sehern, mit kroatischen Bischöfen, mit Bekehrten und Geheilten, wie der wahre Friede, den die Gottesmutter in Medjugorje verheißt, in unserer Zeit realisiert werden kann. Für jeden, der den Frieden sucht und liebt, ist dieses hervorragend dokumentierte Werk ein unentbehrlicher Wegweiser 272 Seiten, € 14.—

Bruder Andreas – Diener des hl. Josef

Josef-Ludwig Sattel

Bruder Andreas (1845-1937) diente fast 40 Jahre lang als Pförtner in der Genossenschaft vom Hl. Kreuz in Montreal. Mit seinen Charismen der Krankenheilung und Seelenschau heilte er durch die Vermittlung des hl. Josef Tausende von Kranken und wies vielen Menschen den Weg zu Gott. Nach vielen Schwierigkeiten gründete Bruder Andreas das größte Josefsheiligtum der Welt. 1982 wurde er seliggesprochen; mit Gebetserhörungen aus neuerer Zeit. 80 Seiten, gebunden, € 4.50

Meine Begegnung mit Christus

Fibi Abdel Missih Saleb

Die Geschichte einer ägyptischen Frau, die einst ein traditionelles islamisches Leben führte. Sie war stark mit dem Islam verbunden und stand dem Christentum feindlich gegenüber. Ihr Leben änderte sich, als Gott ihren Wunsch sah, ihn kennenzulernen, und er offenbarte sich ihr in einer Vision. In diesem Buch beschreibt sie ihre Erlebnisse, ihre Bekehrung zum Christentum und die Flucht aus Ägypten, aus dem Land, das einst das Christuskind auf seiner Flucht vor Herodes aufgenommen hatte. 144 Seiten, € 8.10

Die Weltjugendtage

Stephan Meßner

Im August 2005 findet der nächste Weltjugendtag in Köln statt. Stephan Meßners Werk ist eine hervorragende Einführung in das Phänomen der Weltjugendtage, von ihrem Ursprung bis zur Auswirkung auf die örtliche Jugendpastoral. Mit Zeugnissen von Jugendlichen und Farbabbildungen.

176 Seiten, € 12.70

Die schönsten Mariengeschichten

Karl Harrer

Maria ist für viele eine nicht wegzudenkende Stütze auf ihrem Glaubensweg. Erlebnisse, Wunder und erstaunliche Geschehnisse, die Menschen mit Maria gemacht haben, faßte Pfr. Harrer in Heften zusammen. Die einzelnen Berichte sind mit Strichzeichnungen illustriert.

Heft: 1-18, 48 Seiten, je € 1.30; Heft: 19-26, 64 Seiten, je € 1.50

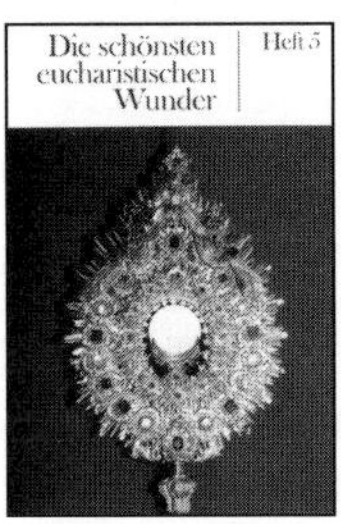

Die schönsten eucharistischen Wunder

Karl Harrer

In einer Zeit schwindenden Glaubens an die Gegenwart Jesu Christi in der hl. Eucharistie ist es wichtig, an verschiedene Wunder der hl. Eucharistie zu erinnern. Diese wahren Begebenheiten helfen uns nachzuvollziehen, daß Jesus tatsächlich mit Fleisch und Blut in der konsekrierten Hostie zugegen ist, was das Zentralgeheimnis der katholischen Kirche ist. Tatsachenberichte! Heft: 1-5, je 48 Seiten, pro Heft: € 1.30

Bestell-Adresse: Miriam-Verlag • D-79798 Jestetten

eMail: info@miriam-verlag.de Internet: www.miriam-verlag.de

Tel.: 0 77 45 / 92 98 30 Fax: 0 77 45 / 92 98 59